Hannah Arendt, Thomas Meyer Hrsg.
Über Palästina

Zu diesem Buch

Die in diesem Band erstmals vereinten Beiträge sind zwei Neuheiten, die das Wissen über Hannah Arendts Verhältnis zu Israel, Palästina und der Flüchtlingsfrage wesentlich erweitern. Während der Essay »Amerikanische Außenpolitik und Palästina« eine intensive Beschäftigung mit der amerikanischen Politik und der Situation im Nahen Osten belegt und einmal mehr zeigt, wie sehr ihre Analysen auf historische und politische Kategorien setzen, so bildet insbesondere der zweite Text als Kuriosum eine »Sensation« im Werke Arendts. Sie wollte es 1958 offensichtlich nicht länger bei einer bloßen Analyse der Situation in Israel, den palästinensischen Gebieten und arabischen Ländern belassen, sondern tat sich, um einer Lösung willen, zum ersten und einzigen Mal mit anderen zusammen. Beide Texte bieten für sich einen ganz neuen Einblick in Hannah Arendts Wirken, und werden vom Arendt-Experten und -Biograf Thomas Meyer umfangreich eingeordnet.

Hannah Arendt, am 14. Oktober 1906 im heutigen Hannover geboren und am 4. Dezember 1975 in New York gestorben, studierte unter anderem Philosophie bei Martin Heidegger und Karl Jaspers, bei dem sie 1928 promovierte. 1933 emigrierte Arendt nach Paris, 1941 nach New York. Von 1946 bis 1948 arbeitete sie als Lektorin, danach als freie Autorin. Sie war Gastprofessorin in Princeton und Professorin an der University of Chicago. Ab 1967 lehrte sie an der New School for Social Research in New York.

Thomas Meyer wurde an der LMU München promoviert und habilitierte sich auch dort. Nach zahlreichen Stationen im In- und Ausland lehrt Meyer Philosophie in München. Er gibt im Piper Verlag die Schriften Hannah Arendts in einer Studienausgabe heraus. Zuletzt erschien von ihm *Hannah Arendt. Die Biografie*.

Hannah Arendt

Über Palästina

Herausgegeben von Thomas Meyer

Der Bericht »Das palästinensische Flüchtlingsproblem« wurde übersetzt aus dem amerikanischen Englisch von Mike Hiegemann

PIPER

Mehr über unsere Autorinnen, Autoren und Bücher:
www.piper.de

Eine Liste aller Titel, die von Hannah Arendt im Piper Verlag vorliegen, finden Sie am Ende des Buches auf S. 265.

MIX
Papier | Fördert gute Waldnutzung
FSC® C014496

PRODUZIERT MIT VERANTWORTUNG

ISBN 978-3-492-07319-6
3. Auflage 2026

Für einen direkten Kontakt und Fragen zum Produkt wenden Sie sich bitte an: *info@piper.de*
Umschlaggestaltung: Büro Jorge Schmidt, München
Karte S. 12: Unter Lizenzierung von Shutterstock genutzt © shutterstock/Peter Hermes Furian
Satz: Tobias Wantzen, Bremen
Gesetzt aus der Stempel Garamond
Druck und Bindung: GGP Media GmbH, Pößneck
Printed in Germany

Inhalt

*Anhänge**

* Einige der Anhänge wurden von einzelnen Mitgliedern des Gremiums erstellt. In jenen Fällen wird der Name des Autors aufgeführt. Die übrigen Anhänge wurden von der Forschungsabteilung des Instituts ausgearbeitet.

Vorwort und editorische Notiz

Die beiden hier abgedruckten Texte stammen aus den Jahren 1944 beziehungsweise 1958. Dieser Hinweis ist keineswegs nur philologisch motiviert. Beide Texte reagieren auf Ereignisse und die Lage in Israel, Palästina und den angrenzenden Gebieten in diesen Jahren.

Dass historisches Wissen zum Verständnis der Gegenwart beitragen kann, ist womöglich eine leere Schulweisheit, die dennoch darum nicht falsch ist.

Man soll, darin hatte der Philosoph Hans Blumenberg vollkommen recht, niemals die »elementare Obligation« vergessen, wonach »Menschliches nicht verloren« gegeben werden darf.

Für diese Ausgabe wurden in den Texten offensichtliche Versehen und Fehler, also Falschschreibungen, Zahlendreher und andere Druckfehler, stillschweigend korrigiert. Ebenso wurden in der Übersetzung von »Das palästinensische Flüchtlingsproblem« heute nicht mehr übliche Schreibweisen an die geltende deutsche Rechtschreibung angepasst. Darüber hinaus gibt es keinerlei Veränderungen. Übersetzer und Herausgeber haben ihre Anmerkungen, Kommentare und die Erläuterungen zur Liste der Gremiumsmitglieder auf das bessere Verständnis der historischen Zusammenhänge ausgerichtet. Zudem haben wir uns bemüht, die zitierte oder bloß genannte Literatur zu ermitteln und vollständig zu erfassen.

Berlin, im Mai 2024
Thomas Meyer

Hannah Arendt

Amerikanische Außenpolitik und Palästina[1]

[1] Diese und die folgenden Anmerkungen zum Text stammen allesamt vom Herausgeber. Auf dem Typoskript heißt es in einer handschriftlichen Notiz von Adolph S. Oko: »Translated into English by Hannah Arndt.« Zusammen mit dem deutschen Original sind eine von Oko stark überarbeitete Übersetzung Arendts ins Englische erhalten sowie eine Reinschrift, die nochmals durchkorrigiert wurde. Das deutsche Original hat anders als die Übersetzung keinen Titel. Für diese Ausgabe wurde der englische Titel übernommen und übersetzt.

Die Texte befinden sich in den Adolph S. Oko Papers, Box 9, Folder 7, die in den American Jewish Archives Cincinnati, Ohio, aufbewahrt werden.

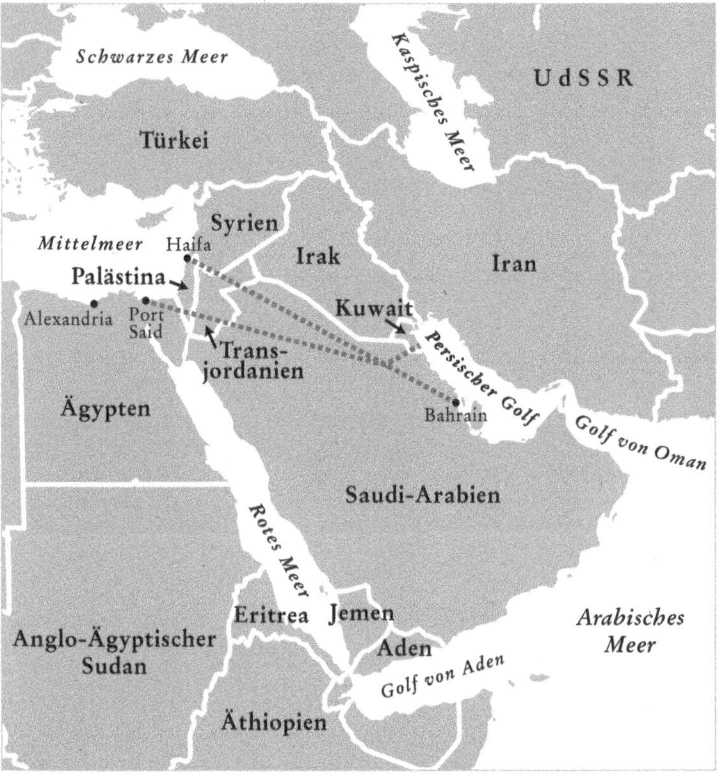

Schematische zeitgenössische Karte (1944)

Die Vertagung der Wagner-Taft Resolution[2] hat der Sache des jüdischen Volkes einen schweren Schlag und darüber hinaus alle amerikanischen Bürger, denen die Sache der Freiheit und Sicherheit der kleinen Nationen am Herzen liegt, in schwere Sorge versetzt. Nicht, als hätte irgendeiner geglaubt, daß durch die Annahme einer Resolution die sehr schweren Probleme Palästinas lösbar oder die sehr hartnäckige Politik des englischen Colonial Office[3] unmittelbar zu beeinflussen waren. Aber die Annahme der Resolution hätte unzweideutig zum Ausdruck gebracht, daß der amerikanische Kongreß als die vom Volke gewählte Körperschaft stark genug ist, um den Experten der Außenpolitik, die ihrem Wesen nach weniger von dem Willen des Volkes als von den täglich sich ergebenden

[2] Am 1. Februar 1944 hatten die beiden Senatoren Robert A. Taft und Richard F. Wagner die Resolution 247 »National Home for Jewish People in Palestine« (»Nationale Heimstätte für die Juden in Palästina«) in den Senat eingebracht, die eine schnellstmögliche Einrichtung eines jüdischen Staates mit der Unterstützung der USA forderte. Im Auswärtigen Ausschuss des Repräsentantenhauses wurde die Resolution mit den Nummern 418 und 419 am 8., 9., 15. und 16. Februar 1944 diskutiert. Die erste Vertagung der Resolution wurde Anfang März 1944 vorgenommen. Nachdem sich recht bald abzuzeichnen begann, dass die Resolution nicht zur Abstimmung kommen wird, fand am 22. März 1944 eine Demonstration im Madison Square Garden mit über 20000 Teilnehmern statt, bei der auch Wagner und Taft sprachen. Die Demonstration richtete sich zugleich gegen das sogenannte White Paper (siehe Fußnote 13) der britischen Regierung. Siehe »Nachwort«.

[3] Das Colonial Office wurde 1768 gegründet, ab 1854 (das »zweite Colonial Office«) war die Institution verantwortlich für die meisten der britischen Kolonien (ausgeschlossen waren etwa die überseeischen Kolonien und ab 1858 auch Indien).

Opportunitäten und Gelegenheiten machtpolitischer Interessen abhängig sind, in grundsätzlichen Fragen immer wieder die Wege zu weisen. Es ist zweifellos ihre Aufgabe, sich um das Öl in Saudi-Arabien[4] zu kümmern, und sie werden daher natürlicherweise leicht dahin kommen, den Willen von 5 Millionen Amerikanern jüdischer Abstammung, ihrem Volke in Europa zu helfen, und die aktive Sympathie ihrer Mitbürger als hinderlich und lästig zu empfinden. Es ist andererseits zweifellos die Aufgabe des Kongresses, auch in solchen Fragen außenpolitischer Art den Willen des amerikanischen Volkes zur Geltung zu bringen. Die Experten mit dem politischen Willen des Volkes in Einklang zu bringen ist die immer wiederkehrende Aufgabe amerikanischer Außenpolitik. Cordell Hull's neuerliches Statement,[5] in welchem er versprach, dem Kongreß eine Stimme bei den Entscheidungen des State-Departments[6] einzuräumen, liegt im Sinne der besten Tradition der Amerikanischen Republik.

Da Amerika bisher die Einrichtung der Berufsdiplomatie nicht gekannt hat, sind ihr gewisse Erfahrungen, die andere Völker mit den Spezialisten und Experten der Außenpolitik gemacht haben, erspart geblieben. Mit dem Vorwurf, daß sie nicht »realistisch« seien, hat man in Europa seit Jahrzehnten die besten Kräfte der Völker zur Untätigkeit und Einflußlosigkeit verurteilt. Die Realpolitiker haben ungehindert von irgendeiner demokratischen Kontrolle ihre Völker mit Beweisen ihrer Unfähigkeit, Realitäten einzuschätzen und zu beur-

[4] Es geht hier um die amerikanisch-britischen Pläne einer Pipeline von Bahrain und Kuwait bis nach Haifa und Ägypten. Siehe »Nachwort«.

[5] Cordell Hull war von 1933 bis 1944 Außenminister der USA. Das war noch im Februar 1944 der Fall. Am 5. März 1944 erschien in der *New York Times* ein Bericht, wonach Hull nunmehr diejenigen in der Regierung Roosevelt unterstützte, die gegen eine Zulassung der Resolution zur Abstimmung waren. Seine Position schwankte in den kommenden Monaten immer wieder. Eine seit der Verabschiedung der amerikanischen Verfassung bestehende Frage betraf die Einschaltung von Repräsentantenhaus und Senat in Entscheidungsprozesse der Regierung – so auch hier.

[6] Außenministerium der USA.

teilen, geradezu überschütten können. Es hat sich nur langsam herausgestellt, daß hinter dem Schlagwort Realpolitik sich eine opportunistische Tagespolitik verbarg, die wegen ihrer Prinzipienlosigkeit dem ständigen Fluß kleiner Tagesereignisse hemmungslos preisgegeben war und dadurch notwendigerweise einen wirren Zickzack-Kurs verfolgte und schließlich ein Chaos anrichtete, in dem überhaupt keine Ergebnisse mehr festzustellen waren. Der eigentliche Motor, der diese Maschinerie des Opportunismus in Bewegung setzte, war eine utopische und wirklich irreale Sehnsucht nach den guten alten Zeiten, in denen man sein Kapital mit Sicherheit und Profit in den verschiedensten Teilen der Welt anlegen konnte – wie es Chamberlain in schöner Offenheit unmittelbar nach dem Abkommen von München einmal ausgedrückt hat.

Die Palästina-Resolution beruhte auf dem traditionellen Prinzip amerikanischer Außenpolitik, die Sache der Schwachen und Unterdrückten nach Möglichkeit zu stärken und im Sinne von Freiheit und Gleichheit, nämlich im Sinne der prinzipiellen Fundamente der amerikanischen Republik, den Gang der Dinge so weit wie möglich in anderen Ländern der Welt zu beeinflussen. Diese Resolution wurde bestimmten opportunistischen Erwägungen geopfert, hinter denen man keinerlei Prinzip und am wenigsten natürlich ein juden-feindliches vermuten kann.

So etwas kann natürlich immer vorkommen, und wenn es auch in dem vorliegenden Falle ein Volk trifft, das durch die Ereignisse der letzten Jahre und durch einen Herrschaftstypus, mit dem zusammen kein Land und am wenigsten die Vereinigten Staaten die Erde bewohnen können, besonders schwer gelitten hat, so braucht solch ein gelegentlicher Lapsus doch noch nicht allzuviel zu besagen. Leider koinzidiert diese Niederlage des Kongresses in einer grundsätzlichen Frage der amerikanischen humanitären Tradition mit gewissen Tendenzen im Land, die einen vorläufigen Ausdruck in bestimmten Theorien von Amateuren der Außenpolitik gefunden haben und die dem amerikanischen Volk einzureden versuchten, daß es seit 60 Jahren keine Außenpolitik gehabt habe, weil es eine idealistische gehabt habe, daß es nur »große Worte« kenne, aber sich vor Verpflichtungen scheue, daß es realitätsfremd sei und daß seine Tradition von Freiheit und seine Abneigung gegen Unterdrückung leeres humanitäres Gerede sei, das nur dazu diene, es in allen großen Machtfragen der Welt schlecht wegkommen zu lassen, und das man besser heute als morgen gegen wirkliche Interessenvertretung, gegen wirkliches Öl eintausche. Dieser neue Opportunismus ist utopischer als alle Ideale und bestimmt realitätsfremder als die traditionellen humanitären Prinzipien Amerikas. Denn während das wirkliche Öl morgen trotz aller Konzessionen von einem zweiten Aufstand in der Wüste angesteckt und übermorgen durch ein neues Verfahren, synthetisches Öl zu gewinnen, überflüssig gemacht werden kann, beruht die humanitäre Tradition der amerikanischen Außenpolitik auf wirklichen Realitäten der Republik, die sich weder morgen noch übermorgen und jedenfalls nicht über Nacht ändern werden.

Eine der grundlegenden Realitäten amerikanischer Außenpolitik liegt in der Tatsache beschlossen, daß die Bewohner dieses Kontinents nicht vom Mond, sondern aus allen Teilen der Welt, mit denen Amerika in außenpolitischer Beziehung steht, kamen, daß in den letzten 60 Jahren Welle nach Welle von Immigranten aus der alten Welt an den Küsten der Neuen Welt gelandet sind und daß heute von allen europäischen Völkern und den meisten nicht-europäischen Völkern größere und kleinere Teile amerikanische Bürgerrechte genießen. Mit dieser Tatsache, die in der uns bekannten Geschichte einzigartig dasteht, hat amerikanische Außenpolitik immer rechnen müssen. Sie hat zur Folge, daß jede außenpolitische Frage hier auch eine wichtige innenpolitische Spiegelung erfährt. Jedesmal, wenn eines der vielen Mutterländer der amerikanischen Bevölkerung mit Unterdrückung bedroht war, jedesmal, wenn eines dieser Länder eine wirkliche Freiheitsbewegung entfaltete, hat die amerikanische öffentliche Meinung sich mit der betreffenden Volksgruppe im eigenen Land solidarisiert und die Regierung gezwungen, stärker oder schwächer für die Unterdrückten zu intervenieren. Verpflichtungen waren gerade deswegen, weil man freie Hände für die verschiedenartigsten Interventionen behalten mußte, sehr schwer zu übernehmen und mußten auf ein Minimum beschränkt werden. Was daher von außen leicht wie idealistischer Nonsense, hinter dem keine wirklichen Taten steckten, aussah, war in Wahrheit das Funktionieren einer sehr komplizierten demokratischen Maschine, in welcher die Stimme des gewöhnlichen Bürgers für außenpolitische Entscheidungen wichtiger war als in irgendeinem anderen Staate.

In diesem System hat das State-Department die Funktion, die Interessen der amerikanischen Nation als Ganzes zu vertreten bei genauester Ausnutzung der ungeheuren Vertrauensaktiva, die es auf Grund seiner gemischten Bevölkerung und seiner freiheitlichen Tradition in allen Teilen der Welt genießt. Eine Entfremdung der Außenpolitik vom Volke und vom Kongreß würde in diesem Lande noch schwerere Folgen haben als in den europäischen Ländern. Eine Vernachlässigung der Stimme des Kongresses würde die besten außenpolitischen Karten, jene unvergleichliche intime Beziehung zu allen Teilen der Welt, aus der Hand geben. Sie müßte auf der anderen Seite dazu führen, daß nationale Splittergruppen sich als pressure groups organisieren und partikulare Interessen durchzusetzen versuchen, denen man gelegentlich doch Folge leisten müßte.

Solange die amerikanische Grundlage einer im wesentlichen optimistischen Gesinnung unerschüttert war, haben Kongreß und State-Department sich im wesentlichen ohne allzu große Reibungen ergänzen können. Der Versailler Friedensvertrag[7] erst hat dies glückliche Gleichgewicht, in welchem die nationalen Splittergruppen sich auf einer allen gemeinsamen amerikanischen Basis geschützt und gefördert fühlten, erschüttert. Die Gefahr ist eine doppelte: Der Kongreß ist von Partikularismus bedroht – wie im Falle der vehementen Proteste von 5 Millionen Polen, die an nichts so interessiert scheinen wie an der Ost-

[7] Der am 28. Juni 1919 geschlossene Vertrag zwischen dem Deutschen Reich und Frankreich, Großbritannien, den USA und deren Verbündeten beendete den Ersten Weltkrieg im Sinne des Völkerrechts.

grenze ihres Mutterlandes.[8] Das State-Department wiederum tendiert mehr und mehr dahin, alle Kontrolle und alle Einmischungen, die es als partikularistisch empfindet, loszuwerden und sich in der Form der europäischen Kabinette monopolistisch der Außenpolitik zu bemächtigen. Was heutige Beobachter amerikanischer Außenpolitik so leicht zu der Annahme verführt, daß hinter den hochtönenden Worten der Kongreßresolution wenig greifbare politische Entschlüsse stehen, ist die bedauerliche Tatsache, daß seit den großen Enttäuschungen der Nachkriegszeit das State-Department weniger als früher geneigt war, der Stimme des Kongresses zu folgen und den Resolutionen zu Gunsten unterdrückter Völker kaum je mehr als eine höfliche Protestgeste folgen ließ. [Dies ist besonders deutlich, wenn man das Eingreifen der am. Regierung zu Gunsten der Juden bis zum Ersten Weltkrieg mit seinem Verhalten während der Judenverfolgungen in Polen und Deutschland in den Dreißigerjahren vergleicht. An Protestkundgebungen des Kongresses hat es nicht gefehlt. Die amerikanische öffentliche Meinung hat stets sehr gut verstanden, daß jede diskriminatorische Gesetzgebung gegen Juden gleich welchen Landes dahin zielt, »to discredit and humiliate American Jews in the eyes of their fellow-citizens«. Am. Intercession, etc. p. 251.][9] Es ist zu hoffen, daß diese außerordentlich gefährliche Kontaktlosigkeit zwischen Kongreß und State-Department mit dem Statement von Hull ein Ende gefunden hat. Es ist keine Frage, daß damit die Arbeit des State-Departements sehr erschwert werden wird. Aber mit solchen Schwierigkeiten muß ein Land rech-

[8] Die geschätzten sechs Millionen Polen in den USA unterstützten die Pläne des 1944 gegründeten »Polish American Congress«, der sich nach Kriegsende für die Übernahme der Oder-Neiße-Linie von Deutschland als künftiger Westgrenze einsetzte. Aber es gab ebenso intensive Debatten darüber, wo die künftige Grenze zur Sowjetunion (Ostgrenze) verlaufen solle.

[9] Das korrekt wiedergegebene Zitat stammt aus: Adler, Cyrus und Margalith, Aaron Morris, *American Intercession on Behalf of Jews in the Diplomatic Correspondence of the United States*, 1840–1938, New York 1943, 251. Die Klammer wurde von Arendt als Einschub mit * versehen.

nen, dessen stolzestes Privileg es ist, eine neue Welt aus den ökonomisch Gedrückten und politisch Unterdrückten der gesamten Welt aufzubauen. Und da es in seiner Bevölkerungszusammensetzung die Modelle der ganzen Erde gleichsam in sich vereinigt, ist es auch zugleich das einzige Land, das wirklich, ohne utopisch oder imperialistisch zu werden, Weltpolitik treiben kann.

Entscheidend für die Beurteilung der Vorgänge, welche zu der Vertagung der Palästina-Resolution geführt haben, ist die Beantwortung der Frage, ob in diesem Falle partikulare, also jüdische Interessen wirklich in Konflikt gerieten mit den allgemeinen Interessen der amerikanischen Nation als ein Ganzes. Dies nämlich wird von denjenigen Gruppen, welche eine aktive Beteiligung der amerikanischen Regierung an der Hebung des arabischen Öls und dem Bau einer Pipeline vom Persischen Golf bis Haifa und Alexandrien verlangen,[10] behauptet. Wenn es stimmt, daß »the strength of the opposition can be measured by the depth of Arabian oil« [zitiert nach *TIME Magazine*, Ausgabe 20. März 1944, 19],[11] dann sind die militärischen Gründe, welche General Marshall[12] gegen die Resolution

[10] Seit den frühen 1940er-Jahren arbeiteten britische und amerikanische Ölfirmen sowie die jeweiligen Regierungen an einem Öl-Pipeline-Plan im Nahen Osten, der 1944 durch Zeitungsveröffentlichungen Aufsehen erregte. In einer alles andere als konfliktfreien Abstimmung mit den Briten wollte man arabisches Öl von Bahrain und Kuwait durch Saudi-Arabien und Transjordanien nach Ägypten und Palästina pumpen. Die Amerikaner drängten im Sommer 1944 die Briten, endlich eine Vereinbarung zu unterzeichnen. Doch das Abkommen wurde nicht geschlossen und die Verhandlungen immer wieder vertagt. Eine zeitgenössische Analyse, die Arendt mit sehr großer Wahrscheinlichkeit vorlag, veröffentlichte der Journalist und Zionistenführer Eliahu Ben-Horin im *Harper's Magazine* unter dem Titel »Arabian Oil and American Imperialism« in der Ausgabe vom 1. Juni 1944, 28–35.

[11] Der Nachweis wurde von Arendt als Einschub mit * versehen. Das Zitat ist korrekt wiedergegeben und findet sich in der Rubrik »U. S. at War«. Der Artikel ist nicht gezeichnet.

[12] George Catlett Marshall jr. war 1944 Vier-Sterne-General und seit fünf Jahren »Chief of Staff of the Army« und damit der ranghöchste Offizier des amerikanischen Heeres. Das »EEE Recovery Program« (»Pro-

geltend machte, sehr gewichtige Einwände und die Pression, welche die arabischen Staaten auf die amerikanische Regierung ausübte, von großer Bedeutung. Nur ist dann auch klar, daß militärische Gründe wie arabische Pression nicht nur mit der heutigen Kriegslage zu tun haben und daß es unwahrscheinlich ist, daß diese Situation sich nach Friedenschließung ändert. Je mehr Unruhen die Araber drohen zu machen, desto mehr Soldaten wird die amerikanische Regierung benötigen, um Pipeline und Bohrtürme zu schützen. Konzessionen an die Araber mögen den militärischen Preis, den man für die Ausbeutung der Rohstoffe im Nahen Osten zu zahlen hat, wesentlich verringern.

Diese Art der Kalkulation liegt völlig auf der Linie der Politik des Britischen Colonial Office, und sie hat schließlich zu dem White Paper[13] geführt. Folgt man ihr, so bleibt gar nichts anderes übrig, als überall seinen Feinden Konzessionen zu machen und seine Freunde vor den Kopf zu stoßen. In dieser Hinsicht ist es den Juden nicht anders ergangen als etwa den Tschechoslowaken.[14] Das White Paper ist mit Recht als das Produkt jener Appeasement-Politik bezeichnet worden, die mit dem Namen Chamberlains untrennlich verbunden bleiben wird.[15] Das Erstaunliche ist nur, daß heute nach der katas-

gramm zur Wiederherstellung Europas«) trägt seinen Namen und ist allgemein als »Marshallplan« bekannt.

[13] Das White Paper (das Weiße Handbuch) wurde am 17. Mai 1939 veröffentlicht und sechs Tage später im britischen Unterhaus verabschiedet. Es löste zwei frühere Handbücher ab. Die britische Regierung behauptete darin, der Balfour-Deklaration von 1917 zu folgen und die Politik zugunsten einer künftigen jüdisch-arabischen Selbstregierung zu ändern. Zugleich wurde darin festgelegt, bis einschließlich 1944 die Einwanderung von Juden auf 10000 pro Jahr (plus insgesamt 25000 sogenannte Flüchtlinge) zu begrenzen. Danach müssten Einwanderungen von der arabischen Seite ausdrücklich genehmigt werden. Mit dieser Begrenzung verstieß man gegen die Idee von 1917, den Juden in Palästina eine »nationale Heimstätte« geben zu wollen.

[14] Am 16. März 1939 erklärte Hitler, nachdem am Vortag Wehrmacht und Einheiten der SS in der Tschechoslowakei einmarschiert waren, dass der okkupierte Staat aufgehört habe zu existieren.

[15] Die Appeasement-Politik fand ihren absoluten Tiefpunkt in dem sogenannten Münchner Abkommen von 1938, wonach vor allem der briti-

trophalen Entwicklung dieser Politik und seiner entschiedenen Liquidation durch das Churchill-Kabinett[16] die Palästina-Politik der englischen Regierung sich nicht geändert hat und das White Paper wie eine letzte Ruine einer gründlich vergangenen Zeit in die heutige Politik hereinragt.

Der Grund für dieses hartnäckige Überleben ist sehr einfach. Die Appeasement-Politik ist vom Foreign Office[17] in Bezug auf Europa liquidiert worden. Dabei ist die Politik des Colonial Office unangetastet geblieben, und das Colonial Office bestimmt noch heute die englische Politik in Palästina. Das Colonial Office und die Colonial administration hat die Balfour-Deklaration[18] mit offenem Mißtrauen empfangen, hat die Errichtung des Jewish National Home[19] immer für einen schweren Fehler gehalten und war allgemein gesprochen immer eher pro-arabisch als pro-jüdisch (wenn es natürlich auch nie eigentlich antisemitisch war). Es hat diese seine Politik für Palästina im Foreign Office bis zu den Tagen Chamberlains nie durchzusetzen vermocht, wenn es auch durch die palästinensische Administration sich einen wesentlichen antiquarischen Einfluß in Palästina selbst sicherte. Als Churchill gegen das White Paper und das Chamberlain-Kabinett, das es annahm,

sche Premierminister Neville Chamberlain (»Peace for our time«) Hitler und damit dem »Dritten Reich« erlaubte, das »Sudetenland« zu besetzen. Im April 1939 wurde die Appeasement-Politik als Folge des Einmarsches in der Tschechoslowakei beendet.

16 Winston Churchill war von 1940 bis 1945 zum ersten Mal britischer Premierminister. Am 23. Mai 1939 hatte er in der Debatte sehr scharf gegen das White Paper polemisiert und gegen die Annahme gestimmt.

17 »Foreign Office« bezeichnet in Kurzform das britische Außenministerium.

18 Am 2. November 1917 erklärte der britische Außenminister Arthur James Balfour sich in einem im Namen der britischen Regierung verfassten Brief mit der Errichtung einer »jüdischen nationalen Heimstätte« in Palästina einverstanden. Damit wurde der zionistischen Hauptforderung, der Gründung eines jüdischen Staates, stattgegeben. Fünf Jahre später wurde die Balfour-Deklaration in das Völkerbundmandat für Palästina aufgenommen.

19 Mit »Jewish National Home« ist die in Fußnote 18 erläuterte »jüdische nationale Heimstätte« gemeint.

protestierte, sprach er im Grunde als Verteidiger der alten Politik des Foreign Office mit seinem traditionellen Mißtrauen gegen den arabischen anti-europäischen Nationalismus und seinem traditionellen Vertrauen in den Zionismus als die Nationalbewegung eines europäischen und englandfreundlichen Volkes. Für das Colonial Office, aber nicht für Churchill und nicht für das Foreign Office sind Juden wie Araber gleichermaßen Kolonialvölker, auf die die Methoden englischer Kolonialpolitik anzuwenden sind. Das White Paper ist ein ausgesprochenes Produkt dieser englischen Kolonialpolitik, gegen die das Foreign Office sich bis zu den Tagen Chamberlains erfolgreich gewehrt hat. Es ist für die Engländer heute, da der Krieg all diese Landstriche bedroht und darüber hinaus das gesamte System des Empire aufs schwerste erschüttert hat, schwerer denn je, sich gegen die veralteten Methoden des Colonial Office zu wehren, ohne in den Verdacht zu geraten, die Britische Commonwealth zu gefährden. Wäre die Wagner-Taft Resolution im Kongreß genehmigt worden, so wäre dies vermutlich für das Foreign Office und für Churchill ein willkommener Anlaß gewesen, das White Paper auf diese oder jene Weise zu beseitigen. Statt dessen hat leider das Colonial Office in diesem Lande eine Stärkung und das Foreign Office eine Niederlage erlitten.

Die Bedeutung des Nahen Ostens für England wie für Amerika läßt sich heute in dem Worte Öl zusammenfassen. Dabei spielt die Frage der augenblicklichen Ölbestände dieser Länder und ihre eventuelle Ergänzung aus den noch unerschöpften Vorräten im Iraq, Iran und Saudi-Arabia eine verhältnismäßig untergeordnete Rolle. Die Beherrschung der Flugzeuglinien der Zukunft wird für alle Nationen nicht so sehr von ihren faktischen einheimischen Ölbeständen abhängen als davon, wie viele Öl-Stützpunkte sie in der Welt haben, um Flugzeuge überall neu mit Öl versorgen zu können. In dem künftigen System der Welt-Luft-Linien wird der Vordere Orient eine Schlüsselposition einnehmen. Der Besitz von Tankstationen, die Beherrschung von Flugplätzen für Zwischenlandungen wird in der Welt von Morgen eine ähnlich entscheidende Rolle spielen wie der Besitz von Kolonien in der Welt von Gestern. Die Frage, die anläßlich der Palästina-Diskussion aufgerollt ist, ist einfach die, ob man mit den kolonialen Herrschaftsmethoden von Gestern dieser Notwendigkeiten von Morgen Herr werden will.

Es ist keine Frage, daß das Colonial Office sich anschickt, dies zu tun. Es sieht in den Völkern, welche heute auf ölreichen Gebieten des Nahen Orients wohnen, nur die möglichen Hüter oder Gefährder der englischen Öllinien und des Weges nach Indien. Es ist möglich und sogar wahrscheinlich, daß der Tag nicht ferne ist, da es begreift, daß die Juden für die Wacht über die Pipeline brauchbarer sind als die Araber und dann seine Gunst wieder den Juden zuwendet. Denn der Sieg, den die Araber durch die erfolgreiche Pression anläßlich der amerikanischen Palästina-Resolution errungen haben, ist größer und wird sie vermutlich weiter treiben, als es dem British Colonial Office recht sein kann. Die Araber der verschiedenen Staaten, die sich bisher auf nichts haben einigen können als auf gemeinsame Feindschaft gegen das Jüdische Nationalheim in Palästina, müssen sich natürlich sehr gestärkt fühlen durch die Erfahrung, daß diese rein negative Haltung genügt, um panarabische Politik zu machen und greifbare Resultate bei den großen Mächten zu erzielen. Da die Judenfeindschaft die einzige Karte ist, die sie spielen können, ohne es entweder mit allen großen Mächten zu verderben oder sich untereinander in die Haare zu geraten, werden sie natürlich gerade in dieser Hinsicht mehr und mehr Forderungen stellen. Und dies wiederum kann das Colonial Office, das ja die Juden in Palästina nicht liquidieren will, sehr bald zu einer Änderung seiner antijüdischen Haltung bewegen. Eine solche veränderte Haltung würde den Juden vielleicht auf kurze Sicht zu Gute kommen, und es ist zu vermuten, daß es gewisse jüdische Kreise gibt, die gerade hierauf hoffen. An der prinzipiellen Politik des Colonial Offices wäre damit nicht das geringste geändert.

Die Vereinigten Staaten sind Neulinge im Nahen Osten. Ihre große Chance ist es, daß sie keine koloniale Tradition und keine imperialistischen Aspirationen haben und daß sie daher in einem ganz anderen Maße als die Engländer auf Vertrauen und guten Willen der einheimischen Bevölkerung rechnen können. Sie sind in diesen Hexenkessel von miteinander streitenden Interessen nationaler und ökonomischer Art nicht durch big business in Gestalt der Ölkompagnien hineingezogen, sondern durch die wirklich bestehenden Notwendigkeiten der künftigen Luftschifffahrt der Vereinigten Staaten hineingezwungen worden. Damit ist die amerikanische Republik zum ersten Mal ihrer Geschichte im Weltmaßstab an kolonialen Fragen interessiert worden. Es wird zum großen Teil von ihr abhängen, in welchem Sinne und mit welchem Maß an Respekt für Gleichheit und Unabhängigkeit anderer Völker die neuen großen Probleme gelöst werden, welche die großen Entwicklungsmöglichkeiten der Luftfahrt unausweichlich stellen. Jedes Eingehen auf koloniale Methoden würde sich für das Wohlergehen der Menschheit noch verhängnisvoller auswirken als früher. Die Zahl der kolonialen Völker würde erschreckend zunehmen. Jedes Volk, das nicht Anteil an der Kontrolle der Öl-Stützpunkte hätte, würde unbarmherzig in den Status eines Kolonialvolkes verfallen. Der Zusammenstöße zwischen den großen Machtgruppen, der großen Kriege und der kleinen Rebellionen, welche eine ständige militärische Polizeiwache in den entferntesten Teilen der Erde erfordern würden, wäre kein Ende.

Die Ereignisse dieser Wochen, die zweideutige Haltung von Ibn Saud,[20] der augenscheinlich versucht, Amerikaner und Engländer gegeneinander auszuspielen zum Besten seiner persönlichen und der Staatsfinanzen, die plötzliche Erklärung Ägyptens, amerikanisches Öl mit hohen Ein- und Ausfuhrzöllen zu belegen, und schließlich die erstaunliche Entdeckung, daß Palästina und damit Haifa für die Pipeline auch nicht in Frage komme, da es als Mandatsgebiet mit keiner frem-

[20] Abdulaziz bin Abdul Rahman bin Faisal Al Saud, auch bekannt als Ibn Saud, vereinigte nach zahlreichen Feldzügen 1932 die arabische Halbinsel und gründete das noch heute bestehende Königreich Saudi-Arabien. Ibn Saud rief sich 1932 selbst zum König aus.

den Macht außer mit England in vertraglicher Beziehung stehen dürfe [Im Sinne der araberfreundlichen Politik des Britischen Colonial Office ist diese Klausel die wichtigste aus dem ganzen Mandatsystem. So schrieb bereits im Mai 1919 Lord Milner an Lloyd George: »The independence of Arabia has always been a fundamental principle of our eastern policy, but what by it is, that [...] her independent native rulers should have no foreign treaties except with us.« In: David Lloyd George, The Truth about the Peace Treaties. Lnd. 1938. Vol. II, p. 900.],[21] weisen mit großer Deutlichkeit auf die Gefahren hin, welche der Stabilität der amerikanischen Außenpolitik drohen würden, wenn sie dem Vorbild des Colonial Office folgen würde.

Wenige Wochen nachdem man die Resolution gegen das White Paper den Interessen einer zukünftigen Pipeline geopfert hatte, war der Bau der Pipeline bereits ganz und gar fragwürdig geworden. Damit hat sich herausgestellt, daß die Prinzipien amerikanischer Außenpolitik, auf denen die Wagner-Taft Resolution beruhte, nicht so sehr den höheren Interessen der Nation als Ganzes, als den sehr ephemeren und partikularen Interessen einer noch ganz und gar ungesicherten und unstabilen Politik geopfert wurden.

Es ist klar, daß für die Vereinigten Staaten als einen Neuling in den außerordentlich verwickelten Verhältnissen des Nahen Ostens die Versuchung sehr groß sein muß, sich in überalterte und nur scheinbar bewährte Kolonialmethoden von dem älteren Partner im Nahen Osten, dem Colonial Office, hineinmanövrieren zu lassen. Dies kann sowohl in der Form der Kooperation wie in der Form der Konkurrenz geschehen. Beide Stadien scheinen wir mit der erstaunlichen Schnelligkeit, die

[21] Die Klammer wurde von Arendt als Einschub mit * versehen. Das korrekt wiedergegebene Zitat hat Arendt mit sehr großer Wahrscheinlichkeit aus der im März 1944 in Stanford erschienenen Studie »Petroleum and American Foreign Policy«, Seite 28, von Herbert Feis, entnommen. Das entlegene Zitat wird ausschließlich in den beiden Texten zu der Zeit benutzt. Die genannten Proteste wurden in der gesamten amerikanischen Presse immer wieder erwähnt. Siehe dazu auch den in Fußnote 10 erwähnten Text von Eliahu Ben-Horin.

unsere Periode auszeichnet, wenigstens andeutungsweise bereits durchlaufen zu haben. Das erste Stadium der Kooperation führte zu der Vertagung der Wagner-Taft Resolution. Kaum war das In-Kraft-Treten des White Paper durch amerikanische Hilfe oder zumindest durch amerikanisches Schweigen gesichert, erklärte der Herrscher des Persischen Golfes, daß er die britische Regierung vor der amerikanischen bevorzuge, machte der Herrscher von Alexandrien die ganze Sache durch Zoll-Politik unrentabel, während man entdecken mußte, daß für Haifa nur der Völkerbund, der ja nicht mehr existiert, zuständiger Verhandlungspartner sei. England und Amerika erschienen auf einmal als Konkurrenten und die Araber als die lachenden Dritten. Inzwischen sind bereits Spekulationen im Gange, denen zu Folge Rußland als dritter Partner oder Konkurrent in den Fragen des Nahen Orients zu betrachten wäre.

Die große Gefahr, in welcher diese Gebiete selbst sich befinden, ist klar. Große Mächte, welche keinen Fetzen Landes am Mittelmeer selbst besiedeln, können durch die Notwendigkeiten ihrer künftigen Luftfahrtlinien und andere Ölinteressen dazu geführt werden, entweder zu versuchen, dies ganze Gebiet gemeinsam zu beherrschen, oder danach zu trachten, es sich gegenseitig zu entreißen.

Der ganze Nahe Osten, ja das ganze Mittelmeergebiet ist in Gefahr, zu dem künftigen Pulverfaß der Welt zu werden. Kooperation im Sinne der gemeinsamen Herrschaft über ölarme Völker würde bestenfalls die Erfindungsgabe der betroffenen Völker stärken, jedenfalls aber mit dauernden Revolten und Intrigen zu rechnen haben. Freie Konkurrenz der großen Mächte um die Herrschaft in diesen Gebieten würde bald zu den erstaunlichsten und gefährlichsten Bündnissen und Querverbindungen führen. Nicht nur die Juden, nicht nur die Araber, alle Völker des Mittelmeers würden im Lichte einer solchen Politik bald als lästig, hinderlich, als nuisances erscheinen.[22]

Dabei kann es natürlich passieren, daß man wechselnd ver-

[22] Siehe »Nachwort«.

sucht, dem einen oder anderen dieser Völker gewisse Vorzugsstellungen einzuräumen. Das alte divide et impera läßt sich immer zeitgemäß abwandeln. Was heute an Konzessionen den Arabern gemacht wird, kann die Gunst eines neuen Augenblicks auch den Juden gewähren. Die Herrschaft weit entfernter Mächte hat sich noch immer auf lokale Gruppen stützen müssen, welche als Agenten und Hüter fremder Besitzungen und Interessen gewisse Privilegien neben dem Haß und der Mißgunst ihrer Nachbarn ernteten. Nur pflegen die Vorteile sich für solche Zwischenschichten als erheblich kurzlebiger zu erweisen als der Haß und die Mißgunst.

Was die Juden Palästinas angeht, so gäbe es für sie nur eine Position, die noch ungünstiger wäre als die gegenwärtige, wo man versucht, sie als Konzession an die Araber zu benutzen, und das wäre, wenn sie zu den Hütern solcher Interessen ausersehen und mit Privilegien solcher Art belohnt würden. Und das kann sehr gut passieren, wenn die Araber fortfahren, sich in ihrer Politik nur von den Gesichtspunkten eines besseren Rossetäuschers und von »Prinzipien« der Erpressung leiten zu lassen. Wenn es gar zu einer wirklichen Konkurrenz zwischen England, Amerika und Rußland um den entscheidenden politischen Einfluß im Nahen Orient käme, wäre es ganz und gar unvermeidlich, daß in dem dann entstehenden Chaos von widerstreitenden Interessen eine dieser Mächte versuchen würde, sich die Hilfe der Juden für den Schutz ihrer Interessen zu sichern.

Was die Juden in solch einem Falle zu erwarten hätten, wäre Protektion. Sie würden in das Spiel der großen Mächte gezogen, ohne eine eigene Macht darzustellen. Sie würden auf Protektion angewiesen sein, um sich ihrer Nachbarn zu erwehren, mit denen sie, als Vertreter nicht-einheimischer Interessen in einen Interessenskonflikt geraten würden, gegen den der heutige arabisch-jüdische Konflikt harmlos wäre. Denn der arabisch-jüdische Konflikt kann und wird sich lösen lassen innerhalb des Rahmens einer freundschaftlichen Kooperation aller Mittelmeervölker, die um ihrer politischen Unabhängigkeit und freien ökonomischen Entwicklung willen ohnehin auf gute nachbarschaftliche Verhältnisse und vielleicht sogar auf eine Federation angewiesen sein werden. Jedes Volk, das, wie heute die Araber, um kurzer Augenblicksvorteile das gute Verhältnis zu seinen Nachbarn aufs Spiel setzt, wird etwaige Privilegien, welche durch weit entfernte Mächte garantiert sind, sehr teuer, vermutlich zu teuer erkaufen.

Protektion von weit entfernten Mächten ist immer eine mißliche und in Krisenzeiten wenig zuverlässige Sache. Die Geschichte des jüdischen Volkes in Europa ist ein warnendes Exempel. Nichts hat seiner Integrierung in die Gemeinschaft der europäischen Völker so entscheidend geschadet wie jene unglückselige Konstellation, in der es in die neuere abendländische Geschichte eintrat und der zufolge es in nahezu allen europäischen Ländern zu den Vertretern fremder Interessen (wie im Falle Polens) oder zu den Agenten weit entfernter Höfe gemacht worden war. Würde das Gleiche sich in Palästina wiederholen, so wäre das Jüdische Nationalheim zu einer Satire seiner selbst, die Lage des Jischuw zu einem der schwersten Galuthprobleme und das jüdische Volk um seine beste Hoffnung ärmer geworden.

Was das Jüdische Nationalheim in Palästina mit Recht von der amerikanischen Außenpolitik und seinen amerikanischen Brüdern erwarten kann, ist niemals direkte Protektion, aber jene aktive Sympathie und Förderung, welche die Republik seit eh und je denen zuteil werden ließ, die in den Mutterländern ihrer Bevölkerung wohnten. Die Gegengabe der Juden Palästinas kann nie eine Wacht über amerikanische Ölinteressen sein. Sie kann nur in jenem Vertrauen bestehen, das die Völker der Welt seit eh und je in die große Republik von Amerika gesetzt haben und das morgen sich als einer der wichtigsten Aktivposten der amerikanischen Außenpolitik herausstellen wird.

Abba P. Lerner

Das Problem der arabischen Flüchtlinge

Zusammenfassung eines Berichts des Institute for Mediterranean Affairs

Die nachfolgende Zusammenfassung eines Berichtes über die Elemente und die mögliche Lösung des arabischen Flüchtlings-Problems verdankt ihre Entstehung der Initiative des Institute for Mediterranean Affairs in New York. Zu den Initiatoren dieser Organisation gehören unter anderem Roger N. Baldwin, Vorsitzender der Internationalen Liga für Menschenrechte, Professor Josef Dunner, Prof. Nasrollah Fatemi, der frühere Delegierte Irans bei den Vereinten Nationen, Prof. Abba P. Lerner, früher Wirtschaftsberater der israelischen Regierung, Peter H. Bergson (Hillel Kook) und Prof. Eri Jabotinsky, früherer Knesset-Abgeordneter, und eine große Reihe nichtjüdischer und jüdischer Persönlichkeiten in den U. S. A.

An dem Bericht haben Prof. Hannah Arendt, Prof. W. J. Cahnmann, Prof. Josef Dunner, Prof. Nasrollah Fatemi und der Journalist Don Peretz mitgearbeitet. Die Zusammenfassung stammt von Prof. Abba P. Lerner. (Red.)

Es gibt jetzt ungefähr eine Million Menschen jenseits der Grenzen des Staates Israel, entwurzelt aus ihren Heimstätten, Wirtschaften und Berufen, erhalten hauptsächlich durch die Mildtätigkeit einer zeitweisen Institution der Vereinten Nationen, die gehemmt ist durch ungenügende Fonds; sie leben in Müßigkeit, in Enttäuschung und Bitternis, mehr als ein Drittel von ihnen in Flüchtlings-Lägern. Seit zehn Jahren leben sie dort (ausgenommen die Kinder, die ihnen inzwischen geboren wurden) und warten, daß etwas getan wird, das ihr normales produktives Leben wiederherstellt, aber kein umfassender Plan für ihre Rehabilitation ist in Sicht. Es sind die palästinensischen arabischen Flüchtlinge.

Seit dem Ende des Zweiten Weltkrieges wurden viele Millionen in anderen Teilen der Welt zu Flüchtlingen, aber sie sind in ihrer Majorität rehabilitiert worden. Die Meisten, die vor zehn Jahren Flüchtlinge waren, sind wieder angesiedelt. Aber die palästinensischen Flüchtlinge außerhalb Israels bleiben Flüchtlinge, ihre Zahl vergrößerte sich von 726000 im Jahre 1948 auf 855000 im Jahre 1951 und 934000 im Jahre 1957.

Unerhebliche Punkte

Diskussionen über das Problem der arabischen Flüchtlinge beinhalten oft Punkte, die keineswegs von Belang für einen konstruktiven Zugang zu dem wesentlichen Ziele sind: der Wiederherstellung eines normalen Lebens für die Flüchtlinge.

Es ist z. B. unerheblich zu erörtern, wer die Schuld an dem gegenwärtigen Schicksal der Flüchtlinge trägt. Das Problem ist das gleiche, ob sie ihre Heimat verlassen haben, weil die israelischen Streitkräfte sie vertrieben haben, oder ob sie mit den eindringenden arabischen Armeen kooperiert haben oder aus anderen Gründen oder ohne Grund.

Ebenso kann die dauernde Debatte darüber, ob die Flüchtlinge »echte« Flüchtlinge aus dem israelischen Palästina sind, übergangen werden. Die Situation würde nicht weniger kompliziert noch würden die Spannungen erleichtert werden, indem man das Problem nur auf die »echten« Flüchtlinge aus dem israelischen Palästina beschränkte. Unter den Flüchtlingen sind viele, die vom arabischen Palästina kamen. Es gibt viele zweifelhafte oder Grenzfälle. Es gibt zweifellos solche, die niemals palästinensische Flüchtlinge waren, die sich aber dafür ausgegeben haben, um Rationen und andere Vergünstigungen zu erhalten.

Die Tatsachen

Die hauptsächlichsten Faktoren des Problems können kurz zusammengefaßt werden. Ungefähr eine Million Flüchtlinge müssen zu einem normalen Leben zurückgeführt werden (185 000 Familien).

Vier-Fünftel der Flüchtlinge leben innerhalb Palästinas, und zwar im arabischen Palästina, dem Teil von Palästina, der seit dem Waffenstillstand 1949 unter der Kontrolle Ägyptens (der Gazastreifen) und des jordanischen Königreichs (West-Jordanien) steht.

Etwas mehr als die Hälfte von ihnen (518 000 im Jahre 1957) leben in Jordanien, wo sie Untertanen des Königsreichs Jordanien geworden sind und eine aktive und manchmal entscheidende politische Rolle in diesem Land spielen; fast ein Viertel von ihnen (221 000 im Jahre 1957) lebt im Gaza-Streifen, dem kürzlich eine gewiße politische Autonomie gegeben wurde mit gleichen Rechten für Flüchtlinge und Eingeborene.

Das verbleibende Fünftel lebt im Libanon und in Syrien. Diese haben in einem gewißen Ausmaß Arbeit gefunden und sind wirtschaftlich absorbiert, obwohl ihnen die Bürgerschaft versagt bleibt.

Ungefähr 200000 Araber leben in Israel. Sie sind keine Flüchtlinge. Sie bestehen aus den Arabern, die im Jahre 1948 im israelischen Palästina blieben, aus etwa 46000, die im Jahre 1950 Flüchtlinge in Israel waren unter der Obhut der UNRWA, gleich denen, die noch heute im Libanon und in Syrien sind, und aus 35 000 Ex-Flüchtlingen, die seit 1948 nach Israel gekommen sind.

»Nach-Hause-Gehen«

Die Flüchtlinge sind, wie berichtet wird, fast einstimmig in ihrem Wunsch, »nach Hause zu gehen«. Das kann eines oder mehrere verschiedene Dinge bedeuten mit verschiedenen Graden der Möglichkeit.

Nach-Hause-Gehen kann heißen, zurückgehen ins Heimatland. Streng genommen leben Vier-Fünftel der Flüchtlinge in ihrem Heimatland, wenn damit Palästina gemeint ist. Das kann natürlich nicht gemeint sein.

Es kann meinen, zurückzukehren »zu ihrem eignen Land«, d. h. in einem unabhängigen Arabischen Staat Palästina zu leben, aber es gab niemals einen unabhängigen Arabischen Staat in Palästina. Es kann auch nichts weiter bedeuten als »Zurück zu 1947«. Das ist wahrscheinlich die am nächsten liegende Auslegung der Worte für viele Flüchtlinge, und wörtlich genommen würde das das Verschwinden des Staates Israel zusammen mit den mehr als einer Million Juden, die seit 1947 ins Land gekommen sind, beinhalten. Es könnte auch bedeuten, im neuen Staat Israel als friedliche Glieder einer arabischen Minorität in einem vorwiegend Jüdischen Staate zu leben. Es kann heißen, dass jeder Flüchtling individuell zu seinem alten Heim zurückkehrt, zu seiner Wirtschaft und zu seinem alten Beruf. In vielen Fällen ist das Besitztum der Flüchtlinge zerstört worden. In den meisten Fällen hat der Besitz gewechselt, er ist wiederaufgebaut, entwickelt und wiederbesetzt worden, entweder von jüdischen Einwanderern oder von anderen Arabern, die man dort angesiedelt hat. Die Verdrängung der neuen Besitzer würde nicht nur endlose Prozeße hervorrufen, sondern auch eine neue Folge von Flüchtlingen schaffen. Schließlich kann es bedeuten, sich wieder niederzulassen in der alten Art des Lebens in der alten Umgebung in einer anderen arabischen Stadt oder Dorf, wenn das nicht am alten Platz möglich ist.

Israel widerstrebt der Wiederzulassung einer großen Zahl von Flüchtlingen.

Sehr wenige der Flüchtlinge konnten unter dem Rehabilitierungs-Plan der UNRWA selbständig gemacht werden oder waren fähig, auszuwandern. Die Regierung Israels hat den größeren Teil der eingefrorenen Guthaben der arabischen Flüchtlinge in den Israelischen Banken freigegeben. Volle Kompensation für in Israel belassenes Eigentum würde nur für die Niederlaßung eines kleinen Teils der Flüchtlinge genügen. Man schätzt die Kosten der Ansiedlung einer durchschnittlichen arabischen Familie, abgesehen vom Land, auf annähernd 2,500 Dollar; für je zwei Familien, die auf dem Lande angesiedelt werden, könnte eine andere Familie ihren Lebensunterhalt finden, indem sie notwendige Dienste leistet zu vergleichsweisen Kosten für Wohnung und Ausstattung.

Unter den Einwanderern in Israel gibt es ungefähr 150000 Juden aus dem Irak und aus Ägypten, die ihren Besitz dort lassen mussten. Diese Menschen verlangen gleicherweise volle Kompensation für das Eigentum, das sie in arabischen Ländern gelassen haben.

Das scheinen die wesentlichen erheblichen Faktoren zu sein. Der nächste Schritt ist die Aufzählung der grundlegenden Bedingungen, die erfüllt werden müssen, wenn das Problem gelöst werden soll.

Spezifizierungen für eine Lösung

Die Lösung muss für jede Flüchtlingsfamilie ein annehmbares Heim, eine Wirtschaft oder andere Lebensmöglichkeiten bereitstellen. Die Lösung muß für die arabischen Flüchtlinge annehmbar sein unter Anerkennung der Gerechtigkeit ihrer Forderung (welche Rechte sie auch immer unter »Internationalem Recht« besitzen mögen), für sich selbst zu bestimmen, ob sie ihr Geburtsrecht im israelischen Teil von Palästina aufgeben oder es aufrecht erhalten wollen. Es muß ihnen eine echte Wahl gegeben werden zwischen: 1) Repatriierung nach Israel oder 2) Niederlassung im arabischen Palästina oder 3) Wiederansiedlung in einem von mindestens zwei anderen arabischen Ländern unter den gleichen Minimum-Bedingungen der Lebensmöglichkeit, für die in jedem Falle gesorgt wird.

Die Lösung muss die volle Entschädigung jedes arabischen Flüchtlings für das in Israel hinterlassene Eigentum sicherstellen. Das gleiche Recht auf Entschädigung muss den jüdischen Einwanderern aus arabischen Ländern zustehen, deren Besitz konfisziert wurde.

Die Lösung muss für Israel in dem Sinne annehmbar sein, dass sie nicht seine Existenz unterminiert, und muß daher klare Bürgschaften für die friedlichen Absichten der nach Israel zurückkehrenden Flüchtlinge enthalten. Sie soll keiner Nation als Bedrohung ihrer Existenz oder ihrer Grenzen erscheinen. Die Lösung kann nicht unabhängig entwickelt werden durch eine der beteiligten Parteien oder durch eine Anzahl von unverbundenen Stellen. Restitution, Entschädigung, Rückkehr und Wiederansiedlung müssen in den Händen einer internationalen Autorität liegen, so daß alle Parteien fühlen, daß sie fair behandelt werden.

Die Regierungen der verschiedenen Länder des Mittleren Ostens müssen solche unbenutzten Ländereien zur Verfügung stellen, die geeignet zur Wiederansiedlung sind, und sie müssen alle bei der Ausführung der Aufgabe der Wiederansiedlung und der Rehabilitierung kooperieren.

Die Dimensionen des Problems

Eine leidenschaftslose Untersuchung der Faktoren der Situation und der zu erfüllenden Bedingungen zeigt, daß das Problem nicht so überwältigend oder so unlösbar ist, wie es sowohl von arabischen wie von israelischen Sprechern dargestellt wurde.

Die Gesamtkosten der Ansiedlung aller arabischen Flüchtlinge, die nicht selbst aus ihrer Entschädigung die vollen Kosten zahlen können, würden weniger als 400 Millionen Dollar betragen. Das ist eine äußerste Ziffer, und sie würde die Ansiedlung von 160 000 Familien decken, die Beihilfe brauchen (von den 185 000 arabischen Flüchtlingsfamilien) zu 2500 Dollar pro Familie. Die Ansiedlung der »Million« Flüchtlinge würde ungefähr fünf bis zehn Jahre benötigen, so daß die jährlichen Kosten zwischen 40 und 80 Millionen Dollar liegen würden. Unter den möglichen Quellen für diese Mittel sind zu nennen: das israelische Regierungs-Budget (644 Millionen Dollar im Jahre 1958); die Öl-Einkünfte der Nationen der Arabischen

Liga (435 Millionen Dollar im Jahre 1957), israelische und arabische Rüstungsausgaben (ungefähr 500 Millionen Dollar im Jahre 1958) oder amerikanische Fonds für ökonomische Entwicklung und Hilfe in dem Gebiet.

Viel ernster als die Höhe der Kosten ist der augenscheinlich unversöhnliche Konflikt zwischen dem Recht der arabischen Flüchtlinge, »nach Hause zu gehen«, und Israels Weigerung, irgendwelche große Zahlen von Flüchtlingen aufzunehmen. Israels Argumente sind, daß solch ein Einstrom a) seine Wirtschaft in Unordnung bringen würde, b) den jüdischen Charakter des Staates entstellen und c) eine »Fünfte Kolonne« einführen würde, die seine Existenz als eine unabhängige Nation unterminieren oder sabotieren würde.

Obgleich man diese Befürchtungen nicht ignorieren kann, muß man doch auf eine Anzahl von Schutzfaktoren hinweisen, die in der Situation selbst liegen, und auf andere, die in die Lösung des arabischen Flüchtlings-Problems eingebaut werden können. Diese Schutzfaktoren machen es möglich, sowohl die Rechte der Flüchtlinge als auch die Sicherheit Israels zu gewährleisten.

Schutzfaktoren für Israel

Nicht alle Flüchtlinge kommen aus dem Teil Palästinas, der nun Israel ist, und die, die niemals dort waren, können nicht verlangen, »zurückzukehren«.

Die Gefahr eines unannehmbar großen Einstroms von Flüchtlingen nach Israel ist in diesem Moment nur eine theoretische. Ein Zensus der Wünsche und Pläne der Flüchtlinge wird zeigen, daß sie ganz unrealistisch ist.

In ganz wenigen Fällen wird es für einen arabischen Flüchtling möglich sein, zurückzukehren, um in seinem alten Heim, in seinem alten Dorf zu leben und auf seiner alten Farm zu arbeiten oder seinen alten Beruf wiederaufzunehmen. Er kann volle Entschädigung für seinen Besitz erhalten, und es kann ihm alle notwendige Hilfe gegeben werden, sich selbst eine Farm aufzubauen oder ihn auf andere Weise zu befähigen, einen befriedigenden Lebensunterhalt zu finden. Wenn dies angenommen ist, bleibt die Frage, wo solche alternative Ansiedlung sein soll. Wenn der Flüchtling einfach wünscht, in »Palestine« zu leben, welches das Land ist, in dem er vor dem Umsturz des Jahres 1948 lebte, so ist dieser Wunsch genau so erfüllt, wie wenn er in Israel angesiedelt ist. Wenn er, was plausibler erscheint, außer der Rückkehr zu seinem alten Heim wirklich wünscht, dieselbe Art von Leben zu führen wie vorher in der gleichen Umgebung, ist es mehr als wahrscheinlich, daß er das eher im arabischen Palästina findet oder sogar in anderen arabischen Ländern als in Israel.

Wenn die Flüchtlinge sich der Natur ihrer Entscheidung voll bewußt gemacht werden, wenn sie echte Möglichkeiten gleich befriedigender ökonomischer Bedingungen der Ansiedlung im arabischen Palästina oder in anderen arabischen Ländern haben, und wenn sie nicht riskieren, irgend welche ihrer Rechte auf Entschädigung für ihren Besitz in Israel zu verlieren, gleichgültig wo sie sich niederlassen, dann kann erwartet werden, dass sie in den meisten Fällen wählen werden, in einem arabischen Land zu leben.

Ungefähr 200000 Flüchtlinge sind im Libanon und in Syrien, wo sie weitgehend in der Wirtschaft ihrer Gastländer integriert sind. Es ist unwahrscheinlich, dass viele von ihnen wünschen, wieder den Ort zu wechseln.

Mehr als die Hälfte der Flüchtlinge haben die jordanische Staatsbürgerschaft erworben, und unter ihnen haben einige hohe Positionen in der jordanischen Regierungs-Hierarchie erreicht. Viele dieser Flüchtlinge werden sehr zurückhaltend sein, solche Positionen und Möglichkeiten aufzugeben, um in Israel einzuwandern.

Die palästinensischen Flüchtlinge sind Menschen wie andere und werden daher nach ihrem individuellen Selbstinteresse handeln, wenn sie nicht mit der abstrakten Frage konfrontiert werden, ob sie »zurückzukehren« wünschen, sondern mit einer praktischen und echten freien Wahl, wo und wie sie ihr

Leben wieder aufbauen und ihre normalen und produktiven Beschäftigungen und Berufe wiederaufnehmen wollen.

Die Flüchtlinge, die die Rückkehr nach Israel wählen, würden wahrscheinlich jene sein, die sich der Gesellschaft, die hier gebildet wird, einfügen können, die in einer solchen Gesellschaft eine bessere Erfüllung ihrer Lebenswünsche finden, und sie würden daher keine Animosität gegenüber Israel fühlen.

Die Rückkehrer sollten verpflichtet werden, Versicherungen ihrer friedlichen Absichten abzugeben.

Da alle beteiligten Länder sich verpflichten müßten, mit der internationalen Autorität, der die Ausführung der Operation obliegt, zu kooperieren, mindestens in dem Ausmaß, dass sie Land für die Ansiedlungsprojekte zur Verfügung stellen, Waffenstillstandsverträge erfüllen, keine feindseligen Akte zu ergreifen, so würde die daraus resultierende Verminderung der Spannung die Gefahr einer »Fünften Kolonne« sehr verringern.

Aber noch eine andere Bürgschaft liegt in der Dauer der Rückkehr. Es würde zwischen fünf und zehn Jahre erfordern, alle Flüchtlinge zur Niederlaßung zu bringen, und dies würde Gelegenheit geben, alle Vorsichtsmaßnahmen zu treffen, wenn eine gefährliche Situation sich zu entwickeln scheinen sollte. Dieser Sicherheitsfaktor kann verstärkt werden, indem man eine geplante Versuchsperiode einfügt.

Die Regierung Israels würde den zurückkehrenden Arabern volle Staatsbürgerschaft und andere demokratische Rechte, eingeschlossen das Recht des freien Zusammenschlusses und der Auswanderung, garantieren müssen.

Wenn ernste Schwierigkeiten entstehen sollten, würde Israel natürlich berechtigt sein, zum Selbstschutz seine souveränen Rechte zur Anwendung zu bringen in der Weise, wie es ihm notwendig erscheint.

Das besagt nicht, dass mit all diesen Bürgschaften Israel keine Risiken für seine Sicherheit und seine Wirtschaft eingeht. Aber indem es nichts tut, läuft Israel noch größere Risiken.

Ein Lösungsvorschlag

Auf diesem Hintergrund schlagen wir die Errichtung einer speziellen Kommission der Vereinten Nationen oder Repatriierungs- und Wiederansiedlungs-Autorität (RRA) vor.

Jeder arabische Flüchtling, der der RRA befriedigend nachweisen kann, dass er einen festen Wohnsitz im israelischen Palästina im Jahre 1948 hatte, sollte die Option erhalten, zusammen mit seiner unmittelbaren Familie angesiedelt und mit der notwendigen Wohnung und Farm oder anderen Mitteln des Lebensunterhaltes versehen zu werden:

a) in Palästina (d. h. ohne Unterschied zwischen Israel und dem arabischen Palästina),
b) in Israel,
c) im arabischen Palästina, oder
d) in einem anderen arabischen Land.

Anderen arabischen Flüchtlingen sollten die Optionen (c) und (d) gegeben werden mit der Wahl zwischen mindestens drei verschiedenen Plätzen der Niederlassung, mit dem gleichen Standard für Wohnung und Landwirtschaft oder anderen Mitteln des Lebensunterhaltes.

Allen palästinensischen arabischen Flüchtlingen und allen Juden, die arabische Staaten seit 1948 verließen, sollte volle Entschädigung für alles zurückgelassene Eigentum ausgezahlt werden. Diese Entschädigung sollte völlig unabhängig von dem Land sein, in dem sie sich niederzulassen wünschen.

Alle jene, die sich in Israel niederzulassen wählen, sollten ihre Ergebenheit gegenüber Israel erklären.

Die RRA sollte Repatriierungs- und Wiederansiedlungs-Projekte in so vielen Plätzen wie tunlich errichten, um den Flüchtlingen die weitestmögliche Wahl zu geben.

Die RRA sollte intensive erzieherische und informative Aktionen durchführen, um den Flüchtlingen die Natur der verschiedenen Möglichkeiten der Wahl, die ihnen offenstehen, klarzumachen. Insbesondere sollte sie es unternehmen, die Flüchtlinge über die tunlichen Formen des »Nach-Hause-Gehens« zu informieren und darüber, was in den verschiedenen Optionen beinhaltet ist; und es sollte sie gegen alle Formen des Zwangs schützen.

Die RRA sollte die Repatriierung und die Wiederansiedlung in verschiedenen Phasen planen. Die erste Phase sollte nicht mehr als drei Jahre von der Errichtung der RRA ab dauern und sollte als eine Versuchs-Periode angesehen werden, in welcher 200000 Flüchtlinge zur Ansiedlung zu bringen sind.

Die RRA sollte mit der Aufbringung der Fonds von der israelischen und den arabischen Regierungen und von anderen Quellen beauftragt werden und mit der Regelung der Entschädigung, der Repatriierung und der Wiederansiedlung.

Die Vereinigten Staaten und andere Mitglieder der Vereinten Nationen sollten sich darauf vorbereiten, zu den Kosten der Lösung des arabischen Flüchtlings-Problems substantielle Beiträge zu leisten. Selbst wenn die Vereinigten Staaten die Kosten des ganzen Projekts allein zu bezahlen hätten, würde es ein sehr billiger Preis sein, selbst wenn man die Dinge nur vom Gesichtspunkt des Beitrages sehen würde, den sie damit zur Verminderung der Spannungen im Mittleren Osten und der daraus folgenden Milderung der Gefahren eines Weltkrieges liefern.

Frühere Diskussionen des Problems haben sehr unter der Komplikation und der Konfusion des Themas durch die Punkte, die wir auszuschließen gesucht haben, gelitten. Durch sie wurden die Schwierigkeiten außerordentlich übertrieben, und jene, die versuchten, sich mit dem Problem zu beschäftigen, wurden unnötig entmutigt. Es wurde schon fast zu einem Axiom, zu erklären, daß das Problem zu delikat sei, um berührt zu werden, oder zu heiß, um es zu behandeln, oder zu eng verwickelt mit dem Kalten Krieg; daß der wirtschaftliche Umfang zu groß sei, um darüber nachzudenken, oder daß die Feindseligkeit der im Konflikt liegenden Parteien zu unbegrenzt sei, um irgend ein Kompromiss zu erlauben. Aber wir haben gesehen, daß in dem Moment, wo man versucht, die angebliche Unermesslichkeit der Sache zu messen, sie in den Bereich des Möglichen zusammenschrumpft. Trotz offizieller Intransigenz gibt es in Israel jüdische und arabische Gruppen, die wirklich eine mögliche Lösung suchen; und in den arabischen Staaten, wo der offizielle Druck viel größer und der Ausdruck nonkonformistischer Meinung fast unmöglich ist, gibt es viele Leute, die die Situation nüchtern sehen und die im privaten Gespräch eine weniger leidenschaftliche Haltung und eine Hoffnung auf eine konstruktive Lösung enthüllen. Unter den Flüchtlingen selbst haben trotz der feindseligen Erklärungen, des politischen Drucks, der Einschüchterung durch Agitatoren und der Sicherheit und den Diensten der Flüchtlings-Lager (die Rationen eingeschlossen) Tausende ihren Flüchtlings-Status beiseite geworfen, um ein produktives Leben außerhalb der Lager und außerhalb Israels zu finden.

Haß dauert nicht ewig. Eine gerechte Lösung kann die Feindseligkeit auflösen und ein neues Klima für eventuelle Kooperation schaffen. Aber was jetzt nötig ist, das ist die Beseitigung der Entmutigung und der Einschüchterung, die aus einer fast traditionellen Übertreibung der Unermeßlichkeit des Problems und der Unbeweglichkeit der Widerstände zu jeder Lösung resultieren. Jede mit dieser Lösung verknüpfte Partei, die die Initiative ergreifen würde, um die Errichtung einer »Repatriation and Resettlement Administration« in den vorgeschlagenen Linien zu verwirklichen, könnte den Widerstand, der die Lösung des palästinensischen Flüchtlings-Problems aufhält, brechen und würde damit einen Akt ungewöhnlich effektiven Dienstes für die Menschheit, für die Sicherheit und für den Frieden leisten.

Institute for Mediterranean Affairs

Das palästinensische Flüchtlingsproblem. Ein neuer Ansatz und ein Plan für eine Lösung.

Vorwort

Dieser Bericht ist das Ergebnis einer vom Institute for Mediterranean Affairs organisierten Studie zum palästinensischen Flüchtlingsproblem, die von einem Gremium unabhängiger Wissenschaftler und Nahost-Experten durchgeführt wurde. Der Handlungsdruck, der die damit einhergehenden Debatten begleitete, wurde durch das bevorstehende Auslaufen des UNRWA[1]-Mandats im Jahr 1960 noch verstärkt und gipfelte schließlich in einem gemeinsam vereinbarten Entwurf zur Lösung des palästinensischen Flüchtlingsproblems.

Aus menschlicher Sicht erscheint die Aufgabe, den Flüchtlingen wieder ein normales Leben zu ermöglichen, als die dringlichste Aufgabe nach der Beendigung der bewaffneten Konflikte. Dennoch ist in den vergangenen zehn Jahren kein Versuch unternommen worden, eine ganzheitliche, gerechte und konstruktive Lösung für die Rehabilitation Hunderttausender palästinensisch-arabischer Flüchtlinge zu finden.

Die Erklärung hierfür ist selbstverständlich in der Spannung zwischen Israel und den arabischen Staaten zu suchen, die für den Frieden der Region und der ganzen Welt eine Gefahr darstellt. Im Schatten dieses Konflikts wurde die Betrachtung des Flüchtlingsproblems von einer Reihe irrelevanter Streitpunkte und gewissermaßen ablenkender langfristiger Ziele überlagert, deren Diskussion sich in endlosen Komplikationen und gegenseitigen Schuldzuweisungen verlor. Das Gremium befasste sich mit nahezu allen erdenklichen Aspekten dieser äußerst verworrenen und komplexen Situation und

[1] Anm. d. Übers.: Hilfswerk der Vereinten Nationen für Palästina-Flüchtlinge im Nahen Osten, United Nations Relief and Works Agency for Palestine Refugees in the Near East.

analysierte die mannigfachen Faktoren, die dabei eine Rolle spielen, mit dem Ziel, die Nebensächlichkeiten, Erschwernisse und Wirrungen auszuräumen, die das Flüchtlingsproblem komplexer erscheinen ließen, als es tatsächlich ist.

So klargestellt blieb als zentrales Problem der anscheinend unüberbrückbare Widerspruch zwischen der Forderung nach dem Recht jedes arabischen Flüchtlings auf Rückkehr und der Befürchtung, dass dies zur Entstehung einer fünften Kolonne führen würde, die so gefährlich wäre, dass der Staat Israel ihre Existenz nicht zulassen könnte.

Eine genauere Betrachtung dieses entscheidenden Sachverhalts zeigte jedoch, dass der Konflikt nicht unüberbrückbar ist. Der hier vorgelegte Bericht schlägt daher eine Versöhnung im Rahmen eines ganzheitlichen Plans zur schrittweisen Rückführung und Umsiedlung aller Flüchtlinge vor, und zwar ausgehend von den Erfahrungen einer ersten Versuchsphase, die so bald wie möglich beginnen sollte.

Festgelegt sind in diesem ganzheitlichen Plan die Bedingungen und die Alternativen für die freie Wahl der Flüchtlinge und ihre gerechte Behandlung vor dem Gesetz, auf die sie nach ihrer Rückführung oder Umsiedlung Anspruch haben, sowie Schutzmaßnahmen für Israel gegen Subversion oder andere feindselige Handlungen seitens der Rückkehrer.

Während der gesamten Studie näherte sich das Gremium dem Flüchtlingsproblem sowohl aus einer humanitären Perspektive als auch mit Rücksicht auf die Tatsache, dass es sich bei den Flüchtlingen nicht um anonyme Individuen, sondern um lebende Menschen handelt, die mit einem Land verbunden sind, das als Palästina bekannt war und immer noch ist.

Der Bericht schlägt die Schaffung einer internationalen Rückführungs- und Umsiedlungsbehörde namens »Repatriation and Resettlement Agency« vor, die von den Vereinten Nationen nach dem Vorbild der gemischten Waffenstillstandskommissionen für den Nahen Osten[2] mit dem ausdrücklichen

[2] Anm. d. Übers.: Mixed Armistice Commissions (MAC). Bei den gemischten Waffenstillstandskommissionen handelte es sich um Organi-

Auftrag eingerichtet werden soll, das Flüchtlingsproblem anzugehen und zu lösen sowie die Zusammenarbeit zwischen Israel und den arabischen Staaten zu vereinbaren.[3]

Es liegt in der Natur eines Gremiums, dass die Teilnehmer hinsichtlich ihrer Herangehensweisen, Perspektiven und Formulierungen Kompromisse eingehen mussten, um zu einem Ergebnis zu gelangen, das von allen Beteiligten getragen werden konnte.

Wir wenden uns nun an diejenigen, die sich gemeinsam mit uns diesem neuen Ansatz für eine gerechte und gleichberechtigte Lösung des palästinensischen Flüchtlingsproblems anschließen möchten. Insbesondere appellieren wir an die am meisten betroffenen Parteien – Israel, die arabischen Staaten und die Hauptmächte der Vereinten Nationen, allen voran die Regierung der Vereinigten Staaten –, diesen Plan als Ausweg aus der derzeitigen Sackgasse zu betrachten, um Frieden und menschliches Glück zu fördern.

sationen zur Überwachung des Waffenstillstands gemäß den allgemeinen Waffenstillstandsabkommen von 1949. Sie bestanden aus Militärbeobachtern der Vereinten Nationen und waren im Nahen Osten Teil der immer noch andauernden Friedensmission der UN-Organisation zur Überwachung des Waffenstillstands (United Nations Truce Supervision Organization, UNTSO).

[3] Anm. d. Übers.: Der Vorschlag ist wohl im Hinblick auf die am 9. Oktober 1943 in Atlantic City gegründete United Nations Relief and Rehabilitation Administration (UNRRA) gemacht geworden.

Gremium zum palästinensischen Flüchtlingsproblem

Abba P. Lerner, Vorsitzender

Samuel Merlin, Hauptberichterstatter

Hannah Arendt, Politikwissenschaftlerin und Autorin von *Elemente und Ursprünge totaler Herrschaft*

Lawrence L. Barrell, geschäftsführender Direktor des Mitchell College, New London, Connecticut, Vereinigte Staaten, und Professor an der Long Island University, New York City, New York, Vereinigte Staaten

Werner J. Cahnman, Hochschuldozent am Institut für Soziologie und Anthropologie, Hunter College, New York City, New York, Vereinigte Staaten, sowie am Institut für Sozialwissenschaft, Yeshiva University, New York City, New York, Vereinigte Staaten

Boris G. Dressler, Professor emeritus des Instituts für Wirtschaftswissenschaft, City College of New York, New York City, New York, Vereinigte Staaten

Joseph Dunner, Professor und Leiter des Instituts für Politikwissenschaft, Grinnell College, Grinnell, Iowa, Vereinigte Staaten

Nasrollah Fatemi, ehemaliger iranischer Delegierter bei den Vereinten Nationen und außerordentlicher Professor am Institut für Sozialwissenschaft, Fairleigh Dickinson University, Madison, New Jersey, Vereinigte Staaten

Ephraim Fischoff, geschäftsführender Direktor der Hillel-Stiftung, Yale University, New Haven, Connecticut, Vereinigte Staaten

Fowler Harper, Professor der juristischen Fakultät, Yale University, New Haven, Connecticut, Vereinigte Staaten

Oscar Kraines, Leitender Berater der Stabsstelle des Bundesstaates New York, Vereinigte Staaten

Abba P. Lerner, Professor am Institut für politische Ökonomie, Roosevelt University, Chicago, Illinois, Vereinigte Staaten

Raphael Malsin, Präsident der Lane Bryant GmbH

Samuel Merlin, Forschungskoordinator des Institute for Mediterranean Affairs

Don Peretz, Nahost-Experte und Autor von *Israel and the Palestine Arabs*

Joachim O. Ronall, Ökonom und Spezialist für Nahost-Forschung

Richard R. Salzmann, geschäftsführender stellvertretender Vorsitzender des Institute for Mediterranean Affairs

Harry Louis Selden, Herausgeber und Berater

John G. Stoessinger, Hochschuldozent am Institut für Politikwissenschaft, Hunter College, New York City, New York, Vereinigte Staaten, und Autor von *The Refugee and the World Community*

Einleitung

Unmittelbar vor den Grenzen des Staates Israel gibt es rund eine Million Menschen, die aus ihren Häusern, von ihren Bauernhöfen und Arbeitsplätzen vertrieben wurden. Sie leben hauptsächlich von den Almosen einer provisorischen und unzureichend finanzierten UN-Organisation in erzwungener Untätigkeit, Frustration und Verbitterung, mehr als ein Drittel davon in Flüchtlingslagern. Dort warten sie (mit Ausnahme der inzwischen geborenen Kinder) seit zehn Jahren darauf, dass etwas unternommen wird, das ihnen wieder ein normales, sinnstiftendes Leben ermöglicht, während kein Gesamtkonzept für ihre Rehabilitation in Sicht ist. Bei diesen Menschen handelt es sich um die palästinensisch-arabischen Flüchtlinge.[1]

Seit dem Ende des Zweiten Weltkriegs sind viele Millionen Menschen in anderen Teilen der Welt zu Flüchtlingen geworden. Ein Großteil von ihnen wurde jedoch rehabilitiert. Die meisten derjenigen, bei denen es sich noch vor zehn Jahren um Flüchtlinge handelte, wurden inzwischen umgesiedelt.[2] Die palästinensischen Flüchtlinge außerhalb Israels blieben jedoch Flüchtlinge. Ihre Zahl stieg sogar von 726 000 im Jahr 1949 auf 855 000 im Jahr 1951 und schließlich auf 934 000 im Jahr 1957 an.[3]

[1] Eine allgemeine Beschreibung der Lebensbedingungen, Aktivitäten und Versorgungssituation in den Flüchtlingsgemeinschaften ist in Anhang 1 aufgeführt.

[2] Eine Zusammenfassung der Flüchtlingssituation in verschiedenen Teilen der Welt, der Probleme, vor die sie die internationale Gemeinschaft stellt, und der aufgrund dieser Probleme umgesetzten Lösungen ist in Anhang 2 aufgeführt.

[3] Vgl. UN-Schlichtungskommission für Palästina, *Abschlussbericht der United Nations Economic Survey Mission for the Middle East*, 28. Dezember 1949, UN-Dokument-Nr. A/AC.25/6, Teil 1, Anhang

So groß die Sorge wohlwollender Menschen um die Rückkehr von fast einer Million Menschen zu einem Leben in Anstand und Würde sein muss, so gibt es doch noch weitere Überlegungen, die die Bedeutung und Dringlichkeit einer Lösung des Flüchtlingsproblems vor 1960 unterstreichen – dem Ablaufdatum des Mandats des Hilfswerks der Vereinten Nationen für Palästina-Flüchtlinge im Nahen Osten (UNRWA), das den Flüchtlingen derzeit nur ein Minimum an Lebensmitteln, Unterkünften und Diensten zur Verfügung stellt.[4]

Das eklatante Versäumnis, einen angemessenen Umgang mit diesen Flüchtlingen zu finden – obwohl die Vereinten Nationen ihnen viel mehr Aufmerksamkeit schenken als jeder anderen Flüchtlingsgruppe, vielleicht sogar mehr als allen anderen Flüchtlingen zusammen[5] –, ist auf die Feindseligkeit zwischen den arabischen Nationen und dem Staat Israel sowie ihre Angst und ihr gegenseitiges Misstrauen zurückzuführen. Gleichzeitig wirken sich die zunehmende Frustration und Verbitterung, die durch die anhaltende Notlage der Flüchtlinge verursacht wird, auf die Feindseligkeiten und Ängste aus, verschärfen sie und erhöhen die Gefahr eines erneuten Kriegsausbruchs zwischen Israel und den arabischen Staaten. Die meisten Grenzzwischenfälle, Sabotageakte und Fedajin-Überfälle

IA, S. 22 f. sowie *Jahresbericht des Generalkommissars des Hilfswerks der Vereinten Nationen für Palästina-Flüchtlinge im Nahen Osten (UNRWA) für den Zeitraum vom 1. Juli 1956 bis zum 30. Juni 1957*, Offizielle Protokolle der Generalversammlung, Zwölfte Sitzung, Beilage Nr. 14, UN-Dokument-Nr. A/3686, Anhang A, S. 12.

4 Schon zum jetzigen Zeitpunkt befindet sich die Organisation in einer schwierigen Situation. In den vergangenen Jahren hat das Hilfswerk »eine beispiellose Reihe von Krisen durchlaufen […] und war mit einer äußerst ernsten finanziellen Lage konfrontiert. Letzteres […] ist ein echter Grund zur Besorgnis für alle, die am Wohlergehen der palästinensischen Flüchtlinge sowie an der Stabilität des Nahen Ostens interessiert sind.« *Jahresbericht*, ebd., Einleitung, S. 1. Nach Ablauf des UNRWA-Mandats dürfte sich die Situation gravierend verschlechtern, und die Gefahr einer Eskalation sollte nicht außer Acht gelassen werden.

5 Eine Übersicht über die verschiedenen UN-Organisationen, die andernorts für Flüchtlinge zuständig waren, ist in Anhang 2 aufgeführt.

sowie die israelische Vergeltungspolitik sind entweder auf die Flüchtlingssituation zurückzuführen oder wurden maßgeblich von ihr beeinflusst.[6] Wenn sich das psychologische Klima tatsächlich ändern und eine echte Aussicht auf einen stabilen Frieden in diesem Teil der Welt bestehen soll, muss zunächst das palästinensische Flüchtlingsproblem gelöst werden.

Doch nicht nur der Frieden im Nahen Osten ist gefährdet. Die ganze Welt lebt im Schatten einer nuklearen Katastrophe. Während die Angst vor gegenseitiger Zerstörung die Großmächte davon abhalten mag, *direkt* einen Krieg gegeneinander zu beginnen, besteht die größere Gefahr darin, dass ein Weltkrieg indirekt ausgelöst werden könnte, und zwar durch einen »begrenzten Krieg«[7] in einem Teil der Welt, in dem Ost und West um Einfluss konkurrieren. In einem solchen Fall würde jede Seite versuchen, ihren *Protegé* durch die Bereitstellung ef-

[6] In seinem Buch *Israel and the Palestine Arabs* untersucht Don Peretz die Flüchtlingssituation als Quelle allgegenwärtiger und zunehmender Spannungen an den Grenzen zwischen Israel und seinen arabischen Nachbarn sowie eines Teufelskreises aus Unterwanderungsversuchen und Vergeltungsmaßnahmen. Vgl. Peretz, Don, *Israel and the Palestine Arabs*, Washington, D. C., 1958. Auszüge zu dieser Problematik sind in Anhang 3 aufgeführt.

[7] Anm. d. Übers.: Im Original wird an dieser Stelle der im Englischen nicht einschlägige Begriff »brush war« (wörtlich übersetzt: Pinselkrieg) verwendet, für den es keine verbindliche Übersetzung ins Deutsche gibt. Laut einem Artikel, der im Jahr vor der Veröffentlichung dieses Berichts im *Air University Quarterly Review* der United States Air Force erschien, ist ein »brush war« einer der vielen Begriffe, mit denen ein begrenzter Krieg im Gegensatz zu einem totalen Krieg beschrieben wird. Nach heutigem Verständnis können dazu auch Elemente eines Stellvertreterkriegs zählen. Als begrenzte Kriege gelten vor dem Hintergrund des anhaltenden Ost-West-Konflikts, der im besagten Artikel als vorerst unabänderliche Tatsache vorausgesetzt wird, sämtliche Kriege, die unabhängig von ihrem tatsächlichen Umfang, der geografischen Lage, den zugrunde liegenden Strategien und Zielen sowie der Art der Verteidigung keinen direkten Einfluss auf das Überleben der Vereinigten Staaten und der Sowjetunion haben. Vgl. Ephraim M. Hampton, »Unlimited Confusion Over Limited War«, in: *Air University Quarterly Review* 2, herausgegeben von der United States Air Force, Frühling 1957, S. 28–47, hier S. 32.

fektiverer »taktischer« Waffen vor einer Niederlage zu bewahren, bis schließlich eine Grenze überschritten wird und es kein Zurück mehr gibt.

Im Nahen Osten sind jetzt alle Voraussetzungen für eine solche Tragödie gegeben. Es ist nicht allein die Sorge um ein menschenwürdiges Leben für eine Million Menschen oder gar um den Frieden im östlichen Mittelmeerraum, die eine Lösung des palästinensischen Flüchtlingsproblems so dringlich macht. Eine Lösung dieses Problems ist (natürlich unter anderem) für die Sicherheit der ganzen Welt notwendig.

Die vorrangige Pflicht, auf eine zufriedenstellende Lösung hinzuarbeiten, liegt bei den am unmittelbarsten betroffenen Parteien, nämlich Israel und den arabischen Staaten, und auch bei den Vereinten Nationen. Aufgrund der Gefahr für die ganze Welt lastet jedoch eine besonders schwere Verantwortung auf den Schultern der größten demokratischen Macht, den Vereinigten Staaten.

Nicht relevante Aspekte

Für gewöhnlich besteht der erste Schritt zur Lösung eines Problems darin, es klar zu umreißen. Damit ist bereits viel gewonnen. Hinsichtlich des palästinensischen Flüchtlingsproblems muss jedoch eine andere Priorität gesetzt werden. Zunächst gilt es, eine Reihe dramatischer, durchaus faszinierender Themen auszuklammern, die aus dem emotional aufgeladenen Konflikt zwischen Israel und den arabischen Staaten sowie Zionismus und Panarabismus hervorgehen. Obwohl sie in gewissem Maße mit der gegenwärtigen Flüchtlingssituation zusammenhängen, sind sie völlig irrelevant für eine konstruktive Vorgehensweise mit der Zielsetzung, den Flüchtlingen eine Rückkehr in ein normales Leben zu ermöglichen. Dennoch werden diese Punkte immer wieder in Diskussionen thematisiert und sorgen nur für Verwirrung. Daher müssen wir die folgenden Fragen ausklammern:

1. Wer trägt die Schuld *an der gegenwärtigen Notlage der Flüchtlinge?*

Das gegenwärtige Problem ist und bleibt dasselbe, unabhängig davon, ob die Flüchtlinge ihre Heimat verließen, weil sie von den israelischen Streitkräften vertrieben wurden, sie mit den einfallenden arabischen Armeen kooperierten, sie Vergeltungsmaßnahmen für Gräueltaten gegen jüdische Siedler fürchteten, sie Angst vor entweder jüdischem oder arabischem Terrorismus hatten, sie einfach nur aus der Schusslinie kommen wollten, ihre Ehemänner, Väter, Dorfältesten oder politischen Führer dies für sie entschieden hatten, sie das Abenteuer suchten oder aus irgendeinem anderen oder gar keinem Grund.[1]

2. *Welche* historischen Ansprüche *haben das jüdische beziehungsweise das arabische Volk auf Palästina?*

Das gegenwärtige Problem kann nicht gelöst werden, indem man über die relative Legitimität von Eroberungsansprüchen von vor dreitausend, tausend oder zehn Jahren diskutiert. Ebenso wenig hilfreich ist die Herleitung etwaiger Ansprüche aus den Zusagen von Staatsmännern oder Generälen, der Besiedlungsdauer, der Entwicklung des Landes oder der Anzahl der Juden oder Araber, die vor hundert oder fünfhundert Jahren in Palästina lebten.[2] Der Vorwurf, dass es sich bei den Arabern Palästinas hauptsächlich um neue Einwanderer handele, die gekommen seien, um von den Vorteilen der zionistischen Besiedlung zu profitieren, und es vor hundert Jahren vermutlich weniger Araber in ganz Palästina gegeben habe als heute in Israel, ist genauso irrelevant wie die Behauptung, dass sämtliche der Millionen Flüchtlinge seit tausend oder zehntausend Jahren in Palästina gelebt hätten. Die einzigen Ansprüche, die uns an dieser Stelle interessieren, sind die Rechte der Flüchtlinge auf ein würdevolles und normales Leben sowie die Rechte des Nahen Ostens und der ganzen Welt auf ein höheres Maß an Sicherheit für alle Menschen, das wiederum aus der Erfüllung der Flüchtlingsrechte resultieren würde.

[1] Eine dokumentarische Darstellung dieser oftmals widersprüchlichen Fluchtursachen ist in Anhang 4 aufgeführt.

[2] Aussagen, die widersprüchliche Argumente zu den historischen Ansprüchen und Zusicherungen enthalten, sind in Anhang 4 aufgeführt.

3. Was genau bedeutet die »palästinensische Nationalität« *der arabischen Flüchtlinge?*

Das gegenwärtige Problem wird keiner Lösung nähergebracht, wenn darüber diskutiert wird, ob davon ausgegangen werden kann, dass sich ein arabischer Flüchtling aus dem israelischen Palästina in seinem »Heimatland« (im Gegensatz zu seinem Zuhause im Sinne der Unterkunft) befindet oder dorthin zurückgekehrt ist, falls er sich in einem Teil des arabischen Palästinas aufhält (den Teilen Palästinas außerhalb Israels). Es würde uns auch nicht helfen, wenn wir uns auf das Recht des arabischen Palästinas (dessen überwiegende Mehrheit der Bevölkerung aus arabischen Flüchtlingen bestehen würde) auf nationale Selbstbestimmung beriefen. Während die Ansprüche der Flüchtlinge vorwiegend auf ihrer Zugehörigkeit zu den Palästinensern basieren, liegt es nicht im Rahmen dieses Berichts, vorzuschlagen, wie das Selbstbestimmungsrecht von Flüchtlingen auszuüben wäre, außer dass sie als Individuen selbst entscheiden sollten, wo sie ein neues Leben beginnen möchten. Erst *nachdem* das Flüchtlingsproblem gelöst wurde, kann an einer Lösung für diese politischen Probleme gearbeitet werden. Es kann dann allen Bewohnern des arabischen Palästinas – sowohl ehemaligen Flüchtlingen als auch allen anderen – überlassen bleiben, selbst zu entscheiden, ob sie auf die eine oder andere Weise ein Bündnis mit Israel (wie in der UN-Resolution für Palästina von 1947 vorgeschlagen) oder mit einem arabischen Staat beziehungsweise einer Staatenunion eingehen oder stattdessen die Gründung eines unabhängigen Staates anstreben wollen. In diesem Bericht geht es uns jedoch zuvorderst um das Recht des Einzelnen auf ein menschenwürdiges Leben und nicht um das Recht von Nationen auf Selbstbestimmung.

4. *Was erfordert* absolute Gerechtigkeit?

Eine »Lösung«, die zu einem weiteren Krieg führen würde (im Namen absoluter Gerechtigkeit), wäre keine Lösung. Über die Rechtmäßigkeit der Gründung Israels zu debattieren wäre ebenso müßig, wie die Legitimität der Gründung eines oder aller arabischen Staaten infrage zu stellen. Man fragt einen Staat nicht nach seinen Zeugnissen oder seiner Geburtsurkunde. Sowohl Israel als auch die arabischen Nationen sind international anerkannte Staaten und Mitglieder der Vereinten Nationen. Von einem Staat kann nicht erwartet werden, dass er sich freiwillig auflöst. Eine wirkliche Lösung des Flüchtlingsproblems kann nur eine Lösung sein, auf die sich alle beteiligten Parteien friedlich einigen können. Und alle beteiligten Parteien werden ihr nur dann zustimmen, wenn jede von ihnen von einer Zustimmung mehr profitieren würde als von einer Ablehnung.

5. *Wie viele der Flüchtlinge sind* »echte« *Flüchtlinge aus dem israelischen Palästina?*

Eine Beschränkung des Problems auf »echte« Flüchtlinge aus dem israelischen Palästina würde die Situation weder weniger kompliziert machen noch für eine Entspannung der Lage sorgen. Unter den Flüchtlingen sind viele Menschen, die aus dem arabischen Palästina stammen. In zahlreichen Fällen herrscht jedoch Unklarheit. Zweifellos gibt es einige, die nie palästinensische Flüchtlinge waren, sich aber als solche ausgaben, um Hilfsrationen oder andere Zuwendungen zu erhalten.[3] Darüber hinaus erwarben viele der Flüchtlinge in ihren Aufnahmeländern die Staatsbürgerschaft und engagierten sich

[3] Eine Zusammenfassung des zahlenmäßigen Umfangs der Flüchtlingssituation, der verschiedenen »Kategorien« zur Herkunft und der oft widersprüchlichen Angaben zu den Zahlen in diesen »Kategorien« sowie zum gesamten Umfang ist in Anhang 5 aufgeführt.

dort innenpolitisch. Es wurde vorgeschlagen, sie daher davon auszuschließen, als echte Heimatlose oder staatenlose Flüchtlinge eingestuft zu werden, die einer Rückführung oder Umsiedlung bedürfen. Es ist jedoch nicht möglich, solche Menschen von der Problematik auszuschließen. Sie sind da, genau wie alle anderen, und wie allen anderen muss auch ihnen die Aussicht auf ein erfülltes Leben eröffnet werden. Studien zu verschiedenen Flüchtlingskategorien können für vielfältige Zwecke von großem Nutzen sein, insbesondere zur Differenzierung unterschiedlicher Bedürfnisse, Optionen und Ansprüche im Hinblick auf eine Rückführung oder Umsiedlung. Aber selbst wenn nur 600000 Flüchtlinge aus dem israelischen Palästina kämen (wie manchmal behauptet wird) und 400000 oder 500000 von ihnen die jordanische Staatsbürgerschaft erwerben würden, wäre es nicht weniger wahr, dass man sich um sämtliche der »Millionen« von Flüchtlingen und ihre Niederlassung kümmern muss, wenn das Problem gelöst werden soll.

6. *Wer hat* recht?

Wir müssen uns besonders davor hüten, in die unzähligen *Diskussionspunkte* verwickelt zu werden, die in den Aussagen von Sprechern der Flüchtlinge, Israels, des Zionismus und des Panarabismus dargelegt werden. Die *Haltungen* der Flüchtlinge, der Israelis, der Zionisten, der Araber und ihrer Regierungen sowie der internationalen Gemeinschaft tragen im Wesentlichen zur Faktenlage unseres Problems bei; die häufig verwendeten *Argumente* tun dies nicht. Die Gefahr besteht darin, dass das natürliche Interesse daran, ob ein vorgebrachter Punkt wahr beziehungsweise gültig ist, dazu führen kann, dass man die viel wichtigere Frage vergisst, ob dieser für unser spezielles Problem relevant und nicht nur Teil der anhaltenden israelisch-arabischen Querschüsse ist.

Nicht unmittelbare Ziele

1. Die wirtschaftliche Entwicklung *des Nahen Ostens*

Die Ansiedlung der palästinensischen Flüchtlinge würde natürlich eine wichtige Rolle für die wirtschaftliche Entwicklung der gesamten Region des Nahen Ostens spielen. Umgekehrt sind regionale Entwicklungsprojekte, insbesondere in den Sektoren Bewässerung und Stromversorgung, wie beispielsweise der Johnston-Plan,[1] für eine effiziente Lösung des palästinensischen Flüchtlingsproblems von größter Bedeutung und sollten daher tatkräftig vorangetrieben werden.[2] Wenn solche Entwicklungsprojekte in die Tat umgesetzt werden, wäre es nur sinnvoll, die Ansiedlung von palästinensischen Flüchtlingen darin miteinzubeziehen. Aber die Flüchtlinge können nicht auf etwas warten, das nicht in naher Zukunft praktikabel ist. Die Lösung des palästinensischen Flüchtlingsproblems darf nicht von der vorherigen Ausarbeitung, Annahme und Umsetzung eines umfassenderen Plans für die Entwicklung des Nahen Ostens abhängig gemacht werden. Aufgrund der humanitären Lage muss das Flüchtlingsproblem selbst vor den größten Wirtschaftsplanungsprojekten Vorrang haben. Insbesondere müssen wir sehr darauf achten, dass sich die Entmutigung über die bei der Lösung des *gegenwärtigen* palästinensischen Flüchtlingsproblems auftretenden Schwierigkeiten nicht als Begeisterung für die *künftige* regionale Entwicklung tarnt.

[1] Anm. d. Übers.: Jordan Valley Unified Water Plan.

[2] Eine Übersicht über einige dieser Entwicklungspläne, einschließlich des »Johnston-Plans«, ist in Anhang 6 aufgeführt.

2. *Die* wirtschaftliche Integration *des Nahen Ostens*

So vorteilhaft die wirtschaftliche Integration auch für die Anhebung des Lebensstandards aller Völker in der Region wäre, das Flüchtlingsproblem *kann nicht* darauf warten, dass die mit der wirtschaftlichen Integration verbundenen Schwierigkeiten überwunden werden. Tatsächlich besteht erst *nach* der Lösung des Flüchtlingsproblems Anlass zur Hoffnung, dass auf dem langen Weg, der von Akzeptanz und Toleranz über Neutralität und Misstrauen bis hin zu möglichem Handel, Zusammenarbeit, Freundschaft und Integration führen könnte, Fortschritte erzielt werden. Wir dürfen nicht zulassen, dass der ferne Traum die unmittelbar dringende Aufgabe sabotiert, das palästinensische Flüchtlingsproblem zu lösen. So können wir uns, vor Ablenkungen gewarnt, dem Problem selbst zuwenden.

Die Fakten

1. *Rund einer Million Flüchtlinge muss ein normales Leben ermöglicht werden.*

Im Juni 1957 waren insgesamt 934 000 Menschen als Flüchtlinge registriert (darunter 185 000 Familien). Im Laufe der Jahre, die es braucht, um eine Lösung zu finden, werden viele weitere geboren, registriert und sich den Flüchtlingen »anschließen«.

2. *Vier Fünftel der Flüchtlinge befinden sich in Palästina.*

Sie befinden sich im arabischen Palästina, den Teilen Palästinas, die seit dem Waffenstillstand von 1949, der die Kämpfe beendete, die mit der Gründung des Staates Israel einhergingen, unter der Kontrolle Ägyptens (Gazastreifen) und des Königreichs Jordanien (Westjordanland) stehen.

Weit mehr als die Hälfte von ihnen (518 000 der im Jahr 1957 registrierten Flüchtlinge) leben in Jordanien, wo sie Untertanen des Königreichs Jordanien geworden sind und eine aktive und teilweise entscheidende politische Rolle spielen, während fast ein Viertel von ihnen (221 000 der im Jahr 1957 registrierten Flüchtlinge) sich im Gazastreifen aufhält, dem kürzlich eine Form politischer Autonomie mit gleichen Rechten für Flüchtlinge und Einheimische gewährt wurde.

3. *Das verbleibende Fünftel befindet sich im Libanon und in Syrien.*

Diese Flüchtlinge haben bis zu einem gewissen Grad Arbeit gefunden und sind ökonomisch integriert, obwohl ihnen die Staatsbürgerschaft verweigert wird.

4. *In Israel leben etwa 200 000 Araber.*

Dies sind derzeit keine Flüchtlinge mehr. Zu ihnen zählen die Araber, die 1948 im israelischen Palästina blieben, etwa

46000, die 1950 als Flüchtlinge in Israel unter der Obhut des UNRWA standen – so wie auch heute noch diejenigen im arabischen Palästina sowie im Libanon und in Syrien –, und rund 35 000 ehemalige Flüchtlinge, die seit 1948 nach Israel gekommen sind.

5. Zusätzlich zu den Flüchtlingen leben etwa 500000 Araber im arabischen Palästina (etwa 100000 im Gazastreifen und etwa 400000 im Westjordanland).

6. Die Bevölkerung Israels ist seit der Gründung des Staates Israel von etwa 650000 Juden und etwa 150000 Arabern auf etwa 1 800000 Juden und etwa 200000 Araber gestiegen.

7. Berichten zufolge äußerten die Flüchtlinge fast einhellig den Wunsch, »nach Hause zurückzukehren«. Was genau Heimkehr bedeutet, lässt mehrere Interpretationen zu, die sich im Grad der Machbarkeit unterscheiden.

7a. *Es könnte die Rückkehr in ihre Heimat beziehungsweise ihr Herkunftsland bedeuten.*

Genau genommen *sind* vier Fünftel der Flüchtlinge bereits in ihrer Heimat angekommen, wenn damit Palästina gemeint ist. Und im Hinblick auf die panarabische Position, der zufolge die meisten Araber die Gründung einer vereinten arabischen Nation anstreben, befinden sich *alle* in einem solchen arabischen Heimatland. Das kann natürlich nicht gemeint sein.

7b. *Es könnte bedeuten, »in ihr eigenes Land« zurückzukehren, das heißt in einem unabhängigen arabischen Staat Palästina zu leben.*

Das ist offenbar das, was die Worte oft für Außenstehende bedeuten. Aber einen unabhängigen arabischen Staat Palästina hat es nie gegeben. Vor dem britischen Mandat war Palästina politisch nichts weiter als der südliche Teil einer dünn besiedelten Provinz des Osmanischen Reiches, auch Syrien genannt.[1] Im Jahr 1947 verabschiedete die Generalversammlung der Vereinten Nationen den UN-Teilungsplan für Palästina,

[1] Eine chronologische Tabelle der aufeinanderfolgenden Regierungen und politischen Gerichtsbarkeiten über Palästina seit biblischen Zeiten ist in Anhang 7 aufgeführt.

der einen unabhängigen arabischen Staat in Palästina vorsah, doch das Haschemitische Königreich Jordanien annektierte den Großteil des geplanten Gebiets, bevor der Staat gegründet werden konnte.

7c. Es könnte die Vertreibung der Juden bedeuten und entweder (i) die Gründung eines unabhängigen arabischen Staates Palästina oder (ii) die Aufteilung ganz Palästinas unter den anderen arabischen Staaten oder (iii) die Eingliederung Palästinas in eine Union arabischer Staaten.

7d. *Es könnte nichts Konkreteres bedeuten als »zurück ins Jahr 1947«.*

Dies kommt vermutlich dem am nächsten, was diese Worte für viele Flüchtlinge bedeuten, und würde, wörtlich genommen, das Verschwinden des Staates Israel zusammen mit den mehr als einer Million Juden bedeuten, um die die Bevölkerung seit 1947 gewachsen ist. Dies ist natürlich genauso wenig realisierbar wie eine Rückkehr zu den Verhältnissen von 1900, als es in Palästina nur sehr wenige zionistische Siedler gab, oder eine Rückkehr zu den Verhältnissen von 1850, als in ganz Palästina (einschließlich Jordanien) etwa 100000 bis 200000 Menschen lebten, oder eine Rückkehr zu den Verhältnissen unter König Salomo, als es in Palästina angeblich fünf oder sechs Millionen Juden gab.

7e. *Es könnte die Umsetzung des ursprünglichen UN-Teilungsplans für Palästina von 1947 bedeuten.*

Dieser Plan war der Versuch, für die beiden größten Bevölkerungsgruppen des Landes eine »politische Teilung mit Wirtschaftsunion« herbeizuführen. Davon zeugt die komplexe und einem Puzzle ähnelnde territoriale Aufteilung, die 1947 vorgeschlagen wurde. Diese Form der Aufteilung war notwendig, um die damals bestehenden jüdischen und arabischen Siedlungen voneinander zu trennen. Unabhängig davon, ob diese Teilung funktioniert hätte, wenn sie 1947 friedlich angenommen worden wäre, wäre sie im Hinblick auf die *gegenwärtige* Konstellation der jüdischen und arabischen Siedlungen in Palästina sicherlich nicht mehr zielführend, da sich die heutigen Siedlungsgebiete grundlegend von denen unterscheiden, die dem UN-Teilungsplan zugrunde lagen. Die Verabschiedung des Teilungsplans von 1947 durch die Vereinten Nationen hat ihm in den Augen vieler eine Art Unantastbarkeit verliehen. Dennoch müssen die jüngsten Vorschläge, ihn zum jetzigen Zeitpunkt umzusetzen – wodurch es nur zu erneuten Vertreibungen und Ungerechtigkeiten käme, insbesondere wenn der Teilungsplan mit der Forderung nach einer sofortigen Rückkehr aller arabischen Flüchtlinge einherginge –, eher als ein auf die Zerstörung Israels abzielendes Unterfangen und nicht als eine Lösung des Flüchtlingsproblems angesehen werden.

7f. *Es könnte bedeuten, im neuen Staat Israel als friedliche Angehörige einer arabischen Minderheit in einem überwiegend jüdischen Staat zu leben.*

Eine solche Entwicklung würde dem ähneln, was viele zionistische Führer vor der Gründung des Staates Israel als ihr Ziel erklärt hatten, nämlich einen Staat zweier ethnischer Gemeinschaften, die miteinander in Frieden und Harmonie leben, obwohl er politisch gesehen überwiegend jüdisch ist.

Genau das impliziert die berühmte, von der Generalversammlung der Vereinten Nationen verabschiedete Resolution 194 (III), in der es heißt, dass »den Flüchtlingen, die in ihre Unterkünfte zurückkehren und in Frieden mit ihren Nachbarn leben möchten, dies zum frühestmöglichen Zeitpunkt gestattet werden sollte und dass für das Eigentum derjenigen, die sich gegen eine Rückkehr entscheiden […] Entschädigung gezahlt werden soll […]«.[2] Der ehemalige Generalkommissar des UNRWA, Henry R. Labouisse, bezieht sich in seinem jüngsten Bericht an die Generalversammlung der Vereinten Nationen wie folgt auf diese Resolution: »Die überwiegende Mehrheit der Flüchtlinge glaubt weiterhin, dass ihnen großes Unrecht angetan wurde, und äußert den Wunsch, in ihre Heimat

[2] Offizielle Protokolle der Generalversammlung, Dritte Sitzung, Teil 1, S. 21. Der vollständige Text dieser Resolution (»Palästina: Zwischenbericht des Vermittlers der Vereinten Nationen«) ist in Anhang 8 wiedergegeben.

zurückzukehren […]«,[3] was sich vermutlich eher auf ihr Zuhause im Sinne der Unterkunft als auf ihr Heimatland bezieht. Sicherlich sollte die Entschädigung für den Verlust der Unterkunft nicht auf diejenigen beschränkt sein, die sich dafür entschieden, nicht in ihr Heimatland zurückzukehren.

7g. *Es könnte bedeuten, dass jeder Flüchtling einzeln in seine frühere Unterkunft und auf seinen ehemaligen Bauernhof oder Arbeitsplatz zurückkehrt.*

Falls sich das Anwesen noch im Besitz des Verwalters des verlassenen Anwesens befindet und leer steht, kann es an den Eigentümer zurückgegeben werden. In zahlreichen Fällen wurde das Eigentum jedoch zerstört, und es besteht nur noch die Möglichkeit, den Flüchtling entweder in bar oder durch die Bereitstellung anderer Häuser, Bauernhöfe oder Arbeitsplätze zu entschädigen, für gewöhnlich in anderen Dörfern oder Städten (denn die zuletzt bewohnten Dörfer oder Städte wurden meistenteils ebenfalls zerstört). In den meisten Fällen wurde das Anwesen verändert, umgebaut, bebaut und bewohnt, entweder durch jüdische Einwanderer oder durch andere Araber, die sich dort niedergelassen haben. Die Vertreibung der neuen Bewohner würde nicht nur endlose Rechtsstreitigkeiten nach sich ziehen, sondern auch eine neue Gruppe von Flüchtlingen schaffen. Und in den meisten Fällen sind die Voraussetzungen dafür, dass der Flüchtling und seine Familie das alte Leben wieder aufnehmen können, nicht mehr gegeben.

7h. Es könnte bedeuten, dass sie sich innerhalb der ehemaligen Umgebung in einer anderen arabischen Stadt oder einem anderen arabischen Dorf niederlassen, um wieder an das alte Leben anzuknüpfen, falls dies am ursprünglichen Standort nicht möglich ist.

[3] *Jahresbericht des Generalkommissars des Hilfswerks der Vereinten Nationen für Palästina-Flüchtlinge im Nahen Osten (UNRWA) für den Zeitraum vom 1. Juli 1956 bis zum 30. Juni 1957*, Offizielle Protokolle der Generalversammlung, Zwölfte Sitzung, Beilage Nr. 14, UN-Dokument-Nr. A/3686.

8. *Israel zögert, eine große Anzahl von Flüchtlingen aufzunehmen.*

Israel behauptet, dass sich eine große Anzahl zurückkehrender Flüchtlinge als katastrophal für die Wirtschaft des Staates erweisen würde, und bringt den Wunsch zum Ausdruck, ein überwiegend jüdischer Staat bleiben zu wollen. Zudem befürchtet Israel, dass die Flüchtlinge eine fünfte Kolonne bilden könnten, was eine ernsthafte Bedrohung für die Existenz des von feindlichen Nachbarn umgebenen Staates darstellen würde.

9. Die Flüchtlinge fordern volle Entschädigung für das Eigentum, das sie in Israel zurückgelassen haben.

10. Nur sehr wenige der Flüchtlinge konnten sich im Rahmen des UNRWA-Rehabilitationsprogramms selbst versorgen oder auswandern.

Durch ein unabhängiges Förderprogramm, das über zwei Jahre lang in Jordanien und Syrien umgesetzt wurde, konnten rund 7200 Flüchtlinge ihren Lebensunterhalt selbst bestreiten. Von Juni 1956 bis Juni 1957 wurde 1122 arabischen Flüchtlingen (weniger als ein Achtel von einem Prozent) bei der Migration in die Vereinigten Staaten und anderswohin geholfen.

Die verschiedenen für den Nahen Osten erarbeiteten Wirtschaftsförderprojekte waren nicht als Lösungen für das arabische Flüchtlingsproblem als solches konzipiert. Obwohl sie das Problem hätten entschärfen können, wurden sie alle entweder aus politischen Motiven oder aufgrund einer Vielzahl anderer Gründe abgelehnt.

11. Die israelische Regierung hat die meisten eingefrorenen Konten arabischer Flüchtlinge bei israelischen Banken freigegeben. Dabei handelte es sich um etwa 4000000 Pfund (11200000 US-Dollar) auf etwa 6000 solcher gesperrten Konten. Dies hatte praktisch keine Auswirkungen auf die allgemeine Situation der Flüchtlinge oder auf die Beziehungen zwischen Israel und den arabischen Staaten.

12. Nach allgemeinen Schätzungen belaufen sich die Kosten für die Ansiedlung einer durchschnittlichen arabischen Familie (5 ½ Personen), die Fläche nicht eingerechnet, auf etwa

2500 US-Dollar. Ferner wird geschätzt, dass je zweier angesiedelter Familien eine weitere Familie ihren Lebensunterhalt selbst bestreiten kann, und zwar zu vergleichbaren Kosten für Unterkunft und Ausstattung.[4]

13. Eine vollständige Entschädigung für das in Israel zurückgelassene Eigentum würde nicht ausreichen, um mehr als einen kleinen Teil der Flüchtlinge anzusiedeln.

Schätzungen zufolge besaßen nur 6,4 Prozent der palästinensischen Flüchtlingsfamilien mehr als 2000 Pfund (5600 US-Dollar), nur 40 Prozent mehr als 100 Pfund (280 US-Dollar) und nur 15 Prozent der Familien mehr als die etwa 2500 US-Dollar, die notwendig sind, um eine durchschnittliche arabische Familie mit 5 ½ Personen anzusiedeln.[5]

14. Unter den Einwanderern nach Israel sind etwa 150000 Juden aus dem Irak und aus Ägypten, die dort ihr Eigentum aufgeben mussten. Diese Menschen fordern ebenfalls eine vollständige Entschädigung für das Eigentum, das sie in den arabischen Staaten zurückgelassen haben.

Dies scheinen die wesentlichen relevanten Fakten zu sein. Im nächsten Schritt werden die Grundbedingungen aufgeführt, die erfüllt sein müssen, damit das Problem gelöst werden kann.

[4] Schätzungen zur möglichen Ansiedlung von Bauernfamilien in verschiedenen Teilen des Nahen Ostens zu Kosten von weniger als 2500 US-Dollar pro Familie sind in Anhang 9 enthalten.

[5] Vgl. Anhang 9.

Bedingungen für eine Lösung

1. Die Lösung muss für jede Flüchtlingsfamilie eine akzeptable Unterkunft und einen Bauernhof oder eine andere Möglichkeit zur Sicherung des Lebensunterhalts vorsehen, einschließlich derjenigen, die nicht nachweisen können, dass sie 1948 tatsächlich Bewohner des israelischen Palästinas waren, sowie derjenigen, die seit 1948 die jordanische (oder eine andere) Staatsbürgerschaft angenommen haben.

2. Die Lösung muss für die arabischen Flüchtlinge insofern akzeptabel sein, dass dabei die Legitimität ihres Anspruchs anerkannt wird (was auch immer ihre Rechte nach dem »Völkerrecht« sein mögen), selbst entscheiden zu dürfen, ob sie ihr Erstgeburtsrecht im israelischen Teil Palästinas aufgeben oder daran festhalten. Ihnen muss eine echte Wahl geboten werden zwischen (1) einer Rückführung nach Israel oder (2) einer Umsiedlung ins arabische Palästina oder (3) einer Umsiedlung in einen von mindestens zwei anderen arabischen Staaten, wobei in jedem der genannten Fälle dieselben Mindestbedingungen für ihre Lebensgrundlage zu gewährleisten sind. Gegebenenfalls bestehen für sie noch weitere Möglichkeiten zur Auswanderung. Auch in diesem Fall sollte ihnen im gleichen Umfang wie anderen Flüchtlingen geholfen werden. Jedem Flüchtling muss jedoch zumindest die wirklich freie Wahl zwischen den ersten drei Alternativen eingeräumt werden.

3. Die Lösung muss für jeden arabischen Flüchtling eine volle Entschädigung für den Wert des Eigentums vorsehen, das er in Israel zurückgelassen hat. Das gleiche Recht auf Entschädigung muss jüdischen Einwanderern aus arabischen Staaten zustehen, deren Eigentum beschlagnahmt wurde.

4. Die Lösung muss für Israel in dem Sinne akzeptabel sein,

dass sie seine Existenz nicht gefährden darf, und muss daher eindeutig sicherstellen, dass Flüchtlinge nur mit friedlichen Absichten nach Israel zurückkehren.

5. Die Lösung darf bei keiner Nation den Eindruck erwecken, dass sie deren Existenz oder deren Grenzen bedroht. Sie muss daher einige Garantien für die Sicherheit der Grenzgebiete der arabischen Staaten und Israels vorsehen und darf keinem Staat unzumutbare wirtschaftliche Belastungen auferlegen oder extreme politische oder militärische Gefahren verursachen. Die Rückführung und Umsiedlung Hunderttausender Menschen kann nicht im Angesicht von Beschießungen oder Grenzzwischenfällen, Infiltrationen, Vergeltungsangriffen und Blockaden umgesetzt werden.[1]

6. Die Lösung kann nicht unabhängig voneinander durch eine der beteiligten Parteien oder einige unverbundene Organisationen erarbeitet oder durchgeführt werden. Rückerstattung, Entschädigung, Rückführung und Umsiedlung müssen in den Händen einer internationalen Behörde liegen, damit für alle beteiligten Parteien kein Zweifel daran besteht, fair behandelt zu werden.

7. Die Regierungen der verschiedenen Staaten im Nahen Osten müssen ungenutzte, für die Besiedlung geeignete Flächen zur Verfügung stellen und bei der Umsetzung der Umsiedlungs- und Rehabilitationsmaßnahmen kooperieren.

8. Sämtliche dieser Bedingungen müssen gleichzeitig im Rahmen eines einheitlichen Plans oder Pakets vorausgesetzt werden. Abstrakte Erklärungen, symbolische Gesten oder beschönigende Teillösungen reichen nicht aus. Selbst einseitige Zugeständnisse (die nur zum Teil gemacht werden können) wie etwa die Rückübernahme von 35 000 Flüchtlingen durch Israel oder die Freigabe gesperrter Konten im Gesamtwert von 4 000 000 Pfund (11 200 000 US-Dollar) haben keinen nennenswerten Einfluss auf eine Entspannung der Lage. Das Problem kann nur dann gelöst werden, wenn es im Rah-

[1] Vgl. Resolution S/2322 des Sicherheitsrats der Vereinten Nationen vom 1. September 1951.

men eines übergreifenden, ganzheitlichen Plans von allen Seiten gleichzeitig angegangen wird. Dies bedeutet nicht, dass der Plan nicht zur Debatte stehen darf und geändert werden kann. Sofern jedoch nicht darauf abgezielt wird, sämtliche Bedingungen gleichzeitig zu erfüllen, wird jede Partei darauf warten, dass die anderen zuerst Zugeständnisse machen. Die hier genannten Bedingungen bilden ein unteilbares Ganzes, und es wäre sinnlos, einige von ihnen zu erfüllen, ohne sie alle zu erfüllen.

Die Dimensionen des Problems

Eine nüchterne Untersuchung der Sachlage und der zu erfüllenden Bedingungen zeigt, dass das Problem nicht so überwältigend oder unlösbar ist, wie sowohl arabische als auch israelische Sprecher behaupten.

Die Gesamtkosten für die Ansiedlung *aller* arabischen Flüchtlinge, die nicht in der Lage sind, die vollen Kosten aus ihrer Entschädigung selbst zu bezahlen, würden sich auf weniger als 400 Millionen US-Dollar belaufen. Durch diesen gesonderten Betrag ließe sich die Unterbringung von 160000 hilfsbedürftigen Familien (von den insgesamt 185 000 arabischen Flüchtlingsfamilien) mit je 2500 US-Dollar pro Familie finanzieren. Das UNRWA schätzt die Kosten für die Ansiedlung einer Familie auf 2310 US-Dollar[1] und war in der Lage, über 7000 Familien mit Beträgen von nur 320 US-Dollar pro Familie auf dem Weg zur Selbstversorgung zu unterstützen. Bei diesen 400 Millionen US-Dollar wurde der Beitrag völlig außer Acht gelassen, den Flüchtlinge leisten können, die zwar zu wenig Entschädigung erhalten würden, um die *gesamten* Kosten für ihre Unterkunft zu decken, jedoch genug, um einen Teil davon selbst bezahlen zu können. Nicht berücksichtigt wurden auch die Flüchtlinge, die woandershin migrieren könnten, oder solche, die ihren Lebensunterhalt mittlerweile oder in Zukunft selbst erfolgreich bestreiten können und daher nicht länger als Flüchtlinge gelten, sobald ihnen die Möglichkeit gegeben wird, sich niederzulassen. Eine genauere Untersuchung könnte durchaus zeigen, dass wir mit diesem Betrag sehr weit auf der sicheren Seite sind. Die Ansiedlung

[1] Vgl. Anhang 9.

der »Millionen« Flüchtlinge würde einen Zeitraum von fünf bis zehn Jahren in Anspruch nehmen, sodass die jährlichen Kosten zwischen 40 und 80 Millionen US-Dollar liegen würden.

Zu den möglichen Geldquellen zur Finanzierung zählen:

1. Der israelische Staatshaushalt (644 Millionen US-Dollar im Jahr 1958),
2. die Öleinnahmen der Mitgliedsstaaten der Arabischen Liga (435 Millionen US-Dollar im Jahr 1957),
3. israelische und arabische Rüstungsausgaben (etwa 500 Millionen US-Dollar im Jahr 1958),
4. US-Mittel für die Wirtschaftsförderung der Region.

Zu den Kosten für die Ansiedlung kämen noch Entschädigungskosten hinzu. Im Falle der Flüchtlinge aus dem israelischen Palästina wären diese von der Regierung Israels zu tragen; im Falle der Juden, die den Irak und Ägypten seit 1948 verlassen haben und dort ihr Eigentum aufgeben mussten, wären die Regierungen des Iraks und Ägyptens verantwortlich. In all diesen Fällen könnten den betreffenden Regierungen bei Bedarf internationale Kredite gewährt werden, um eine Entschädigung zu ermöglichen.

Der Kern des Problems

Viel gravierender als die Höhe der Kosten ist der scheinbar unlösbare Konflikt zwischen dem Recht arabischer Flüchtlinge, »nach Hause zurückzukehren«, und der Weigerung Israels, eine große Anzahl von Flüchtlingen aufzunehmen. Israel behauptet, ein solcher Zustrom würde a) seiner Wirtschaft schaden, b) den jüdischen Charakter des Staates verzerren und c) die Bildung einer fünften Kolonne fördern, die Israels Existenz als unabhängige Nation untergraben oder sabotieren würde.

Man kann darauf hoffen, das Argument der Israelis, der Staat sei wirtschaftlich nicht in der Lage, so viele arabische Flüchtlinge aufzunehmen, zu entkräften, indem man sie daran erinnert, dass sie planen, eine noch größere Zahl von Juden aufzunehmen. Man kann darauf hoffen, ihre Abneigung darüber, dass der Staat dann nicht mehr so überwiegend jüdisch sei wie jetzt, zu überwinden, indem man darauf hinweist, dass die zionistischen Führer bis zur Flucht der Araber im Jahr 1948 immer geplant hatten, mit den Arabern in einer Art binationalem Staat zusammenzuleben. Aber man kann nie darauf hoffen, dass Überzeugungsarbeit allein die Befürchtung der Israelis entkräften könnte, dass ein sehr großer Zustrom arabischer Flüchtlinge eine Bedrohung für die Sicherheit Israels darstellen würde – die Befürchtung, dass viele der Flüchtlinge nicht zurückkehren würden, um als friedliche Bürger zu leben, sondern um Israel von innen heraus zu untergraben und sich feindlichen Kräften von außen anzuschließen, um es zu zerstören. Diese Möglichkeit ist keine bloße Behauptung und scheint eine größere Bedrohung für die Existenz Israels darzustellen, als man erwarten könnte.

Auch wenn man diese Befürchtungen nicht ignorieren darf, kann man auf eine Reihe von Schutzmaßnahmen verweisen, die sowohl der gegenwärtigen Situation geschuldet sind als auch in die Lösung des palästinensischen Flüchtlingsproblems einbezogen werden können. Diese Maßnahmen ermöglichen es, sowohl die Rechte der Flüchtlinge als auch die Sicherheit Israels zu schützen.

Sicherheitsgarantien für Israel

1. Nicht alle Flüchtlinge kommen aus dem Teil Palästinas, der heute Israel ist, und diejenigen, die noch nie dort waren, können nicht behaupten, »zurückzukehren«.

2. Die Gefahr eines unzumutbar großen Zustroms von Rückkehrern nach Israel ist zum jetzigen Zeitpunkt rein theoretischer Natur. Eine Erhebung zu den Präferenzen und Plänen der Flüchtlinge könnte zu dem Schluss führen, dass dies ziemlich unrealistisch ist.

3. In den wenigsten Fällen kann ein arabischer Flüchtling in seine frühere Unterkunft in seinem ehemaligen Dorf zurückkehren, um dort erneut auf seinem ehemaligen Bauernhof oder an seinem ehemaligen Arbeitsplatz zu arbeiten. In kaum einem Fall wird es ihm gelingen, im neuen Staat Israel vollständig zur früheren Lebensweise zurückzukehren. Er *hat Anspruch* auf eine vollständige Entschädigung für sein Eigentum sowie auf jegliche Unterstützung, die er benötigt, um sich auf einem Bauernhof oder anderweitig niederzulassen, damit er seinen Lebensunterhalt bestreiten kann. Falls eine Entschädigung und zusätzliche Hilfeleistungen angenommen werden, bleibt die Frage, wo eine damit einhergehende alternative Ansiedlung erfolgen sollte.

Wenn der Flüchtling lediglich in »Palästina« leben möchte, also in dem Land, in dem er sich vor dem Umbruch von 1948 aufgehalten hat, ist ihm dieser Wunsch zu erfüllen, unabhängig davon, ob er sich dauerhaft im arabischen Palästina oder in Israel niederlassen möchte. Wenn, was plausibler erscheint, der Flüchtling neben seiner Rückkehr in seine alte Heimat tatsächlich den Wunsch hegt, dasselbe Leben wie zuvor in derselben Art von Umgebung zu führen, dürfte er dies viel eher im arabischen Palästina oder sogar in anderen arabischen Staaten finden als in Israel.

4. Wenn die Flüchtlinge umfassend über die Tragweite ihrer Entscheidung aufgeklärt werden, wenn sie wirklich die Gelegenheit dazu haben, sich unter gleichermaßen zufriedenstellenden wirtschaftlichen Bedingungen im arabischen Palästina oder anderen arabischen Staaten niederzulassen, und wenn sie unabhängig davon, wo sie sich niederlassen, nicht riskieren, ihr Recht auf Entschädigung für in Israel zurückgelassenes Eigentum zu verlieren, dann ist es wahrscheinlich, dass sie sich in den meisten Fällen dafür entscheiden werden, in einem arabischen Staat statt in einem »zionistischen« Staat zu leben. Einige der Flüchtlinge werden persönliche oder familiäre Gründe haben, nach Israel zurückzukehren. Einige der Flüchtlinge werden unter Umständen das Leben bevorzugen, das in Israel möglich ist. Es ist jedoch davon auszugehen, dass sich die Mehrheit dafür entscheiden wird, sich entweder in ihrem eigenen arabischen Palästina oder in einem anderen arabischen Staat oder der Union arabischer Staaten niederzulassen, wo sie auf ihre eigene Art und Weise das Leben führen können, das sie leben möchten.

5. Auch wenn es vielen in Israel lebenden Arabern wirtschaftlich besser geht als denjenigen anderswo im Nahen Osten, gibt es Grund zur Annahme, dass die arabischen Flüchtlinge es in den meisten Fällen vorziehen werden, sich in arabischen Staaten niederzulassen. Nicht nur, weil sie dort ein vertrauteres und gleichgesinntes Umfeld vorfinden werden, sondern weil sie bei gleichen *absoluten* Wirtschaftsbedingungen *relativ* zu ihren dort lebenden Nachbarn bessergestellt sein werden.

6. Fast 200000 der Flüchtlinge befinden sich in Syrien und im Libanon, wo sie weitgehend in die Volkswirtschaften ihrer Aufnahmeländer integriert sind. Es erscheint unwahrscheinlich, dass viele von ihnen erneut entwurzelt werden wollen.

7. Die Einheitsbestrebungen und Föderationstendenzen in der arabischen Welt haben die Chancen für eine Flüchtlingsrehabilitation außerhalb Israels erhöht und die Aussichten für die wirtschaftliche Entwicklung der beteiligten arabischen Staaten verbessert.

8. Mehr als die Hälfte der Flüchtlinge haben die jordanische Staatsbürgerschaft erworben, und einige von ihnen bekleiden mittlerweile hohe Positionen in der jordanischen Regierungshierarchie. Viele dieser Flüchtlinge werden zögern, solche Positionen und die damit verbundenen Möglichkeiten durch eine Einwanderung nach Israel aufzugeben.

9. Die palästinensischen Flüchtlinge sind Menschen wie alle anderen und werden daher wahrscheinlich im individuellen Eigeninteresse handeln, wenn sie nicht mit der abstrakten Frage konfrontiert werden, ob sie »nach Hause zurückkehren wollen«, sondern stattdessen praktisch und wirklich frei entscheiden können, wo und wie sie ihr Leben wieder aufbauen und ihre ehemaligen Tätigkeiten und Berufe wieder aufnehmen möchten. Dies wird auch durch die Tatsache bekräftigt, dass es bisher keine ernsthaften Probleme mit den 200000 arabischen Einwohnern Israels gegeben hat, ungeachtet ständiger Hetze gegen Israel in den arabischen Radiosendern und trotz israelischer Sicherheitsvorschriften und weiterer Einschränkungen ihrer Rechte und Privilegien, die den Arabern als diskriminierend erscheinen und im Rahmen der Gesamtlösung abgeschafft werden müssten.

10. Die Flüchtlinge, die sich für eine Rückkehr nach Israel entscheiden würden, wären in der Regel genau diejenigen, die sich in die dort entstehende Gesellschaft integrieren ließen, die dort eine größere Erfüllung ihres Lebens fänden und die aus ebendiesen Gründen nicht von Feindseligkeit gegenüber Israel erfüllt wären.

11. Seitens der Rückkehrer müssten Nachweise über ihre friedliche Absicht erbracht werden.

12. Da sich alle beteiligten Staaten zur Zusammenarbeit mit der für die Operation zuständigen internationalen Behörde verpflichten müssten – zumindest was die Bereitstellung von Flächen für Siedlungsprojekte sowie die Umsetzung von Waffenstillstandsvereinbarungen zur Vermeidung feindseliger Aktionen betrifft –, würde die daraus resultierende Entspannung die Gefahren, die weiterhin von einer fünften Kolonne ausgehen könnten, deutlich verringern.

Eine Versuchsphase

13. Eine weitere Sicherheitsgarantie ist durch die Dauer der Rückführung gegeben. Eine Umsiedlung aller Flüchtlinge würde etwa fünf bis zehn Jahre dauern. Dies gäbe genügend Zeit, Vorkehrungen zu treffen, falls sich eine gefährliche Situation abzeichnen sollte.

14. Diese Sicherheitsgarantie kann durch die Festlegung einer geplanten Versuchsphase erhöht werden. Die Versuchsphase sollte sich über die ersten zwei bis drei Jahre der Operation erstrecken, in denen voraussichtlich 200000 Flüchtlinge zurückgeführt und umgesiedelt werden. Während dieser Versuchsphase wird sich zeigen, wie viele der Flüchtlinge sich in den einzelnen Siedlungsgebieten niederlassen wollen und ob von denjenigen, die nach Israel zurückkehren, eine Gefahr für die Sicherheit des vorwiegend jüdischen Staates ausgeht.

Sollte es zu schwerwiegenden Problemen kommen, wird Israel selbstverständlich das Recht haben, seine Souveränitätsrechte auszuüben und sich auf die Weise zu schützen, die es für angemessen hält. Treten jedoch keine schwerwiegenden Probleme auf, könnte der Plan bis zu seiner Erfüllung reibungslos weitergeführt werden.

Aus all diesen Gründen und den damit verbundenen Schutzmaßnahmen *ist* es möglich, das Recht Israels auf Sicherheit mit dem Recht jedes Flüchtlings auf Rückkehr zu verbinden.

Das soll nicht heißen, dass Israel mit all diesen Schutzmaßnahmen überhaupt kein Risiko für seine Sicherheit oder Wirtschaft eingeht. Wenn Israel jedoch gar nichts unternimmt, geht es noch größere Risiken ein.

Sicherheitsgarantien für Flüchtlinge

Die Flüchtlinge gehen ebenfalls Risiken ein, wenn sie nach Israel zurückkehren, wo sie eine Minderheit darstellen würden und daher zwangsläufig den Entscheidungen der Mehrheit unterworfen wären. Folglich benötigen auch sie Sicherheitsgarantien.

Gegen diese Risiken müsste die israelische Regierung die folgenden Rechte der Rückkehrer garantieren.

1. Alle Rückkehrer, die keine andere Staatsbürgerschaft erworben haben, sollten unmittelbar nach ihrer Rückkehr die volle Staatsbürgerschaft Israels genießen dürfen, ohne jegliche soziale, ethnische oder religiöse Diskriminierung.

2. Allen Rückkehrern, die eine andere Staatsbürgerschaft erworben haben, sollte diese volle Staatsbürgerschaft nach Ablauf einer Einbürgerungsfrist verliehen werden, die jedoch nicht unangemessen lang sein darf (beispielsweise nicht länger als drei Jahre ab dem Zeitpunkt ihrer Einwanderung beziehungsweise ihrer Absichtserklärung, israelische Staatsbürger werden zu wollen).

3. Eine solche gleichberechtigte Staatsbürgerschaft sollte die folgenden Rechte beinhalten:

a) Das Recht, sich in jedem Teil Israels frei zu bewegen und niederzulassen, einer Beschäftigung oder einem Geschäft nachzugehen und Eigentum zu besitzen.

b) Das Recht auf Vollmitgliedschaft in Gewerkschaften, Herstellerverbänden, Genossenschaftsbewegungen und Berufsverbänden.

c) Das Recht zur eigenständigen Ausübung und Entfaltung kultureller, religiöser, erzieherischer und sprachlicher Aktivitäten.

d) Das Recht auf gleichberechtigten Genuss der Vorteile, die die allgemeine gesellschaftliche Entwicklung mit sich bringt, sowie der Leistungen, die der Staat auch für andere Gruppen von Bürgern erbringt.
e) Das Recht auf Auswanderung.

Die Lösung

1. Wir schlagen die Einrichtung einer UN-Sonderkommission beziehungsweise Rückführungs- und Umsiedlungsbehörde (RRA)[1] vor, die gegenüber der Generalversammlung der Vereinten Nationen verantwortlich und mit der Aufgabe betraut ist, das palästinensische Flüchtlingsproblem sowohl durch die Rückführung und Umsiedlung der palästinensisch-arabischen Flüchtlinge als auch durch die Überwachung von Entschädigungszahlungen für Eigentum, das arabische Flüchtlinge im israelischen Palästina sowie jüdische Auswanderer in arabischen Staaten zurückgelassen haben, zu lösen.

2. Die RRA sollte nach dem Vorbild der gemischten Waffenstillstandskommissionen für den Nahen Osten mit paritätischer Vertretung aller beteiligten arabischen und israelischen Parteien unter dem Vorsitz eines unabhängigen Vertreters der Generalversammlung der Vereinten Nationen eingerichtet werden.

3. Es sind Vorkehrungen zu treffen, damit arabische Flüchtlinge ihre Ansichten, Forderungen und Wünsche entweder über ihre eigenen bestehenden Organisationen oder über ein Einheitskomitee[2] vorbringen können, das alle Flüchtlinge vertritt. Vergleichbare Vorkehrungen sind für jüdische Auswanderer aus arabischen Staaten zu treffen, die jetzt in Israel leben und Entschädigungsansprüche auf in arabischen Staaten zurückgelassenes Eigentum haben.

4. Jedem arabischen Flüchtling, der der RRA glaubhaft

[1] Anm. d. Übers.: Repatriation and Resettlement Authority, im Vorwort abweichend Repatriation and Resettlement Agency genannt.

[2] Anm. d. Übers.: Unified Committee.

nachweisen kann, dass er 1948 einen festen Wohnsitz im israelischen Palästina hatte, sollte die Möglichkeit gegeben werden, mit seinen engsten Angehörigen umgesiedelt zu werden und eine angemessene Unterkunft sowie einen Bauernhof oder eine alternative Existenzgrundlage zu erhalten, und zwar

a) in Palästina (sofern es keine Präferenz zwischen Israel und dem arabischen Palästina gibt),
b) in Israel,
c) im arabischen Palästina oder
d) in einem weiteren arabischen Staat.

5. Allen weiteren arabischen Flüchtlingen sollten die Optionen (c) und (d) garantiert werden, einschließlich der Möglichkeit, zwischen mindestens drei verschiedenen Siedlungsorten wählen zu können, wobei hinsichtlich der Unterkunft sowie des Bauernhofs oder einer alternativen Existenzgrundlage die gleichen Standards einzuhalten sind.

6. Allen palästinensisch-arabischen Flüchtlingen und allen Juden, die seit 1948 einen der arabischen Staaten verlassen haben, ist eine volle Entschädigung für das gesamte von ihnen zurückgelassene Eigentum zuzusprechen, und zwar völlig unabhängig davon, wo sie sich niederlassen.

7. Bei der Entscheidung, welche der Alternativen für eine Ansiedlung infrage kommen, sollte jeder Flüchtling, der sich für eine Ansiedlung in Israel entscheidet und nicht bereits Staatsbürger eines anderen Staates ist, dem Staat Israel die Treue schwören und sich dazu verpflichten, dessen Gesetze zu befolgen sowie in Frieden mit seinen Nachbarn und Mitbürgern zu leben.

8. Falls er Staatsbürger eines anderen Staates ist, sollte er dennoch zur Niederlassung in Israel zugelassen werden unter der Bedingung, dass

a) er die Absicht erklärt, mit seinen Nachbarn und Mitbürgern in Frieden zu leben,
b) er auf seine andere Staatsbürgerschaft verzichtet (solange der Staat, dessen Staatsbürger er ist, nicht im Frieden mit Israel ist) und
c) er die israelische Staatsbürgerschaft beantragt.

9. Jeder arabische Staat sollte berechtigt sein, die in den Punkten 7 und 8 dargelegten Verfahren auf Flüchtlinge anzuwenden, die sich für eine Ansiedlung innerhalb seiner Grenzen entscheiden.

10. Der Zeitplan für die Rückführung und Umsiedlung ist von der RRA festzulegen.

11. Israel und die arabischen Staaten sollten sich zu einer engen Zusammenarbeit mit der RRA verpflichten, um sie bei ihren Aufgaben durch mindestens folgende Maßnahmen zu unterstützen:

a) Die Bereitstellung von Flächen für Siedlungsprojekte und Finanzmitteln für die RRA.
b) Die getreue Umsetzung des Waffenstillstandsabkommens von 1949, sowohl dem Buchstaben als auch dem Geiste nach. Darin heißt es: »Es dürfen keine aggressiven Aktionen der Streitkräfte einer Vertragspartei – zu Lande, zu Wasser oder in der Luft – gegen die Bevölkerung oder die Streitkräfte der anderen Vertragspartei unternommen, geplant oder angedroht werden; [...] das Recht jeder Vertragspartei auf Sicherheit und Freiheit vor Angriffen durch die Streitkräfte der anderen Vertragspartei ist zu respektieren.«

12. Die RRA sollte eine detaillierte Studie und Volkszählung durchführen, um festzustellen,

a) welche Flüchtlinge im Jahr 1948 Einwohner des israelischen Palästinas waren,
b) welche arabischen Flüchtlinge Eigentum im israelischen Palästina besaßen, welche von den Juden, die den Irak und Ägypten verließen, dort Eigentum besaßen, wie viel Eigentum jeder von ihnen besaß und in welchem Umfang sie bereits eine Entschädigung erhalten haben,
c) welche technischen und wirtschaftlichen Möglichkeiten es für die landwirtschaftliche und sonstige Ansiedlung arabischer Flüchtlinge in Israel und in den arabischen Staaten gibt. (Dies sollte zunächst zügig auf der Grundlage verschiedener bereits durchgeführter Stu-

dien erfolgen – dem Johnston-Plan zur Entwicklung des Jordantals,[1] den Rehabilitations- und Entwicklungsplänen des UNRWA et cetera. Die RRA könnte dann rasch mit der weiteren Arbeit beginnen und sich nach Möglichkeit zuerst auf die »bedürftigsten« Fälle unter den Flüchtlingen konzentrieren, während sorgfältigere und detailliertere Untersuchungen noch durchgeführt werden.)

13. Die RRA sollte an möglichst vielen dieser Orte Rückführungs- und Umsiedlungsprojekte initiieren, um den Flüchtlingen so viele Optionen wie möglich zu eröffnen.

14. Die RRA sollte intensive Aufklärungs- und Informationskampagnen durchführen, um den Flüchtlingen zu verdeutlichen, welche Optionen ihnen offenstehen. Sie sollte sich insbesondere dafür einsetzen, die Flüchtlinge darüber aufzuklären, welche Formen der »Heimkehr« möglich sind und welche Optionen sich daraus ergeben, und die Flüchtlinge vor jeglichem Zwang im Hinblick auf solche Optionen zu schützen. Sie sollte diese Aufklärungsarbeit während des gesamten Ansiedlungszeitraums fortsetzen und dabei die Kontakte zwischen den bereits auf die oben beschriebene Weise angesiedelten Flüchtlingen und denjenigen nutzen, die noch als Flüchtlinge in den Lagern untergebracht oder auf den Rationslisten des UNRWA aufgeführt sind. In diesem Zusammenhang sollte die RRA regelmäßig statistische Erhebungen über die Standpunkte der Flüchtlinge zu den verschiedenen Optionen im Lichte der Aufklärungsarbeit sowie der Berichte durchführen, die die Flüchtlinge von jenen erhalten werden, die sich bereits in den verschiedenen Gebieten niedergelassen haben.

15. Da diese Standpunkte durch kontinuierliche Informationen über die Bedingungen in den Siedlungen beeinflusst werden, die den Flüchtlingen seitens der RRA, durch Berichte von Siedlern an ihre Flüchtlingsfreunde, durch Besuche in Siedlungen und auf andere Weise zur Verfügung gestellt werden, sollte die RRA die Siedlungsprojekte flexibel planen und

[1] Vgl. Anhang 6.

ihre Entwicklung so weit wie möglich an die sich ändernden Präferenzen der Flüchtlinge anpassen.

16. Während sich Flüchtlinge für eine vorrangige Ansiedlung an bestimmten Orten registrieren lassen können, sollten sie das Recht haben, ihre Registrierung in regelmäßigen Abständen und gemäß den von der RRA festzulegenden Verfahren zu ändern.

17. Die RRA sollte die Rückführung und Umsiedlung in mehreren Phasen planen. Die erste Phase sollte ab der Einrichtung der RRA nicht länger als drei Jahre dauern und als Versuchsphase betrachtet werden, in der etwa 200 000 Flüchtlinge angesiedelt würden.

18. Flüchtlingen, die über die RRA eine Entschädigung erhalten, sollte es gestattet sein, sich die Hälfte der Entschädigung – beispielsweise bis zu 1000 US-Dollar pro Familie – unmittelbar nach Freigabe der Entschädigung auszahlen zu lassen. Der Restbetrag sollte jedoch in den Händen der RRA verbleiben. Zudem sollte die RRA 2500 US-Dollar für die Ansiedlung der Familie aufwenden und ab dem Datum der teilweisen Entschädigungsauszahlung die Pro-Kopf-Unterhaltskosten für die Familie aus dem Restbetrag an das UNRWA entrichten. Der anschließend verbleibende Restbetrag sollte dem Flüchtling ausgezahlt werden, sobald er und seine Familie keine Flüchtlinge unter der Obhut des UNRWA mehr sind, sei es durch Umsiedlung oder aus anderen Gründen.

19. Die RRA sollte damit beauftragt werden, Mittel zur Finanzierung der Entschädigungs-, Rückführungs- und Umsiedlungsaktivitäten von den Regierungen Israels und der arabischen Staaten sowie aus anderen Quellen zu beschaffen.

20. Der Staat Israel sollte seine aufrechte Sorge um die arabischen Flüchtlinge zum Ausdruck bringen, indem es einen Teil seiner Einnahmen – sei es aus ausländischen oder inländischen Quellen – zur Finanzierung der RRA bereitstellt.

21. Die arabischen Staaten sollten ihre aufrechte Sorge um die Wiedereingliederung ihrer arabischen Mitmenschen in ein würdiges und produktives Leben zum Ausdruck bringen, indem sie einen Prozentsatz der Öl- und Transitgebüh-

ren für den Nahen Osten sowie einen kleinen Prozentsatz ihres Staatshaushalts an die RRA entrichten (unter Berücksichtigung der Einsparungen sowohl für Israel als auch für die arabischen Staaten durch eine Verringerung der Rüstungsausgaben, die sich der Entspannung verdankt, die aus der Arbeit der RRA resultieren würde).

22. Die Vereinigten Staaten und andere UN-Mitglieder sollten bereit sein, einen erheblichen Beitrag zu den Kosten für die Lösung des palästinensischen Flüchtlingsproblems zu leisten. Selbst wenn die Vereinigten Staaten allein die Kosten des gesamten Projekts trügen, wäre das ein sehr geringer Preis, wenn man berücksichtigt, welchen Beitrag dies zu einer Entspannung im Nahen Osten und der daraus resultierenden Verringerung der Weltkriegsgefahr leisten würde.

23. Sämtliche der genannten Vorschläge sind ausschließlich als untrennbare Bestandteile einer ganzheitlichen Lösung des Gesamtproblems zu verstehen. Die ganzheitliche Lösung kann selbstverständlich diskutiert und geändert werden, die hier aufgeführten Vorschläge können jedoch nicht für sich allein stehen. Sie alle setzen die Annahme des Plans als Ganzes voraus.

Schlussbemerkung

Mit diesen 23 Punkten wären die Bedingungen erfüllt und das Problem gelöst. Den Flüchtlingen wäre ein sinnstiftendes und produktives Leben zurückgegeben. Sie würden ihr Eigentum beziehungsweise dessen beizulegenden Zeitwert zurückerhalten. Jeder wäre in der Lage, »nach Hause zurückzukehren«, sofern die objektiven Fakten dies zulassen. Alle Staaten in der Region würden von mehr Sicherheit und einem guten Gewissen profitieren. Und die Kriegsgefahr wäre erheblich geringer geworden, sowohl für den Nahen Osten als auch für die ganze Welt.

Bleibt nur noch eine Frage: Ist die Lösung praktikabel? Besteht eine Chance, dass sie umgesetzt wird?

Frühere Diskussionen des Problems litten stark unter der Komplexität und der nicht zielführenden Einbeziehung von Themen, die wir versuchten auszuklammern. Aufgrund dessen wurden die Schwierigkeiten stark übertrieben und diejenigen, die Unternehmungen machten, das Problem zu lösen, übermäßig entmutigt. Fast routinemäßig wurde erklärt, dass das Problem zu heikel sei oder es sich dabei um ein »zu heißes Eisen« handele oder dass es zu eng mit dem Kalten Krieg zusammenhänge; dass die wirtschaftlichen Ausmaße zu gewaltig seien, als dass man sie in Betracht ziehen könnte, oder dass die Feindseligkeit der Konfliktparteien zu grenzenlos sei, um einen Kompromiss zuzulassen. Wir haben jedoch gesehen, dass, sobald man den Versuch wagt, die vermeintliche Unermesslichkeit dieser Größen zu messen, sie in den Bereich des Überschaubaren schrumpfen. Ungeachtet der öffentlichen Unnachgiebigkeit gibt es in Israel sowohl jüdische als auch arabische Gruppen, die wirklich nach einer praktikablen

Lösung suchen. Und in den arabischen Staaten, wo der öffentliche Druck weitaus größer ist und nonkonforme Meinungsäußerungen nahezu unmöglich sind, gibt es viele Menschen, die die Situation nüchtern betrachten und im Privaten eine weniger leidenschaftliche Haltung an den Tag legen und stattdessen auf eine konstruktive Lösung hoffen. Unter den Flüchtlingen selbst haben Tausende ihren Flüchtlingsstatus aufgegeben, um ein neues Leben außerhalb der Lager und außerhalb Israels zu beginnen, trotz der Androhung von Gewalt, politischen Drucks, Einschüchterung durch Agitatoren und der Sicherheit und Unterstützung, die die Flüchtlingslager bieten (einschließlich der Hilfsrationen). Auch die öffentliche Meinung in anderen Teilen der Welt zeigt ihre Wirkung. Sie überzeugte Israel davon, seine Truppen vom Sinai abzuziehen, und veranlasste Ägypten dazu, die Noteinsatztruppe der Vereinten Nationen[1] zu tolerieren.

Hass währt nicht ewig. Eine gerecht konzipierte Lösung kann zur Beilegung von Feindseligkeiten führen und ein neues Klima für eine mögliche Zusammenarbeit schaffen. Jetzt kommt es jedoch darauf an, die Entmutigung und Einschüchterung zu zerstreuen, die aus einer beinahe schon tradierten Übertreibung sowohl der Größe des Problems als auch der Unerschütterlichkeit der Widerstände gegen jede Lösung resultierten. Welche Partei auch immer in dieser Situation die Initiative ergreifen wird, um die Einrichtung einer Rückführungs- und Umsiedlungsbehörde gemäß den hier vorgeschlagenen Richtlinien herbeizuführen: Sie wäre in der Lage, die Hindernisse auf dem Weg zur Lösung des palästinensischen Flüchtlingsproblems zu überwinden, und würde damit der Menschheit, der Sicherheit und dem Frieden einen außerordentlichen Dienst erweisen.

[1] Anm. d. Übers.: United Nations Emergency Force (UNEF).

Internationalismus, Integration und Trennung

Von Abba P. Lerner

Dieses Gremium wurde nicht gebeten, in seinen Bericht eine Darlegung der Philosohpie aufzunehmen, die seinem Verständnis vom Stellenwert des palästinensischen Flüchtlingsproblems in der heutigen Welt zugrunde liegt. Eine solche Darlegung fände in einem Gremium, das vorwiegend aus Mitgliedern mit sehr unterschiedlichen philosophischen Ansichten besteht, nicht ohne Weiteres eine einhellige Zustimmung. Mir scheint jedoch, dass sowohl die Herangehensweise des Gremiums an das Problem als auch die vorgeschlagene Lösung von einer eindeutig philosophischen, soziologischen und politischen Atmosphäre durchdrungen sind. Ich möchte daher die folgende Stellungnahme unter meinem eigenen Namen veröffentlichen.

Die in diesem Bericht enthaltene Analyse des palästinensischen Flüchtlingsproblems und die Leitlinien, auf deren Grundlage eine Lösung vorgeschlagen wird, scheinen mir in bemerkenswerter Weise dem gegenwärtigen Zeitgeist zu entsprechen.

Wenn die Analyse korrekt ist, wäre trotz der völligen Freiheit, die die vorgeschlagene Lösung dem einzelnen Flüchtling hinsichtlich seiner Rückkehr böte, Palästina immer noch in ein jüdisches Palästina (Israel) und ein arabisches Palästina (Jordanien und den Gazastreifen) geteilt. Dies steht im Widerspruch zu den Idealen vieler Internationalisten und jener führenden Zionisten, die vor 1948 die Entwicklung Palästinas zu einem einzigen binationalen Staat anstrebten. Es steht jedoch nicht im Widerspruch zu der Art und Weise, wie mit solchen Problemen in den vergangenen Jahrzehnten in vielen Teilen der Welt umgegangen wurde.

In modernen demokratischen Gesellschaften werden Menschen, die im selben Gebiet leben – vielleicht aufgrund der zunehmenden Mobilität und des vermehrten Kontakts zwischen den Menschen –, immer häufiger gleich behandelt. *Integration* ist das Schlüsselwort, und zwar im Sinne einer für alle Menschen in der Gemeinschaft geltenden *Gleichheit der Rechte* beziehungsweise *Gleichheit vor dem Gesetz*. Einerseits ist dieses Ideal vollkommen mit dem Schutz oder gar der Förderung der kulturellen Vielfalt vereinbar, andererseits steht es in engem Zusammenhang mit dem Ideal der endgültigen Einheit aller Nationen in einer integrierten internationalen Gemeinschaft. *Integration* und *Internationalismus* sind in der Tat nur zwei Aspekte des zentralen Ideals der modernen demokratischen Gesellschaft – des Ideals der Brüderlichkeit aller Menschen.

In vielen und wichtigen Fällen gibt es jedoch grundlegende Konflikte, und wenn sich die Akteure nicht einigen können, kann dies zum völligen Scheitern führen – zu Gewalt, zu Massakern und zum Bürgerkrieg. In solchen Fällen, wie im biblischen Fall von Abram und Lot, muss man auf die zweitbeste Lösung zurückgreifen – auf die *Trennung*. »Da sprach Abram zu Lot: Es soll kein Zank sein zwischen mir und dir [...]; denn wir sind Brüder. [...] Trenne dich doch von mir! Willst du zur Linken, so will ich zur Rechten [...].«[1] Nur so kann Frieden gefunden werden, wenn eine Integration nicht möglich ist.

Der moderne Territorialstaat durchbricht gewiss Abschottungsmuster, die aus sozialer und geografischer Immobilität resultieren, und garantiert allen Bürgern *Gleichheit vor dem Gesetz*. Wahr ist jedoch auch, dass Versuche, völlig unterschiedliche Bevölkerungsgruppen unter einer Zentralgewalt zu integrieren, nicht besonders erfolgreich waren. Wo Menschen aufgrund vorübergehender Katastrophen wie Überschwemmungen oder Kriegen vertrieben wurden, war es für viele dieser Vertriebenen möglich, nach dem Ende der Katastrophe zurückzukehren. Wo das Flüchtlingsproblem jedoch das Ergebnis eines tieferliegenden Konflikts war, der zwischen

[1] Anm. d. Übers.: Hier zitiert nach Gen 13,8–9, *Die Bibel nach der Übersetzung Martin Luthers*, Stuttgart 2017.

Teilen einer Bevölkerung aus nationalen, kulturellen, religiösen, sprachlichen oder sonstigen Gründen ausgetragen wurde, konnte eine Lösung oftmals nur durch eine Umsiedlung in andere Gebiete erzielt werden, in denen die Ursachen der ursprünglichen Probleme nicht präsent oder weniger schwerwiegend waren, und nicht durch eine Rückführung. Die Lösung bestand in der *Trennung* der Bevölkerungsgruppen, die nicht in Frieden zusammenleben konnten. Prominente Beispiele sind die Fälle der Türken und Griechen in Kleinasien, der Deutschen und Tschechen in Böhmen-Mähren sowie der Muslime und Hindus, als Indien und Pakistan nach dem Zweiten Weltkrieg als getrennte politische Entitäten entstanden.

Genau der gleiche Trend ist in Palästina deutlich zu erkennen. Der ursprüngliche UN-Teilungsplan zur Aufteilung Palästinas in einen jüdischen und einen arabischen Sektor war auch ein Versuch, den Schwierigkeiten der *Integration* der beiden größten Bevölkerungsgruppen des Landes zu entkommen, indem man auf die minderwertige Alternative der *Trennung* zurückgriff. Die derzeitige Teilung Palästinas in ein arabisches Palästina und ein jüdisches Palästina (beziehungsweise Israel) ist nur eine weitere Teilung – einfacher als der Teilungsvorschlag von 1947 und angemessener angesichts der aktuellen Bevölkerungsverteilung (wenn auch noch alles andere als ideal) –, die es den beiden Völkern ermöglichen könnte, in Frieden zu leben, so wie es Lot und Abram taten, indem sie einander *nicht* zu nahe kamen.

Das bessere, höchste Ideal ist, dass *alle* Menschen in Frieden zusammenleben. Das ist das Ideal der *internationalen Integration*. Wo Menschen jedoch nicht in der Lage sind, in Frieden zusammenzuleben, ist es besser, eine *Trennung* herbeizuführen, in deren Rahmen jede Gruppe ein friedliches und harmonisches Leben unter gleichgesinnten Mitgliedern führen kann, bis sie zu einer stärkeren Integration bereit sind. Dieser Rückgriff auf die zweitbeste Lösung der Trennung ist umso zufriedenstellender, wenn er freiwillig erfolgen kann, wie es im Fall von Abram und Lot möglich war und jetzt im Fall der palästinensisch-arabischen Flüchtlinge möglich ist.

Die Rückkehr einiger der derzeitigen arabischen Flüchtlinge nach Israel würde nicht zu einem binationalen Staat führen, aber sobald das Flüchtlingsproblem gelöst ist, werden die gemeinsamen Interessen aller Bewohner der Region eine Chance haben, sich durchzusetzen. Man könnte dann mit hoffnungsvoller Erwartung auf die weitere Entwicklung des östlichen Mittelmeerraums und auf eine wirtschaftliche Zusammenarbeit zwischen den verschiedenen Staaten blicken, die allen ein erfüllteres Leben ermöglichen würde. Bei einer solchen Entwicklung wird sich schließlich herausstellen, dass die *Trennung* nur der erste Schritt zur *Integration* war.

Anhang 1: Eine allgemeine Beschreibung der Flüchtlingsgemeinschaften

Bei dem palästinensischen Flüchtlingsproblem handelt es sich um ein einzigartiges soziales und politisches Phänomen. Es geht hier nicht um Flüchtlinge im herkömmlichen Sinne, das heißt um Menschen, die aus ihrer Heimat vertrieben wurden und nun gezwungen sind, ins Exil in fremde Länder zu fliehen.

Tatsächlich handelt es sich um eine große ethnische Gemeinschaft, deren Angehörige zwar aus ihren Häusern und Geschäften sowie von ihren Feldern und Arbeitsplätzen vertrieben wurden, sich aber dennoch überwiegend in Teilen des eigenen Landes aufhalten – im Gazastreifen unter der Kontrolle Ägyptens und im westlichen Teil des ehemaligen Mandatsgebiets Palästina unter der Kontrolle Jordaniens – und nicht etwa in fremden Ländern. Insbesondere in Jordanien sind die Flüchtlinge keine Fremden in einer fremden Umgebung.

Diese ethnische Gemeinschaft mit mehreren Hunderttausend Menschen führt ein intensives Staats- und Gemeinschaftsleben. In Jordanien (wo die Mehrheit der Flüchtlinge lebt) sind es Bürger, die von ihrem Stimmrecht lautstark und auf oftmals aufrührerische Weise Gebrauch machen. Sie waren maßgeblich am Sturz von Regierungen beteiligt, kontrollieren das Parlament und erzwingen von der Regierung ihres Aufnahmelands weitreichende Entscheidungen von internationaler Tragweite.

Sie verfügen über ein Schulsystem, das allgemein als eines der besten in der sogenannten arabischen Welt gilt, mit 168 400 Schülern, 3137 Lehrern, 372 Schulen und mehreren Berufsbildungszentren. Im neuesten Bericht des Generalkommissars des UNRWA heißt es: »Das Bildungssystem hat sich in den vergangenen Jahren so weit entwickelt, dass alle Flüchtlinge im schulpflichtigen Alter, die eine Grundschule besuchen möchten, dies tun können. Der neue Jahrgang besteht nun überwiegend aus Schülern im normalen Schuleintrittsalter (sechs Jahre) […].«[1]

Diese Schulen wurden vom UNRWA gebaut, ausgestattet, organisiert und finanziert. Das Personal wurde jedoch von den Flüchtlingen selbst gestellt, und das UNRWA hat keine Kontrolle über den Lehrplan oder die Ausrichtung und den politischen Charakter der Ausbildung.

Die Berufsbildungszentren in Gaza und in Qalandia bei Jerusalem (beide im ehemaligen Palästina) gehören zu den effizientesten. »Absolventen des Letzteren«, so Henry R. Labouisse, »hatten keine Schwierigkeiten, nicht nur in Jordanien, sondern auch im Irak und in der Region am Persischen Golf Arbeit zu finden.«[2]

Dies trifft auch für die Lehramtsausbildungszentren zu. »Länder in Nordafrika und am Persischen Golf haben versucht, eine beträchtliche Anzahl von Flüchtlingslehrern einzustellen, von denen die meisten von der Organisation (UNRWA) ausgebildet wurden.«[3]

Umfang und Niveau der Ausbildung in dieser Flüchtlingsgemeinschaft sind im Hinblick auf vergleichbare Nichtflüchtlingsgruppen im Nahen Osten wahrscheinlich beispiellos. In jedem Fall übertrifft dieses System bei Weitem die Standards und das Bildungsniveau, die jemals von einer Bevölkerungsgruppe im ehemaligen Mandatsgebiet Palästina erreicht wurden.

[1] *Jahresbericht des Generalkommissars des Hilfswerks der Vereinten Nationen für Palästina-Flüchtlinge im Nahen Osten (UNRWA) für den Zeitraum vom 1. Juli 1956 bis zum 30. Juni 1957*, Offizielle Protokolle der Generalversammlung, Zwölfte Sitzung, Beilage Nr. 14, UN-Dokument-Nr. A/3686, Absätze 42–47.

[2] Ebd., Absatz 46.

[3] Ebd., Absatz 50.

Gleiches gilt für die vom UNRWA organisierte Gesundheitsversorgung für Flüchtlinge, einschließlich präventivmedizinischer Maßnahmen, Krankenhausaufenthalten, Laboren, Apotheken, sanitärer Einrichtungen et cetera, mit einem Personalbestand von derzeit 3594 Mitarbeitern.

Diese Versorgungsleistungen gehören – vergleichsweise betrachtet – zu den effizientesten in diesem Teil der Welt. Als beispielsweise Anfang 1957 im Libanon eine Pockenepidemie ausbrach und sich auf andere Länder ausbreitete, blieben die Lager aufgrund von massenhaften Notimpfungen nahezu immun.[4]

Die Sterblichkeitsrate ist niedriger als im Mandatsgebiet Palästina, obwohl keine genauen Statistiken verfügbar sind, da die Flüchtlinge sich weigern, das UNRWA über Todesfälle in den Lagern zu informieren, während die Geburtenrate mehr oder weniger mit anderen Schätzungen für den Nahen Osten übereinstimmt, und diese scheinen ziemlich genau zu sein. Im Bericht der Forschungsgruppe für europäische Migrationsprobleme heißt es laut F. Theodore Witkamp: »Alles in allem scheint es den Lagerinsassen im Vergleich zu anderen Einheimischen im Nahen Osten auf den ersten Blick gar nicht so schlecht zu gehen. Sie wohnen mietfrei, erhalten medizinische Hilfe, das Krankenhaus ist in der Nähe, und oft stehen ihnen auch Entbindungsheime und Kinderkliniken zur Verfügung. In den Lagern tritt keine wirkliche Unterernährung auf, und es gibt Möglichkeiten zur Entspannung in Form von Sport und Spiel.«[5] Kleidung wird ihnen entweder direkt vom UNRWA oder von philanthropischen Organisationen zur Verfügung gestellt (in letzteren Fällen handelt es sich meistens um gebrauchte Kleidung). Im vergangenen Jahr versorgte das UNRWA rund 390000 Flüchtlingsjungen und -mädchen im Alter von 1 bis 15 Jahren mit neuer Kleidung.

[4] Vgl. ebd., Absatz 24.

[5] Witkamp, F. Theodore, *The Refugee Problem in the Middle East*, Bericht der Forschungsgruppe für europäische Migrationsprobleme (Research Group for European Migration Problems, REMP), Bd. 5, Nr. 1, Den Haag, Januar–März 1957, Teil 2, Absatz 3.

Was die Hilfsrationen betrifft, »[…] besteht die UNRWA-Lebensmittelversorgung aus monatlichen Rationen von umgerechnet 1600 Kalorien pro Tag im Winter und 1500 Kalorien pro Tag im Sommer. Das scheint sehr wenig zu sein, stellt aber beispielsweise im Vergleich zur Situation der armen ägyptischen Fellachen keine Benachteiligung dar. Darüber hinaus erhalten alle Personen im Alter von 1 bis 15 Jahren (die Hälfte der Flüchtlinge) eine Tagesration Magermilch und Kleinkinder unter einem Jahr eine Vollmilchration. Schwangere erhalten zusätzliche Rationen, um insgesamt bis zu 2000 Kalorien pro Tag zu sich nehmen zu können. Tatsächlich ist die Versorgung so gut, dass es den Flüchtlingen (insbesondere in Jordanien) häufig besser geht als der einheimischen Bevölkerung. Eine UNRWA-Studie zur körperlichen Verfassung und zum Gewicht von Flüchtlingskleinkindern im Vergleich zu einheimischen Kleinkindern hat dies zweifelsfrei bewiesen«.[6]

Es wäre falsch anzunehmen, dass die Flüchtlinge lediglich die offiziellen Lebensmittelrationen erhalten. Private Organisationen stellen zusätzliche Lebensmittel und Kleidung zur Verfügung und verteilen gelegentlich auch Bargeld. Darüber hinaus wird den Flüchtlingen die Möglichkeit geboten, innerhalb oder außerhalb der Lager auf die eine oder andere Weise ein gewisses Einkommen zu erzielen. Tatsächlich bietet das UNRWA den Flüchtlingen Tätigkeiten an, für die sie bezahlt werden. Im jüngsten Bericht des Generalkommissars lesen wir beispielsweise, dass »ein Großteil der Kleidung (die an die Flüchtlinge verteilt wurde) von im Gazastreifen lebenden Flüchtlingsarbeitern gewebt wurde. Auf diese Weise hergestellte Kleidung wurde sowohl im Gazastreifen und in Jordanien als auch im Libanon und in Syrien vertrieben«.[7]

Für die oben genannten Hilfeleistungen ist es nicht notwendig, einer Arbeit zur Sicherung des Lebensunterhalts nachzugehen. Die damit einhergehende Beschäftigungslosigkeit erlaubt es den Angehörigen der Flüchtlingsgemeinschaft,

[6] Ebd.

[7] Ebd., Absatz 32.

sich politischen Leidenschaften hinzugeben und sich an entsprechenden Debatten, Agitationen und gelegentlichen Aufständen zu beteiligen.

Dennoch vermag keine Zusammenstellung von Statistiken und sonstigen Daten ein zutreffendes und realitätsnahes Bild der Flüchtlingssituation zu vermitteln. Trotz aller Aktivitäten und Erfolge des UNRWA ist das Schicksal der Flüchtlinge bedauernswert und bedrückend.

So hält F. Theodore Witkamp in seiner Studie fest: »[...] auf der anderen Seite sehen wir viele Flüchtlinge, die ein Leben ohne Sinn in überfüllten Unterkünften führen, die oft undicht und äußerst unbequem sind. Die Moscheen und Schuppen, in denen andere Flüchtlinge untergebracht sind, sind zwar dicht, aber zugig und unwirtlich und bieten ihren Bewohnern und Familien keinerlei Privatsphäre, trotz vergeblicher Versuche, sich mit Decken und Pappen voneinander abzuschotten. Hinzu kommt die isolierte Lage vieler Lager, die jegliche Entspannung oder Unterhaltung abseits der Lager nahezu unmöglich macht, selbst wenn es sich nur um einen ›Stadtbummel‹ handelt.

Eine langsam abnehmende Zahl von Flüchtlingen lebt in Baracken in den für den Osten so typischen Müllhalden außerhalb der Städte und Dörfer. Trotz ihres schrecklichen Anblicks und der entsetzlichen hygienischen Bedingungen sind diese Siedlungen in mancher Hinsicht den Lagern vorzuziehen. Denn die umfangreiche Betreuung und das erzwungene Zusammenleben in den Lagern fördern eine gewisse ›Berufsflüchtlingsmentalität‹: geringe Lebensfreude, ein Verlust der Unabhängigkeit (›Ich kann das nicht mehr selbst machen‹), ein zunehmender Mangel an Initiative (›Ich werde sowieso versorgt‹), eine mangelnde Bereitschaft, Verantwortung für das eigene Leben zu übernehmen, selbst wenn dies möglich ist (›Was nützt es überhaupt?‹). [...] Zusammenfassend lässt sich sagen, dass wir es hier mit mehreren Hunderttausend Menschen zu tun haben, die unter sehr ungünstigen Bedingungen leben. Europäer würden unter ähnlichen Umständen Opfer von Epidemien, schwerer Unterernährung und gravierendem sozialem Verfall werden. Der körperlich abgehärtete Araber zeigt kaum Anzeichen dieser Phänomene. Die Leere seines Lebens scheint kaum Spuren an seinem Körper zu hinterlassen.«[8]

In ähnlicher Weise stellt auch Don Peretz in seinem Buch *Israel and the Palestine Arabs* die Situation dar: »[...] eine Reise durch die Flüchtlingslager reichte aus, um einen Beobachter davon zu überzeugen, dass diese Zahlen wenig über die Notlage der Flüchtlinge aussagten. Viele derjenigen, die in undichten, zerrissenen Zelten lebten, waren ehemalige Stadtbewohner der Mittelschicht, die in ihrer Heimat bescheidene, jedoch bedarfsgerechte Häuser besessen hatten. In Palästina basierte ihr soziales Leben auf einem Familiensystem, das in den überfüllten, drückend heißen Lagern erstickt war. Die Unabhängigkeit und Eigeninitiative ehemaliger Handwerker und Bauern erloschen angesichts der Langeweile und Frustration, die die Lager hervorriefen. Unter den Menschen, die fast zehn Jahre lang keine andere Existenzmöglichkeit gefunden hatten, als von Almosen der Vereinten Nationen zu leben, begann sich eine berufsmäßige Flüchtlingsmentalität herauszubilden.

Ungeachtet der herausragenden Hilfsmaßnahmen des UNRWA – es bestand kaum ein Zweifel daran, dass diese Hilfseinsätze die meisten Flüchtlinge am Leben gehalten hatten – stellten die psychologischen und emotionalen Auswirkungen der Situation eine ernsthafte Gefahr für die Stabilität im Nahen Osten dar. Sowohl schwelende Ressentiments gegen ihren Status als auch ihre Lebensbedingungen führten zu Spannungen unter den Flüchtlingen, die häufig die bestehenden politischen Regime in den Gebieten, in denen sich ihre Lager befanden, zu destabilisieren drohten.«[9]

[8] Ebd., Absatz 5.

[9] Peretz, Don, *Israel and the Palestine Arabs*, Washington, D.C., 1958, S. 20.

Anhang 2: Zusammenfassung der Flüchtlingssituation in anderen Teilen der Welt

Von John G. Stoessinger

Obwohl die Statistiken über die weltweite Flüchtlingsbevölkerung immer noch erschreckend sind, gelang es den Nationen der Welt, in den Jahren nach dem Ende des Zweiten Weltkriegs groß angelegte Rückführungs-, Umsiedlungs- und Rehabilitationsprogramme, insbesondere in Europa, erfolgreich durchzuführen. Es wird geschätzt, dass über 30 Millionen Menschen aufgrund der Kämpfe gezwungen waren, ihre Häuser zu verlassen.[1] Die meisten von ihnen haben entweder den Weg zurück in ihre Heimat gefunden oder wurden anderswo angesiedelt. In den meisten Fällen erfolgte diese Umsiedlung aus eigener Initiative. Dies war insbesondere bei Zwangsarbeitern der Fall, die nach der Niederlage der Nazi-Armeen, so gut es ging, einfach in ihre Heimat zurückkehrten. In vielen Fällen wurde dieser Prozess mit Unterstützung der alliierten Militärbehörden und spezieller zwischenstaatlicher Organisationen wie der Nothilfe- und Wiederaufbauverwaltung der Vereinten Nationen (UNRRA)[2] sowie der Internationalen Flüchtlingsorganisation (IRO)[3] durchgeführt.

Zwischen Kriegsende und Herbst 1945 wurden allein von

[1] Kulischer, Eugene M., *Europe on the Move. War and Population Changes, 1917–1947*, New York 1948, S. 305.

[2] Anm. d. Übers.: United Nations Relief and Rehabilitation Administration.

[3] Anm. d. Übers.: International Refugee Organization.

der UNRRA sechs Millionen Flüchtlinge zurückgeführt oder umgesiedelt. Zu Beginn des Jahres 1946 waren 1 676 000 Kriegsvertriebene noch nicht umgesiedelt.[4] Eineinhalb Jahre später, das heißt bis Juni 1947 (dem Zeitpunkt, ab dem die IRO die Verantwortung übernahm), wurden eine Million weitere Menschen umgesiedelt, sodass noch etwas mehr als 600 000 Heimatlose verblieben.

Hinzu kamen die über 900 000 zusätzlichen Flüchtlinge, die die IRO im Rahmen ihrer Tätigkeit registrierte, sodass insgesamt 1 619 000 Personen unter das Mandat der IRO fielen. Zwischen dem 1. Juli 1947 und dem 31. Dezember 1951, dem Datum, an dem die IRO ihre Tätigkeit einstellte, wurden 1 038 000 Personen umgesiedelt, 73 000 zurückgeführt und 97 000 starben oder verschwanden.

Seitdem hat sich diese Zahl durch konzertierte Aktionen privater Gruppen und offizieller Organisationen allmählich verringert, sodass einem jüngsten Bericht des Hohen Flüchtlingskommissars der Vereinten Nationen zufolge noch 178 000 Flüchtlinge als nicht umgesiedelt gelten.[5]

Diese Zahlen berücksichtigen nicht die besondere Problematik der deutschen Heimatvertriebenen und Flüchtlinge. Eine weitere Gruppe von Entwurzelten sind die infolge des Potsdamer Abkommens aus den Ostprovinzen vertriebenen Deutschen – die sogenannten Ostvertriebenen.[6] Etwa 45 Prozent dieser elf Millionen Vertriebenen wurden integriert, etwa 25 Prozent wurden wirtschaftlich eingegliedert, aber etwas weniger als 30 Prozent bilden immer noch eine Randbevölkerung. Diese »Randbevölkerung« besteht heute aus rund drei Millionen Menschen, denen es nicht gelungen ist, in der deutschen Wirtschaft dauerhaft Fuß zu fassen. Darüber hinaus ist

[4] Vernant, Jacques, *The Refugee in the Post-War World*, New Haven 1953, S. 31.

[5] Hochkommissariat der Vereinten Nationen für Flüchtlinge, *Survey of the Non-Settled Refugee Population in Various Countries*, Bericht des Hochkommissariats der Vereinten Nationen für Flüchtlinge (United Nations High Commissioner for Refugees, UNHCR), April 1958.

[6] Anm. d. Übers.: Im Original die »Potsdam Transfers«.

seit dem Ende des Zweiten Weltkriegs ein ständiger Zustrom von Flüchtlingen aus den kommunistisch besetzten Gebieten in die Westzone Deutschlands und nach Westberlin zu verzeichnen. Diese Flüchtlinge waren die Vorläufer der ungarischen Freiheitskämpfer. Sie verließen ihre Häuser, Besitztümer und Freunde in der Überzeugung, dass die Chance auf ein neues Leben den Preis wert war. Obwohl es den sowjetischen Grenzpatrouillen gelang, die Grenzen nahezu hermetisch abzuriegeln, riskierten diese Flüchtlinge oft ihr Leben, um in die Freiheit zu gelangen. Die unglaublichen Geschichten über diese erstaunlichen Leistungen gelangten oft in die Presse. Um nur einige Beispiele zu nennen: »Bewusstloser Flüchtling wird beim Entladen eines Eisenbahnwaggons aus der Tschechoslowakei in Deutschland unter einer Ladung Kohle gerettet [...] Polnischer Student durchbrach den Tunnel einer Uranmine und floh nach Westdeutschland [...] Litauischer Fischer sperrte russische Besatzung im Frachtraum ein und floh mit dem Beiboot des Schiffes nach Schweden [...]«

Der Großteil der Umsiedlungskosten für diese Flüchtlinge wird von der Bundesrepublik mit Unterstützung privater Organisationen getragen.

Generell lässt sich zusammenfassen, dass sich die jüngsten Flüchtlingsprobleme im Nahen und Fernen Osten als besonders schwierig erwiesen haben. Zum einen löste die Teilung des indischen Subkontinents vor zehn Jahren einen brutalen Bruderkrieg zwischen Hindus und Moslems aus, der eine Massenmigration zur Folge hatte. Gegenwärtig sind immer noch über sieben Millionen indische und pakistanische Flüchtlinge auf der Suche nach einer dauerhaften Niederlassung. Eine weitere Ursache für ein Flüchtlingsproblem unserer Zeit war der Koreakrieg. Dieser blutige Zermürbungskrieg mit seinen ständig wechselnden Frontlinien führte dazu, dass etwa sieben Millionen Flüchtlinge aus Nordkorea in der südlichen Hälfte der Halbinsel politisches Asyl suchten. Von ihnen haben nur eine Million ein dauerhaftes Zuhause gefunden. Hongkong ist zum Zufluchtsort für eine große Zahl von Flüchtlingen aus dem chinesischen Festland geworden, die geflohen sind, als die kommunistische Regierung ihre Kontrolle über das Land schrittweise ausweitete. Vor dem Krieg hatte Hongkong etwa 700000 Einwohner. Nach vorsichtigen Schätzungen beläuft sich die Bevölkerung heute auf drei Millionen Menschen, von denen fast alle Flüchtlinge sind, die unter den elendsten Bedingungen leben. Damit weist Hongkong die weltweit zweithöchste Flüchtlingsrate an einem Standort auf.

Eine der bemerkenswertesten Flüchtlingsgeschichten des Orients ereignete sich in Vietnam. Bei der Teilung des Landes am 17. Breitengrad, die im Genfer Waffenstillstand von 1954 beschlossen wurde, wurden Vorkehrungen für die Umsiedlung von Bevölkerungsgruppen getroffen. Trotz konzertierter Bemühungen des kommunistischen Regimes im Norden, die Bewegungsfreiheit einzuschränken, um eine Abwanderung der Menschen in den Süden zu vereiteln, strömten im Spätsommer und Herbst 1954 über 850000 Menschen nach Saigon. Dank massiver Nothilfemaßnahmen seitens staatlicher und privater Organisationen sowie anschließender wirtschaftspolitischer Maßnahmen der Regierung Ngô Đình Diệm konnte das Flüchtlingsproblem innerhalb von drei Jahren gelöst werden,[7] wenngleich die Schätzungen über den »Umfang« der Umsiedlung in einigen Fällen variieren.

Eine vorsichtige Schätzung der weltweiten Flüchtlingsbevölkerung seit dem Ende des Zweiten Weltkriegs beläuft sich demnach auf etwas weniger als 60 Millionen Menschen. Davon wurden über 40 Millionen Menschen auf die eine oder andere Weise umgesiedelt. Heute gibt es immer noch rund 17 Millionen Menschen, die auf der Flucht sind.

Gegenwärtig werden auf staatlicher und zwischenstaatlicher Ebene einige Versuche unternommen, diese Stiefkinder der menschlichen Gesellschaft zu rehabilitieren und sie wieder in die Weltgemeinschaft zu integrieren, die sie zurückgewie-

[7] Vgl. Oberster Rechnungsprüfer der Vereinigten Staaten, *Comptroller General Audit Report to Congress, Fiscal Year 1955–1957*, Rechnungsprüfungsbericht des obersten Rechnungsprüfers für die Jahre 1955–1957 an den Kongress, Washington, D.C., Mai 1958, S. 49–56.

sen hat. Dies geschieht im Wesentlichen durch drei verschiedene Organe der Vereinten Nationen: Erstens widmet sich das Hochkommissariat der Vereinten Nationen für Flüchtlinge (UNHCR)[8] dem weltweiten Flüchtlingsproblem im Allgemeinen. Zweitens befasst sich das Hilfswerk der Vereinten Nationen für Palästina-Flüchtlinge im Nahen Osten mit den arabischen Flüchtlingen im Nahen Osten, um dieser besonderen Herausforderung zu begegnen. Schließlich versucht die Behörde der Vereinten Nationen für den Wiederaufbau Koreas (UNKRA),[9] die koreanischen Flüchtlinge zu retten, die auf der verwüsteten Halbinsel verblieben sind.

[8] Anm. d. Übers.: United Nations High Commissioner for Refugees. Das Hochkommissariat der Vereinten Nationen für Flüchtlinge wurde 1950 zur Bewältigung der durch den Zweiten Weltkrieg verursachten Flüchtlingskrise gegründet. Die Flüchtlingskonvention von 1951 legte den Umfang und den rechtlichen Rahmen für die Arbeit der Organisation fest, die sich zunächst auf die durch den Krieg entwurzelten Europäer konzentrierte. Ab den späten 1950er-Jahren war das UNHCR auch für die Vertriebenen zuständig, die sich infolge des ungarischen Volksaufstands sowie der Entkolonialisierung Afrikas und Asiens zur Flucht gezwungen sahen. Im Zuge der Flüchtlingskonvention von 1967 wurde der geografische und zeitliche Geltungsbereich der Flüchtlingshilfe ausgeweitet, wodurch das UNHCR weltweit vor allem in Entwicklungsländern tätig wurde. Bis zum Jahr 2015 unterstützte die Organisation weltweit mehr als 50 Millionen Flüchtlinge. Ihr Jahresbudget ist von 300000 US-Dollar im Jahr 1951 auf 8,6 Milliarden US-Dollar im Jahr 2019 gestiegen, was das UNHCR zu einer der derzeit größten UN-Organisationen macht. Finanziert wird das UNHCR durch freiwillige Beiträge, hauptsächlich von den Mitgliedsstaaten der Vereinten Nationen. Zu den größten Geldgebern zählen die Vereinigten Staaten, die Europäische Union und Deutschland. Die Arbeit der Organisation umfasst die Bereitstellung von Schutz, Unterkunft, medizinischer Versorgung und Nothilfe, die Unterstützung bei der Neuansiedlung und Rückführung sowie das Eintreten für eine nationale und multilaterale Politik im Namen der Flüchtlinge.

[9] Anm. d. Übers.: United Nations Korean Reconstruction Agency. Die Behörde der Vereinten Nationen für den Wiederaufbau Koreas führte ein wirtschaftliches Wiederaufbauprogramm durch, das von den Vereinten Nationen ins Leben gerufen wurde, um das kriegszerstörte Südkorea zu unterstützen. Der Vorschlag für das Programm wurde 1950 von den Vereinigten Staaten ausgearbeitet, nachdem der Sieg der Ver-

Das Hochkommissariat der Vereinten Nationen für Flüchtlinge leidet unter einem chronischen Mangel an Finanzmitteln. Sowohl der erste Hohe Flüchtlingskommissar Dr. Gerrit Jan van Heuven Goedhart als auch sein kürzlich ernannter Nachfolger, August Rudolf Lindt, waren fast ausschließlich auf freiwillige Beiträge von Regierungen und privaten Quellen angewiesen. Mit einem jährlichen Verwaltungsbudget von 685 000 US-Dollar und einem Betriebsbudget, das vollständig von Spendenaufrufen abhängt, die an die Mitgliedsregierungen gerichtet werden, ist das Hochkommissariat zu einem Almosenempfänger unter den internationalen Organisationen degradiert worden. Aufgrund dieser schwerwiegenden Einschränkung sah sich das Hochkommissariat dazu gezwungen, sich im Rahmen seines umfangreichen Mandats lediglich auf die verzweifeltsten Fälle zu konzentrieren. Lindt musste praktisch alle Hoffnungen auf groß angelegte Umsiedlungsprogramme aufgeben. Der Friedensnobelpreis, der dem Hochkommissariat am 3. November 1955 für die »Förderung der Brüderlichkeit der Nationen« verliehen wurde, zeugt jedoch von den Erfolgen, die die Organisation auch unter widrigsten Umständen zu erzielen vermochte. Zu diesem Zeitpunkt sind die Mittel des Hochkommissariats jedoch erneut nahezu erschöpft, und weitere Hilfen sind kaum in Sicht. Mit einer derart geringen finanziellen Unterstützung könnte die Organisation durchaus zu einem Zerrbild des Zwecks werden, für den sie gegründet wurde.

Die Behörde der Vereinten Nationen für den Wiederaufbau Koreas (UNKRA), die jüngste der Flüchtlingsorganisati-

einten Nationen in greifbare Nähe gerückt war. Am 1. Dezember 1950 verabschiedete die Generalversammlung der Vereinten Nationen das Programm. Der Eintritt Chinas in den Koreakrieg im Oktober 1950 machte jedoch die Hoffnung zunichte, dass ein Wiederaufbauprogramm sofort beginnen könnte. Nachdem 1953 ein Waffenstillstand vereinbart worden war, begann der Wiederaufbau und konzentrierte sich zunächst auf die Unterstützung von Kriegsflüchtlingen und Obdachlosen. Etwa 150 Millionen US-Dollar wurden für das Programm bereitgestellt, wobei der Großteil der Mittel von den Vereinigten Staaten gezahlt wurde. Das Programm wurde 1958 eingestellt.

onen der Vereinten Nationen, wurde 1951 auf US-amerikanische Initiative hin gegründet, um Hilfseinsätze einschließlich der Betreuung von Vertriebenen in dem vom Krieg zerstörten Gebiet durchzuführen. Auch in diesem Fall war es der Organisation aufgrund fehlender Mittel kaum möglich, mehr als Nothilfe für die am schlimmsten betroffenen Flüchtlinge zu leisten.

Zwei weitere Flüchtlingsorganisationen außerhalb des Zuständigkeitsbereichs der Vereinten Nationen sind erwähnenswert. Beide sind zeitweise bis an die Grenze der Belastbarkeit strapaziert worden. Zunächst wurde der Zwischenstaatliche Ausschuss für Europäische Migration (ICEM)[10] zwecks »Überführung von Migranten aus bestimmten europäischen Staaten mit Überbevölkerung in überseeische Staaten« gegründet. Die Geschichte dieses Ausschusses (der sich aus Vertretern von einundzwanzig Nationen zusammensetzt) ist aufgrund seines eingeschränkten Mandats nicht besonders inspirierend. Er hat lediglich die Überfahrt für diejenigen Migranten und Flüchtlinge bezahlt und organisiert, die diese Kosten nicht aus eigenen Mitteln bestreiten konnten. Der Ausschuss war nicht in der Lage, einzelne Staaten zu einer Liberalisierung ihrer Einwanderungsbeschränkungen zu bewegen.

10 Anm. d. Übers.: Intergovernmental Committee for European Migration. Die 1951 gegründete Organisation hat seit ihrem Bestehen mehrere Namensänderungen erfahren. So war sie im Gründungsjahr zunächst unter dem Namen Provisional Intergovernmental Committee for the Movement of Migrants from Europe (PICMME, deutsch: Vorläufiger zwischenstaatlicher Ausschuss für die Überführung von Migranten aus Europa) bekannt, bevor sie 1952 in Intergovernmental Committee for European Migration (ICEM) und 1980 in Intergovernmental Committee for Migration (ICM, deutsch: Zwischenstaatlicher Ausschuss für Migration) umbenannt wurde. Im Jahr 1989 erfolgte schließlich die letzte Umbenennung in den noch heute gültigen Namen Internationale Organisation für Migration (International Organization for Migration, IOM). Mittlerweile handelt es sich bei der IOM um die führende zwischenstaatliche Organisation im Bereich der Migration. Im September 2016 wurde die IOM den Vereinten Nationen eingegliedert.

Es gibt derzeit kaum Anzeichen dafür, dass der Ausschuss in naher Zukunft über seine alleinige Funktion als Auslandsreisebüro hinausgehen könnte.

Beim jüngsten Versuch, Flüchtlinge zu unterstützen, handelt es sich nicht um ein internationales, sondern um ein von den Vereinigten Staaten im Alleingang durchgeführtes Programm. Das Flüchtlingsprogramm der Vereinigten Staaten (USEP)[11] trug die Hauptlast der ungarischen Flüchtlingseinwanderung in die Vereinigten Staaten und wurde zu diesem Zweck großzügig finanziert.

Neben diesen offiziellen Stellen gibt es natürlich noch die vielen kirchlichen und nicht konfessionell gebundenen Organisationen, die im Laufe der Jahre einen großen Teil der Last der Flüchtlingsbetreuung getragen haben. Allein in den Vereinigten Staaten übersteigen die Gesamtkosten solcher privaten Anstrengungen die staatlichen Ausgaben bei Weitem.

Bei näherer Betrachtung der fünf offiziellen Organisationen, die sich derzeit weltweit mit Flüchtlingen befassen, werden mehrere Faktoren deutlich. In all diesen Gremien, ob sie nun im Rahmen des Systems der Vereinten Nationen oder unabhängig davon tätig sind, spielt die Führung beziehungsweise die mangelnde Führung der Vereinigten Staaten eine entscheidende Rolle. Die Haltung der US-amerikanischen Regierung kann über den Erfolg oder Misserfolg jeder dieser Organisationen entscheiden.

11 Anm. d. Übers.: United States Escapee Program. Das Flüchtlingsprogramm der Vereinigten Staaten wurde 1952 auf Ersuchen von Harry S. Truman gegründet. Im Rahmen des Programms gelang es den Vereinigten Staaten, die Quoten für die Aufnahme von sowjetischen Flüchtlingen zu erhöhen, die aufgrund des Ressourcen- und Platzmangels nicht ausreichend in Westdeutschland unterstützt werden konnten. Mitarbeiter des USEP besuchten sowjetische Flüchtlinge in Deutschland, um ihre Situation zu besprechen und sie persönlich zu beraten. Sie waren überdies befugt, kleine Geldbeträge für die unmittelbaren Bedürfnisse der Flüchtlinge auszugeben. Im Jahr 1963 wurde dieses Flüchtlingsprogramm offiziell eingestellt und durch das allgemeinere US-Flüchtlingsprogramm ersetzt, das seit 1980 als United States Refugee Admissions Program (USRAP) bekannt ist.

Die Vereinigten Staaten haben sich nicht nur dafür entschieden, den ICEM und das USEP außerhalb des Zuständigkeitsbereichs der Vereinten Nationen zu gründen, sondern sie haben ihre Führungsrolle auch dazu genutzt, um zwischen verschiedenen Kategorien von Flüchtlingen zu unterscheiden. Unsere zunächst angewandte, unmittelbare Politik gegenüber den ungarischen Flüchtlingen deutete darauf hin, dass die US-amerikanische Großzügigkeit in diesem Fall nicht allein durch schieren Altruismus motiviert war, sondern vielmehr durch einen politischen Pragmatismus, der auf der ungeprüften Annahme beruhte, dass die aus Ungarn geflohenen Flüchtlinge besser für die US-amerikanische Staatsbürgerschaft geeignet seien als diejenigen, die vor dem Kommunismus geflohen waren, bevor sich die Revolution ereignete. Unter den meisten der verbliebenen Flüchtlinge ist der Unmut über diese Politik beträchtlich.

Die US-amerikanische Führung war durchaus bereit, Flüchtlingsprogramme in Gebieten einzurichten, in denen die Probleme in ethnischer und geografischer Hinsicht klar definierbar waren. Das UNRWA und die UNKRA sind typische Beispiele dafür, aber wenn das Mandat weit gefasst und unbefristet war, wie im Fall des Hochkommissariats der Vereinten Nationen für Flüchtlinge, weigerten sich die Vereinigten Staaten, Verpflichtungen einzugehen.

Diese Politik hat in erster Linie zur Entstehung der derzeit verwirrenden Vielzahl internationaler Flüchtlingsorganisationen geführt, die leider einer Koordinierung und Integration bedürfen. Die vielleicht schwerwiegendste Folge des US-amerikanischen Einflusses auf die aktuellen Flüchtlingsprogramme war jedoch unser Beharren darauf, dass jede der dafür zuständigen Organisationen nur vorübergehend bestehen sollte. So sehen wir in den Annalen der Flüchtlingsarbeit eine permanente Abfolge von temporären Organisationen, die jeweils gegründet wurden, um ein im Wesentlichen langfristiges Problem zu lösen. Daher verdient die Grundannahme, auf der unsere Politik basiert, eine sorgfältige Analyse.

Es ist eine Binsenweisheit, dass Intoleranz Flüchtlinge hervorbringt und dass Flüchtlinge daher ein dauerhaftes Phänomen bleiben werden, solange es Intoleranz auf dieser Erde gibt. Wir haben diese grundsätzliche Erkenntnis nicht in unsere Politik einfließen lassen, sondern sind stattdessen pragmatisch und auf unsystematische Weise jedes Problem angegangen, so wie es sich gerade ergab. Infolgedessen arbeiteten die meisten Flüchtlingsorganisationen unter großem Druck sowie unter Notstandsbedingungen und wurden durch Doppelarbeit sowie Kompetenzüberschneidungen bei der Erfüllung ihrer Aufgaben behindert, was ihre Effizienz erheblich beeinträchtigte. Es gibt wenig Koordination zwischen dem Hochkommissariat der Vereinten Nationen für Flüchtlinge, dem UNRWA, der UNKRA, dem ICEM und dem USEP.

Während sich die Aufgaben dieser Organisationen in einigen Bereichen überschneiden, wurde in anderen Bereichen eine künstliche Arbeitsteilung geschaffen. Das Hochkommissariat der Vereinten Nationen für Flüchtlinge ist beispielsweise für Reise- und Ausweispapiere zuständig, das UNRWA und die UNKRA sind hauptsächlich an der physischen Rehabilitation und Wiedereingliederung von Flüchtlingen interessiert, während sich das USEP und der ICEM mit dem Bereich Migration befassen. Da alle diese Aspekte die Probleme von Flüchtlingen betreffen, führt eine solche Arbeitsteilung in Verbindung mit mangelnder Koordination zu großer Verschwendung und dem Verlust wertvoller Ressourcen.

Es gab nur eine Ausnahme von diesem vorherrschenden Trend in der Flüchtlingsarbeit: die Internationale Flüchtlingsorganisation (IRO),[12] eine Sonderorganisation der Vereinten

[12] Anm. d. Übers.: International Refugee Organization. Die Internationale Flüchtlingsorganisation wurde am 20. April 1946 als zwischenstaatliche Nachfolgeorganisation der Nothilfe- und Wiederaufbauverwaltung der Vereinten Nationen (United Nations Relief and Rehabilitation Administration, UNRRA) gegründet, um das durch den Zweiten Weltkrieg verursachte massive Flüchtlingsproblem zu bewältigen. Vier-

Nationen, die von 1947 bis 1951 tätig war und dann aufgrund mangelnder finanzieller Unterstützung durch die Vereinigten Staaten eingestellt wurde. Sie war die einzige Flüchtlingsorganisation, die die Bereiche Rechtsschutz, Rehabilitierung und Umsiedlung unter einem Dach vereinte und sich daher mit dem Flüchtlingsproblem in seiner Gesamtheit befasste. Dieser ganzheitliche Ansatz der IRO war zumindest teilweise der Grund für die vergleichsweise große Verhandlungsmacht, die die Organisation gegenüber den Aufnahmestaaten besaß. Auf diese Weise wurden weder das Ansehen noch die Mittel in viele verschiedene Richtungen verstreut. Innerhalb von fünf Jahren schloss die IRO das größte jemals konzipierte Programm zur Neuansiedlung von Flüchtlingen in Übersee erfolgreich ab. Im Zuge dessen wurden eineinhalb Millionen Menschen in achtzig verschiedene Länder umgesiedelt. Obwohl die IRO in erster Linie ein Instrument nationaler Politik war, handelten ihre Mitarbeiter zeitweise aus eigener Initiative, was es ihnen ermöglichte, sich in vielen Ländern, darunter auch den Vereinigten Staaten, erfolgreich für Flüchtlinge einzusetzen. Die IRO wurde jedoch auch als vorübergehende Einrichtung konzipiert. Als die in der unmittelbaren Nachkriegszeit vorherrschende Dringlichkeit nachließ, wurde die IRO aufgelöst. Zu diesem Zeitpunkt sah sich eine vom Flüchtlingsproblem emo-

zehn Monate zuvor hatte eine Vorbereitungskommission ihre Arbeit aufgenommen. Im Jahr 1948 trat der Vertrag zur Gründung der IRO offiziell in Kraft, und die IRO wurde zu einer Sonderorganisation der Vereinten Nationen. Im Januar 1952 stellte die IRO offiziell ihre Tätigkeit ein und wurde durch das Hochkommissariat der Vereinten Nationen für Flüchtlinge (UNHCR) ersetzt. Zu den 26 Staaten, die der IRO beitraten, zählten Argentinien, Australien, Belgien, Bolivien, Brasilien, Chile, Dänemark, die Dominikanische Republik, Frankreich, Guatemala, Honduras, Island, Italien, Kanada, Liberia, Luxemburg, die Niederlande, Neuseeland, Norwegen, Panama, Peru, die Philippinen, die Schweiz, das Vereinigte Königreich, die Vereinigten Staaten und Venezuela. Die USA stellten rund 40 Prozent des Jahresbudgets der IRO in Höhe von 155 Millionen US-Dollar zur Verfügung, während sich der Gesamtbeitrag der Mitglieder in den fünf Jahren ihres Bestehens auf rund 400 Millionen US-Dollar belief.

tional erschöpfte Welt mit einer Zahl von Menschen ohne festen Wohnsitz konfrontiert, die zehnmal größer war als diejenige, für die die IRO zuvor zuständig gewesen war.

Das grundlegende Problem besteht nicht darin, dass ein dringender Bedarf an einer weiteren IRO als solcher besteht. Entscheidend ist vielmehr eine Politik der Offenheit gegenüber Einwanderung auf nationaler Ebene. Die internationale Zurückhaltung gegenüber der Fortführung der IRO im Jahr 1951 war lediglich symptomatisch für die mangelnde Bereitschaft der einzelnen Nationalstaaten, Flüchtlinge aufzunehmen. Von den beteiligten Staaten konnte nicht erwartet werden, dass sie eine internationale Organisation unterstützen, die sie zu einer Änderung ihrer Einwanderungspolitik bewegen soll. Es lässt sich kaum leugnen, dass solche nationalen politischen Standpunkte wichtiger erscheinen als internationale Spielereien.

Heute gibt es wieder eine positive, aufgeschlossene Haltung gegenüber Flüchtlingen. Die freie Welt hat Zehntausende Ungarn aufgenommen. Daher ist dies der psychologisch günstige Moment, eine weitere Internationale Flüchtlingsorganisation unter der Schirmherrschaft der Vereinten Nationen zu gründen, dieses Mal jedoch als dauerhafte Antwort auf ein dauerhaftes Problem. Es ist nun an der Zeit, dass die freie Welt unter der Führung der Vereinigten Staaten ihre Ressourcen in einer konzertierten Aktion bündelt, um die 17 Millionen Menschen ohne festen Wohnsitz in die Weltgemeinschaft aufzunehmen.

Andererseits gibt es zwei Hauptargumente, die für einen regionalen Ansatz zur Lösung des Flüchtlingsproblems – so wie er von dem UNRWA und der UNKRA vertreten wird – vorgebracht werden könnten. Zum einen wird häufig behauptet, dass es einfacher sei, Fördermittel für spezifische Programme zu erhalten als für eine einzelne Flüchtlingsorganisation. Dies mag zwar zutreffen, doch wäre es schwierig nachzuweisen, dass die den regionalen Organisationen zugewiesenen Mittel effizienter oder wirtschaftlicher verwendet wurden als die der IRO gewährten Mittel. Es wird geschätzt, dass die vergeblichen Bemühungen der UNRWA-Mitarbeiter, »totes und brachliegendes« arabisches Land zu kultivieren, die Organisation der Vereinten Nationen bis zu 100 Millionen US-Dollar gekostet haben. In den Büchern der IRO sind keine vergleichbaren verschwendeten Beträge zu finden. Zum anderen scheint das Argument, dass regionale Flüchtlingsprogramme als »Pilotprojekte« für weitere Studien genutzt werden könnten, nicht sehr stichhaltig zu sein. Die IRO war auf allen fünf Kontinenten tätig und hat während ihres Bestehens einen Erfahrungsschatz aufgebaut, der denjenigen aller derzeit bestehenden regionalen Organisationen bei Weitem übertrifft.

Zusammenfassend lässt sich sagen, dass sich der einheitliche und ganzheitliche Ansatz der IRO zur Lösung des Flüchtlingsproblems als effektiver erwiesen hat als die dezentralen Bemühungen der derzeitigen Organisationen. Tatsache ist, dass Menschenrechte im zwanzigsten Jahrhundert mit nationalen Rechten gleichgesetzt werden. Daher konnte nur eine vollständig »zivilisierte« Welt die Vertreibung der Menschen aus der Zivilisation ermöglichen.

Darin besteht die eigentliche Tragödie des Flüchtlings. Solange wir das Wesen menschlicher Intoleranz – die Ursache aller Entwurzelung – noch nicht vollständig begriffen haben und solange diese Unmenschlichkeit in erster Linie im Zuständigkeitsbereich einzelner Nationalstaaten verbleibt, sind wir gezwungen, uns mit den daraus resultierenden Symptomen auseinanderzusetzen. Diese Symptome manifestieren sich ganz konkret in der Existenz von derzeit 17 Millionen Flüchtlingen weltweit, die keinen Staat haben, der sie schützt, und daher keine Menschenrechte besitzen.

Anhang 3: Das Flüchtlingsproblem als Quelle von Spannungen

»[...] Der Druck Hunderttausender Flüchtlinge, die sich entlang der Grenzen Israels stauten, verschärfte die Sicherheitsprobleme des Landes zunehmend. Die meisten Flüchtlinge glaubten, dass sie das Recht hätten, in ihre Häuser auf der israelischen Seite der Grenze zurückzukehren. Gemäß den Bestimmungen des Staatsangehörigkeitsgesetzes[1] und des Gesetzes zur Einreise nach Israel[2] war ihre Rückkehr jedoch illegal, solange die Souveränität der israelischen Regierung feststand.

Der Konflikt zwischen der Rechtsauffassung der Regierung und dem, was die Araber für ein legitimes moralisches Recht hielten, führte aufgrund der palästinensischen Infiltration zu zahlreichen Zwischenfällen an der Grenze.

Im Allgemeinen gehörte es zu den Grundsätzen israelischer Politik, hart gegen Infiltration vorzugehen, doch gegenüber Arabern mit nahen Verwandten in Israel ließ man eine gewisse Nachsicht walten. (Zwischen 20000 und 30000 Infiltranten mit familiären Bindungen wurde der Verbleib in Israel gestattet.) Die erklärte Politik bestand jedoch darin, eine geschlossene Grenze gegenüber zurückkehrenden palästinensischen Arabern aufrechtzuerhalten.

Über die Auswirkungen der Regierungspolitik auf die rechtmäßigen arabischen Einwohner Israels wurde in der Knesset mehrfach debattiert. Im Juli 1950 forderten Seif el-Din el-Zoubi von der Demokratischen Liste von Nazareth, unter-

[1] Anm. d. Übers.: Nationality Law.
[2] Anm. d. Übers.: Entry into Israel Law.

stützt von der Mapai,[3] und Moshe Aram von der Mapam[4] die Knesset auf, über die Deportation von 150 Infiltranten aus dem Dorf Abu Gosch zu diskutieren.[5] Unter den Betroffenen befanden sich bereits zur Schule zugelassene Kinder sowie Erwachsene, die über eine gültige Aufenthaltserlaubnis verfügten. Aram warf der Armee vor, die Operation rücksichtslos durchgeführt zu haben. Mütter wurden von ihren Kindern getrennt und viele alte Menschen über die Grenze geschickt. Aram befürchtete, dass solche Aktionen Hass und die Hoffnung auf einen Erlösungskrieg schüren würden.

Premierminister Ben-Gurion antwortete in seiner Eigenschaft als Verteidigungsminister und drohte mit seinem Rücktritt, falls die Knesset die Haltung der Regierung gegenüber den Infiltranten ändern und ihnen die Rückkehr erlauben würde. Er war fest entschlossen, nicht von der Politik der Abschiebung illegaler Einwanderer abzuweichen. Ein Teil der Strategie der Armee habe darin bestanden, Frauen und Kinder über die Grenze zu schicken, um Platz für die nachrückenden Männer zu schaffen. Ben-Gurion behauptete, das Dorf Abu Gosch sei ein Stützpunkt für Schmuggler gewesen und die Dorfältesten hätten sich als unkooperativ erwiesen, als es darum ging, illegale Aktivitäten zu unterbinden.

In einer anderen Debatte berechnete Arie Altman von der Partei Cherut[6], dass Infiltranten zwischen dem 15. Mai 1948 und Februar 1951 3237 Fälle von Raub, Diebstahl und Zerstörung verursachten, die den Staat über eine Million Pfund

[3] Anm. d. Übers.: Partei der Arbeiter Eretz Israels.

[4] Anm. d. Übers.: Vereinigte Arbeiterpartei.

[5] Anm. d. Übers.: In den ersten Jahren des Staates Israel wurde das Dorf wiederholt von der Armee durchsucht, und jeder, der bis November 1948 nicht als Einwohner gemeldet war, konnte ausgewiesen werden. Der hier genannte Fall erregte scharfe Kritik, und aufgrund des öffentlichen Drucks durfte die Mehrheit der Dorfbewohner zurückkehren. In Abu Gosch blieb bis 1966 der Ausnahmezustand verhängt.

[6] Anm. d. Hrsg.: Der promovierte Soziologe Arie Altman (1902–1982) war seit den 1920ern in verschiedenen jüdischen Organisationen aktiv und gehörte der Knesset 1951 bis 1965 für die Cherut(Freiheit)-Partei an.

kosteten. Entlang anderer internationaler Grenzen habe es in diesem Zeitraum nicht mehr als etwa ein Dutzend ähnlicher Übergriffe gegeben. Altman führte die Vorfälle auf die Nachlässigkeit und die nachgiebige Politik der Regierung gegenüber Infiltranten zurück.

Der Premierminister stimmte zu, dass die Lage sehr ernst sei, machte jedoch folgende Faktoren dafür verantwortlich, auf die die Armee keinen Einfluss habe: Israel sei auf allen Seiten, mit Ausnahme des Mittelmeers, von Feinden umgeben. Entlang der Grenzen Israels gebe es Hunderttausende von arabischen Flüchtlingen, die in die arabischen Staaten umgesiedelt werden könnten, doch diese weigerten sich, sie aufzunehmen. In Israel gebe es viele Juden und Araber, die die Infiltranten unterstützten – einige aus politischen, andere aus wirtschaftlichen Gründen. ›Sie nutzen die Infiltranten aus und decken sie, sie ködern sie, schützen sie und verstecken sie.‹ Ben-Gurion drohte damit, die schwersten Maßnahmen sowohl gegen Juden als auch gegen Araber anzuwenden, die Infiltranten unterstützten, und Kollektivstrafen gegen Orte zu verhängen, an denen sie versteckt wurden.

Ein Teil der israelischen Presse kritisierte den Einsatz von Kollektivstrafen. Die mizrachische Tageszeitung *HaTzofe*[7] erkannte zwar die Gefahr der Infiltration an, riet aber von Kollektivstrafen ab, da deren ›Wirksamkeit zweifelhaft ist und sie Israel immer in ein schlechtes Licht rücken […]‹. Die der sozialistischen Partei Mapam nahestehende Zeitung *Al Ha-Mishmar*[8] erinnerte daran, dass die Briten ähnliche Methoden angewendet hatten. Israel könne den Einfluss der Infiltranten jedoch wirksamer einschränken, indem es die Zahl der jüdischen Grenzsiedlungen erhöhe. ›Der Geist rebelliert gegen solche Taten, egal wie stark die Argumente für strenge Maß-

[7] Anm. d. Hrsg.: *HaTzofe* (»Der Beobachter«) wurde im August 1937 von dem Rabbiner Meir Bar-Ilan (1880–1949) gegründet. Er war auch der erste Herausgeber der Zeitung.

[8] Anm. d. Hrsg.: *HaMishmar* (soviel wie »Wachsam« oder »Auf der Hut«) wurde 1943 gegründet und erschien erstmals 1948 unter diesem Titel. Zeitweilig gab es auch eine arabische Ausgabe.

nahmen zur Eindämmung der Infiltration sind‹, schrieb die liberale *Haaretz*. Sie verglich die Araber, die Infiltranten Unterschlupf gewährten, mit Menschen, die während des Zweiten Weltkriegs jüdische Leben retteten, indem sie Papiere fälschten. Die *Haaretz* stellte fest, dass die Lage der arabischen Minderheit weiterhin schwierig bleiben werde, solange kein Frieden herrsche. Ihrer Meinung nach bestehe die einzige Lösung darin, die in den arabischen Staaten lebende jüdische Bevölkerung gegen die arabische Minderheit Israels auszutauschen [...].«

Don Peretz, *Israel and the Palestine Arabs*, Washington, D.C., 1958, S. 110–112.

»Entlang der Grenzen des Dreiecksgebiets in Zentralpalästina, wo sich unter anderem die Vorfälle von Qibya[9] und Nahalin[10] ereigneten, lebten Tausende von Arabern, die eigentlich in Jordanien beheimatet waren, aber aufgrund der 1949

[9] Anm. d. Übers.: Der Angriff auf das im damals jordanischen Westjordanland liegende Dorf Qibya ereignete sich am 14. und 15. Oktober 1953 und wurde von israelischen Truppen unter Ariel Scharon, der sogenannten Einheit 101, im Rahmen der Operation Schoschana durchgeführt. Die israelischen Streitkräfte massakrierten mehr als 69 palästinensische Dorfbewohner, von denen zwei Drittel Frauen und Kinder waren. Zudem wurden 45 Häuser, eine Schule und eine Moschee zerstört. Israel stellte den Angriff auf Qibya als Reaktion auf den Angriff von Jehud dar, bei dem Jordanier eine israelische Frau und ihre beiden Kinder töteten. Der Vorfall erregte weltweites Aufsehen und wurde vom US-Außenministerium, dem UN-Sicherheitsrat und jüdischen Gemeinden verurteilt.

[10] Anm. d. Übers.: Am 28. März 1954 plante die israelische Einheit 101 einen Angriff auf einen Stützpunkt der Arabischen Legion in dem von Jordanien kontrollierten Gebiet vier Kilometer außerhalb von Nahalin. Die israelischen Streitkräfte verfehlten den Stützpunkt und brachten im Dorf Sprengladungen an, wodurch sieben Häuser, einschließlich einer Moschee, zerstört wurden. Bei dem Angriff wurden fünf Nationalgardisten, drei Legionäre und eine Frau getötet sowie achtzehn Zivilisten – darunter Männer, Frauen und Kinder – verwundet.

in Rhodos vereinbarten Waffenstillstandsgrenzen[11] von ihren Feldern, Höfen, ihrem Eigentum und ihrer einzigen Lebensgrundlage abgeschnitten wurden. Die Grenzen wurden in erster Linie aus strategischen Gründen festgelegt, ohne ihre langfristigen wirtschaftlichen und psychologischen Auswirkungen zu berücksichtigen. Dies sorgte natürlich für Spannungen unter den Dorfbewohnern in den Grenzregionen, die täglich mitansehen mussten, wie der ›Feind‹ nur wenige Meter entfernt die Früchte ihrer lebenslangen Arbeit erntete.

Die Gewalt der Vorfälle nahm mit erstaunlicher Geschwindigkeit und Wucht zu. Einige von den israelischen Behörden gefasste Infiltranten wurden ausgewiesen. Als sie zurückkehrten, wurden sie noch härter behandelt und oftmals getötet, was wiederum zu Blutfehden führte. Viele der Morde entlang der Grenze waren das Ergebnis dieser Rachefeldzüge, die eine Kette von Vergeltungsmaßnahmen auslösten, die in Vorfällen wie denen in Qibya gipfelten.

Die grundlegende Lösung für das Problem der Infiltration und der Grenzzwischenfälle war die Umsiedlung der arabischen Flüchtlinge, die sich entlang der Grenzen aufhielten. Da Israel auf eine Umsiedlung drängte, lehnten die arabischen Staaten diese automatisch ab. Beamte der Vereinten Nationen und des US-Außenministeriums schlugen häufig vor, dass ein symbolisches Zugeständnis Israels hinsichtlich einer möglichen Rückführung die Araber dazu bewegen könnte, eine Art Umsiedlungsplan zu akzeptieren.

Diese Form der Argumentation führte jedoch zu einem Teufelskreis. Die ausschlaggebende Ursache für den jüdischen Widerstand gegen eine Rückführung waren Sicherheitsbedenken. Diese Sicherheitsbedenken waren zum Teil auf die Häu-

[11] Anm. d. Übers.: Die Waffenstillstandsabkommen von 1949 wurden zwischen Israel und seinen Nachbarstaaten Ägypten, Libanon, Jordanien und Syrien geschlossen. Sie beendeten offiziell den Palästinakrieg von 1948 und legten auch die sogenannte Grüne Linie fest, die das von den Arabern kontrollierte Gebiet (das von Jordanien annektierte Westjordanland und den von Ägypten besetzten Gazastreifen) bis zum Sieg Israels im Sechstagekrieg von 1967 von Israel trennte.

figkeit von Infiltrationen und Grenzzwischenfällen sowie auf den arabischen Widerstand gegen eine Verhandlungslösung zurückzuführen. Sämtliche arabischen Handlungen und Haltungen wurden von der ungeklärten Situation der Flüchtlinge entlang der Grenzen Israels beeinflusst, die wiederum nur durch eine Umsiedlung ebendieser Flüchtlinge in die arabische Welt gelöst werden konnte. Dennoch könnten Umsiedlungspläne nicht ohne ein gewisses Zugeständnis seitens Israels umgesetzt werden – vorzugsweise, indem Israel dem Grundsatz der Rückführung und der Rückkehr einer symbolischen Anzahl von Flüchtlingen zustimmt. Israel würde jedoch keine Form der Rückführung in Betracht ziehen, solange die Grenzzwischenfälle und der Krieg andauern [...].«

Don Peretz, *Israel and the Palestine Arabs*,
Washington, D.C., 1958, S. 242 f.

Anhang 4: Die historischen Ansprüche

Die in diesem Anhang enthaltenen Dokumente stellen die Positionen der Araber und der Israelis hinsichtlich der historischen Ansprüche auf Palästina sowie der Zusicherungen dar, die beiden Parteien im Laufe der Zeit von Staatsmännern gegeben wurden. Dieses Material wird in Form einer Debatte zwischen Dr. Fayez A. Sayegh,[1] *der als Leiter des Büros der Delegation der arabischen Staaten in New York der wichtigste Sprecher der arabischen Nationen in den Vereinigten Staaten ist, und Yekutiel Hugh Orgel,*[2] *Presseattaché der israelischen Botschaft in Washington, präsentiert. Jeder Teilnehmer*

[1] Anm. d. Übers.: Fayez A. Sayegh (1922–1980) war ein arabisch-amerikanischer Diplomat, Philosoph und Politikwissenschaftler. Er gilt als einer der bedeutendsten Wissenschaftler, der Analysen zur palästinensischen Widerstandsbewegung gegen den Zionismus verfasst hat. Nach seiner Promotion war Sayegh für die libanesische Botschaft in Washington, D.C., sowie bei den Vereinten Nationen tätig und lehrte an verschiedenen renommierten Universitäten. Von 1952 bis 1958 veröffentlichte er vier Studien zu Israel und dem palästinensischen Flüchtlingsproblem. 1965 gründete Sayegh das palästinensische Forschungszentrum in Beirut (Palestine Research Center, PRC) und war ein Jahr lang dessen Generaldirektor. Das Institut veröffentlichte im selben Jahr seine Polemik *Zionistischer Kolonialismus in Palästina.* Sayegh war überdies der Hauptverfasser der Resolution 3379, die 1975 von der Generalversammlung der Vereinten Nationen verabschiedet wurde. Die Resolution unterstützte die Auffassung, dass es sich beim Zionismus um eine Form von Rassismus handele.

[2] Anm. d. Hrsg.: Yekutiel Hugh Orgel wurde 1913 in London geboren und starb 1998 in Tel Aviv. 1947 entging Orgel nur knapp einem Anschlag einer palästinensischen Terrorgruppe auf die Redaktionsräume der *Palestine Post,* für die er in Jerusalem arbeitete. Orgel bekleidete in der israelischen Diplomatie und Wirtschaft wichtige Positionen. Von 1980 arbeitete er 16 Jahre für die Jewish Telegraphic Agency.

hat eine allgemeine Erklärung sowie eine Gegendarstellung verfasst. Diese ausführliche Debatte erschien erstmals in der Novemberausgabe 1957 des Magazins The Progressive.[3]

Erklärung von Fayez A. Sayegh

Von allen Problemen, mit denen der Nahe Osten heute konfrontiert ist, stellt der arabisch-israelische Konflikt nach wie vor das größte und besorgniserregendste dar. Er lenkt weiterhin die Aufmerksamkeit und die Ressourcen der Völker der Region von konstruktiven Aufgaben, wie der Durchführung von Reformen und Entwicklungsmaßnahmen, auf die durch den Konflikt selbst verursachten Bedürfnisse ab. Der anhaltende Konflikt gefährdet nicht allein den Frieden im Nahen Osten, sondern scheint gelegentlich auch den Frieden auf der ganzen Welt zu bedrohen. Und mehr als jeder andere Faktor belastet er weiterhin unnötig die Beziehungen zwischen den arabischen Völkern und der westlichen Welt und sorgt dafür, dass im Nahen Osten die Tendenz zum Neutralismus anhält.

Der arabisch-israelische Konflikt ist nicht nur das größte Problem, das derzeit die Lage im Nahen Osten beeinträchtigt, sondern er hebt sich auch von allen anderen Problemen in der Region dadurch ab, dass er sich wesentlich von den internationalen Streitigkeiten unterscheidet, an die der Nahe Osten und die Welt der Nationen im Allgemeinen gewöhnt sind. Es handelt sich um einen Konflikt, bei dem es um Missstände und Ängste geht, die im Rahmen gewöhnlicher internationaler Streitigkeiten nicht vorkommen.

Der Kern des Problems, der jede seiner Erscheinungsformen überschattet und ihnen zugrunde liegt, ist die Änderung des Status von Palästina.

Bis zum Ende des Ersten Weltkriegs war Palästina ein ununterscheidbarer Teil der es umgebenden arabischen Welt. Es

[3] Vgl. Rubin, Morris H., und Sheridan, Mary (Hrsg.), *The Progressive*, Sonderausgabe zum Nahen Osten, November 1957.

war – und das schon seit Hunderten von Jahren – durch und durch arabisch. Über 90 Prozent der Bevölkerung waren Araber. Damals gab es in Palästina weniger als 60000 Juden, die weniger als drei Prozent des Landes besaßen – 650000 von 26320000 Dunam.[4] Hinsichtlich ihrer Sprache und ihrem Dialekt, ihrer Kultur und ihren Bräuchen, ihren Sehnsüchten und Hoffnungen unterschied sich die überwältigende Mehrheit der Bevölkerung Palästinas nicht von den Völkern der benachbarten arabischen Länder.

Drei Jahrzehnte später hatte sich die Situation jedoch bis zur Unkenntlichkeit verändert. Der Staat Israel wurde in Palästina gegründet. Während seiner Entstehung hat der Staat Israel eine Million Araber aus Palästina verdrängt und sie gewaltsam aus ihren Häusern vertrieben. Seither sind sie Flüchtlinge, die von Israel daran gehindert werden, in ihr angestammtes Heimatland zurückzukehren. An ihre Stelle traten Hunderttausende von Ausländern – Juden aus siebzig verschiedenen Ländern, die dazu bewegt wurden, nach Israel zu kommen. Das private und öffentliche Eigentum der palästinensischen Araber wurde umgehend – und ohne jegliche Entschädigung – konfisziert und den Neuankömmlingen überlassen. Die in den von Israel besetzten Gebieten verbliebenen Araber, ein winziger Bruchteil der ursprünglichen arabischen Bevölkerung, wurden über Nacht zu einer verfolgten Minderheit ohne Mitspracherecht.

Dies ist die Wurzel des arabisch-israelischen Konflikts, der eigentliche Kern des Palästina-Problems: die Enteignung eines ganzen Volkes und die radikale Änderung des Status eines ganzen Landes.

[4] Anm. d. Übers.: Das Flächenmaß Dunam (von *dönmek*, türkisch für *sich drehen*) bezeichnete ursprünglich eine Fläche, die man an einem Tag pflügen konnte, und wurde später als eine quadratische Fläche mit einer Seitenlänge von 40 Schritt definiert. 1928 wurde diese Maßeinheit im britischen Mandatsgebiet Palästina durch das sogenannte metrische Dunam ersetzt. Als solches wird es bis heute in Israel und den palästinensischen Autonomiegebieten, in Jordanien und im Libanon verwendet. Ein metrisches Dunam entspricht 1000 m².

Diese Änderung erfolgte nicht mit Zustimmung der rechtmäßigen Einwohner des Landes. Sie erfolgte auch nicht auf friedliche Weise – durch den Kauf von Land und die freiwillige Evakuierung der Bevölkerung. Vom Ende des Ersten Weltkriegs, als das Problem begann, bis 1948, als Israel das Eigentum der vertriebenen Araber konfiszierte, hatten die zionistischen Juden weniger als vier Prozent des palästinensischen Landes erworben – lediglich 938 365 von den 26 320 000 Dunam, die die gesamte Landfläche Palästinas ausmachten. Die radikale Änderung des Status von Palästina war das Ergebnis einer energischen und entschlossenen Anstrengung einer weltweiten Bewegung, der Zionistischen Internationale, die den Willen von Regierungen manipulierte, die humanitäre Gesinnung von Völkern ausnutzte und eine Vielzahl legaler und illegaler Mittel einsetzte, um das Heilige Land zu besetzen.

Der Prozess der Besetzung Palästinas durch den Zionismus durchlief im Wesentlichen zwei Phasen:

Erste Phase: Allmähliche Invasion

Mit Beginn der britischen Besatzung wurde eine organisierte zionistische Einwanderungsbewegung nach Palästina in Gang gesetzt.

Auf der Grundlage einer zu Kriegszeiten gegebenen Zusicherung der britischen Regierung (einer von drei widersprüchlichen und nicht zu vereinbarenden Zusagen, die diese Regierung während des Krieges und ohne die Zustimmung oder das Wissen der Einwohner Palästinas abgegeben hatte) organisierten zionistische Gremien ein »Einwanderungs- und Siedlungsprogramm« für die Vorhut des zionistischen Staates. Obwohl sie nur einen winzigen Bruchteil des Landes – weniger als vier Prozent – erwarben, gelang es ihnen, rund eine halbe Million Einwanderer nach Palästina zu bringen. Anfangs verfolgte die britische Regierung eine »Politik der offenen Tür« und genehmigte allen Einwanderern, die einen Antrag stellten, die Einreise ins Land. Als jedoch die Einwanderung immer größere Ausmaße annahm und die Ängste und der Widerstand der Araber zunehmend deutlicher und vehementer wurden, versuchte Großbritannien, den Strom der zionistischen Einwanderung einzudämmen. Gegen Ende des britischen Mandats reisten mehr Einwanderer illegal als legal nach Palästina ein.

Die sich rasant ausbreitende zionistische Gemeinschaft in Palästina schottete sich innerhalb des Landes ab, boykottierte die sie umgebende arabische Gemeinschaft und verwandelte sich in das, was die britische Regierung als »einen Staat im Staat« bezeichnete. Dieser verfügte über sein eigenes Schul- und Bildungssystem, seine eigene zentrale und lokale politische Struktur sowie seine eigenen militärischen und paramilitärischen Untergrundorganisationen.

Zu Beginn der Vierzigerjahre waren sie in Palästina so fest verankert und etabliert, dass sich die Zionisten ermutigt sahen, ihren eigenen Staat in diesem Land einzufordern. Gegen den Widerstand Großbritanniens und die Ablehnung der Araber inszenierten die Zionisten ihren Aufstand von 1945–46.

Angesichts des zionistischen Aufstandes und der anhaltenden arabischen Feindseligkeit entschied Großbritannien im April 1947, das Palästina-Problem an die noch jungen Vereinten Nationen zu übertragen.

Zweite Phase: Militärische Invasion

Die Vereinten Nationen beschlossen, den vermeintlich einfacheren Weg zu gehen, und versuchten, es allen recht zu machen. Ein Plan zur Aufteilung Palästinas in einen arabischen Staat, einen Staat Israel und eine internationale Zone um Jerusalem herum wurde von der Generalversammlung der Vereinten Nationen angenommen. Er enthielt die folgenden zusätzlichen Bestimmungen: Den arabischen Einwohnern des Israel zugesprochenen Gebiets sollte gestattet werden, weiterhin in ihren Häusern zu leben und ihre Grundrechte und -freiheiten zu genießen; die vorgeschlagenen Staaten sollten durch eine Wirtschaftsunion miteinander verbunden werden; und die neuen politischen Entitäten sollten zwei Monate nach dem Abzug der britischen Streitkräfte aus Palästina, der bis zum 15. Mai 1948 abzuschließen war, gegründet werden.

Dieser Plan galt als unteilbare und endgültige Lösung des Palästina-Problems.

In den ersten beiden Abstimmungen erhielt der Plan nicht die notwendige Zweidrittelmehrheit der stimmberechtigten Mitglieder; im dritten Wahlgang wurde er jedoch angenommen.

Die Araber Palästinas sahen darin eine anmaßende und ungerechte Verletzung ihres unveräußerlichen Rechts auf Selbstbestimmung.

Die arabischen Staaten, ihrerseits ebenfalls Mitglieder der Vereinten Nationen, erklärten, dass die Generalversammlung ihre Rechtsansprüche und -befugnisse gemäß der Charta überschreite, wenn sie beschlösse, einen Staat für ein Volk auf dem Land eines anderen Volkes zu gründen, und stimmten dagegen.

Die Zionisten gaben zwar vor, die Entscheidung zu akzeptieren, beklagten sich jedoch lautstark darüber, dass der Plan weit hinter ihren Wünschen zurückblieb.

In Palästina selbst hat die Bekanntgabe des Beschlusses der Vereinten Nationen nur dazu beigetragen, die ohnehin schon brisante Situation weiter anzuheizen. Das Blutvergießen und die Auseinandersetzungen, die das Leben in Palästina seit drei Jahrzehnten geprägt hatten, flammten mit noch größerer Heftigkeit wieder auf.

Während diese Ereignisse die Vereinten Nationen dazu veranlassten, ihre früheren Wunschvorstellungen von einer friedlichen Lösung zu revidieren und sich unter der Führung der Vereinigten Staaten erneut mit dem Palästina-Problem zu befassen, beschloss die zionistische Gemeinschaft in Palästina, die Dinge selbst in die Hand zu nehmen und die Vereinten Nationen vor vollendete Tatsachen zu stellen.

Im März und April 1948, als sich britische Truppen noch in Palästina befanden, starteten zionistische Streitkräfte einen aggressiven Feldzug gegen arabische Städte und Gemeinden, besetzten sie und vertrieben ihre Einwohner. Im April wurden zahlreiche Massaker an den arabischen Einwohnern mehrerer Dörfer wie Deir Yasin, Saffuriya, Ein al-Zeitun und anderen verübt, die schließlich zu einer Massenflucht von Hunderttausenden von Arabern führten.

Einige der zu dieser Zeit von den zionistischen Streitkräften angegriffenen und besetzten Städte – wie Jaffa und Akkon – lagen in dem Teil Palästinas, der von den Vereinten Nationen für den arabischen Staat vorgesehen war, andere in dem Israel zugeteilten Gebiet.

Die Araber Palästinas baten unterdessen die Regierungen der benachbarten arabischen Staaten um Hilfe und Schutz. Die arabischen Regierungen griffen jedoch nicht ein, solange die britische Regierung für die innere Sicherheit Palästinas zuständig war. Sie entsandten ihre Armeen erst dann zum Schutz des Lebens und des Eigentums ihrer arabischen Mitstreiter nach Palästina, als die britischen Streitkräfte ihren Rückzug abgeschlossen hatten und das Land ohne eine anerkannte Autorität zurückließen, die für die Aufrechterhaltung der inneren Sicherheit zuständig oder in der Lage war, diese zu gewährleisten. Das war Mitte Mai 1948.

Am selben Tag verkündete die zionistische Gemeinschaft die Gründung des Staates Israel – zwei Monate vor dem von den Vereinten Nationen festgelegten Zeitplan.

Zu diesem Zeitpunkt trat der Krieg, den die palästinensischen Zionisten gegen die Städte und Gemeinden der palästinensischen Araber geführt hatten, in eine neue Phase ein. Die zionistischen Streitkräfte, verstärkt durch »Freiwillige« aus 55 verschiedenen Ländern, kämpften nun unter der Flagge des neuen Staates gegen die von den benachbarten arabischen Regierungen nach Palästina entsandten Truppen.

Innerhalb einer Woche ordnete der Sicherheitsrat der Vereinten Nationen einen Waffenstillstand an. Eine Woche später folgte eine weitere Aufforderung. Die Kämpfe hatten bereits drei Wochen angedauert, als der Waffenstillstand in Kraft trat. Als die Kämpfe nach Ablauf des Waffenstillstands wieder aufgenommen wurden, ordnete der Sicherheitsrat eine unbefristete Waffenruhe an. Diese blieb bis Mitte 1949 in Kraft, als Israel und die arabischen Staaten Waffenstillstandsabkommen unterzeichneten. In der zweiten Hälfte des Jahres 1948 wurde der Waffenstillstand jedoch mehrmals gebrochen, nur um jedes Mal durch eine erneute Anordnung des Sicherheitsrats wiederhergestellt zu werden, nachdem Israel bereits neue Gebiete annektiert hatte, was eine Missachtung der zehn Waffenstillstandsverordnungen darstellte, die vorsahen, dass keine Partei während des Waffenstillstands durch einen Bruch desselben militärische oder politische Vorteile erlangen darf.

Die Waffenstillstandsabkommen beendeten die eigentlichen Kriegshandlungen und legten provisorische Demarkationslinien zwischen den gegnerischen Armeen fest. Sie haben jedoch weder zur Klärung der politischen Fragen beigetragen noch dies für sich in Anspruch genommen. Die Ausarbeitung einer solchen politischen Lösung wurde den Konfliktparteien überlassen, und zwar mithilfe der zu diesem Zweck eingerichteten UN-Schlichtungskommission für Palästina.

Unter der Schirmherrschaft der Kommission fanden im April und Mai 1949 Gespräche statt, die zu einem Abkommen führten, das am 12. Mai 1949 sowohl von den arabischen Staaten als auch von Israel unterzeichnet wurde. In diesem als Protokoll von Lausanne bekannten Abkommen erklärten die arabischen Staaten und Israel, dass sie den in der UN-Resolution vom 19. November 1947 festgelegten Grenzen, der Internationalisierung Jerusalems und der Rückkehr der arabischen Flüchtlinge in ihre Heimat zustimmen.

Die Fortschritte auf dem Weg zu diesem Abkommen ebneten den Weg für die Aufnahme Israels in die Vereinten Nationen. Unmittelbar nach seiner Aufnahme in die Weltorganisation lehnte Israel jedoch die Bedingungen des Lausanner Protokolls ab und bestand darauf, dass die endgültige Lösung des Problems auf dem Status quo und nicht auf den Vorsätzen der Vereinten Nationen beruhen sollte, worauf es seither beharrt. Daher die politische Pattsituation in Palästina seit Mitte 1949.

Mitte 1949 unterschied sich Israel deutlich von dem Bild Israels, das die Vereinten Nationen im Sinn hatten, als sie die Schaffung dieses Staates vorschlugen:

1. Seine Fläche überstieg um mehr als 40 Prozent die Fläche des Teils von Palästina, der Israel von den Vereinten Nationen zugewiesen wurde.

2. Der dem arabischen Staat zugedachte Teil wurde so stark beschnitten und verstümmelt, dass nur noch zwei isolierte Gebiete unter arabischer Herrschaft verblieben. Dies verhinderte die Entstehung eines arabischen Staates in den Überresten Palästinas. Denn die Gebiete, die außerhalb der Reichweite Israels lagen, waren weder zusammenhängend noch zum Überleben geeignet.

3. Jerusalem, das internationalisiert und direkt von den Vereinten Nationen im Rahmen einer Treuhandschaft verwaltet werden sollte, wurde trotzig »israelisiert« – von israelischen Streitkräften besetzt und zur Hauptstadt des Staates erklärt.

4. Die ehemaligen arabischen Einwohner der von Israel besetzten Gebiete, die gewaltsam aus ihren Häusern vertrieben wurden und denen die Wiedereinreise verwehrt wurde, sind nun obdachlose Flüchtlinge.

5. Die unter israelischer Gerichtsbarkeit verbliebenen Araber waren verschiedenen Formen der Diskriminierung, Verfolgung und Demütigung ausgesetzt und wurden zu »Bürgern zweiter Klasse« degradiert.

Somit steht Israel, wie es heute existiert, in jederlei Hinsicht und im Hinblick auf jedes tragende Element von Staatlichkeit – Grenzen und Hoheitsgebiet, Hauptstadt, Bevölkerung und Politik gegenüber Minderheiten – in radikalem Widerspruch zu seiner eigenen »Geburtsurkunde« und ähnelt in keinerlei Weise dem von den Vereinten Nationen angestrebten Bild Israels. Tatsächlich stellt Israel einen ständigen Verstoß gegen die als Teilungsplan verabschiedete UN-Resolution dar, durch die es überhaupt erst ins Leben gerufen wurde, und nicht deren Ergebnis.

Die Vereinten Nationen haben diese Verstöße weder gebilligt noch geduldet. Im Gegenteil, sie haben Israel wiederholt aufgefordert, sich an seine ursprüngliche Charta zu halten.

So forderte die Generalversammlung auf ihrer ersten Tagung nach der Vertreibung der arabischen Flüchtlinge im Dezember 1948 Israel auf, die Rückführung dieser Flüchtlinge »zum frühestmöglichen Zeitpunkt« zu gestatten und diejenigen Flüchtlinge für ihr Eigentum zu entschädigen, die sich dafür entscheiden, nicht in ihre Heimat zurückzukehren. Sie hat diese Aufforderung im Rahmen jeder Sitzung seit 1948 in neun aufeinanderfolgenden Resolutionen – vom 8. Dezember 1949 bis zum 28. Februar 1957 – bekräftigt.

In gleicher Weise verstößt Israels fortgesetzte Besetzung und Verwaltung Jerusalems nicht nur gegen den UN-Teilungsplan, sondern auch gegen vier weitere Beschlüsse der Vereinten Nationen, nämlich die Resolutionen der Generalversammlung vom 11. Dezember 1948[5] und 9. Dezember 1949,[6] gegen die Resolution des Sicherheitsrats vom 19. August 1948[7] und die Resolution des Treuhandrats vom 20. Dezember 1949.[8]

5 Vgl. Anhang 8.

6 Anm. d. Übers.: Die am 9. Dezember 1949 von der Generalversammlung der Vereinten Nationen verabschiedete Resolution 303 (IV) bekräftigte die Unterstützung für die Schaffung eines *Corpus separatum* Jerusalem. Dieser im UN-Teilungsplan für Palästina enthaltene Punkt sah für die Stadt sowie umliegende Gemeinden eine internationale Zone unter der Verwaltung der Vereinten Nationen vor.

7 Anm. d. Übers.: Mit der am 19. August 1948 vom Sicherheitsrat der Vereinten Nationen verabschiedeten Resolution 56 wurde beschlossen, dass die Konfliktparteien Verantwortung für alle ihre regulären und irregulären Streitkräfte tragen, sie sich zur Einhaltung des Waffenstillstands verpflichten, und dass der Bruch des Waffenstillstands ein Verfahren nach sich zieht. Darüber hinaus beschloss der Sicherheitsrat, dass keine der Konfliktparteien den Waffenstillstand aus Gründen der Vergeltung für eine andere Verletzung brechen darf und dass keine Partei berechtigt ist, sich durch eine Verletzung des Waffenstillstands militärische oder politische Vorteile zu verschaffen.

8 Anm. d. Übers.: In der am 20. Dezember 1949 verabschiedeten Resolution 114 (S-2) brachte der Treuhandrat seine Besorgnis darüber zum Ausdruck, dass bestimmte Ministerien und zentrale Behörden der israelischen Regierung nach Jerusalem verlegt wurden, da diese Maßnahmen mit den Bestimmungen, die in Absatz II der Resolution 303 (IV) festgelegt wurden, unvereinbar seien und die Gründung einer internationalen Zone unter der Verwaltung der Vereinten Nationen erschweren. Ferner beschloss der Treuhandrat, die Regierung Israels dazu aufzufordern, schriftlich Stellung zu den in Resolution 303 (IV) verabschiedeten Punkten zu beziehen, ihre Maßnahmen aufzuheben und von allen Handlungen abzusehen, die eine Umsetzung der Resolution vom 9. Dezember 1949 behindern könnten.

Die Expansion Israels über die im UN-Teilungsplan festgelegten Grenzen hinaus wurde vom Sicherheitsrat in den zehn vom Rat erlassenen Waffenstillstandsanordnungen (vom 22. und 29. Mai, 7. und 15. Juli, 19. August, 19. Oktober, 4. und 16. November, 29. Dezember 1948 und vom 11. August 1949) sowohl vor als auch nach ihrer Durchführung für rechtswidrig erklärt. Und Israels fortgesetzte Expansion seit dem Waffenstillstand durch die Einnahme, Remilitarisierung und Verwaltung der entmilitarisierten Zonen wurde dreimal von den gemischten Waffenstillstandskommissionen (am 20. März 1950, 2. Oktober 1953 und 12. Dezember 1954) und einmal vom Sicherheitsrat (am 18. Mai 1951) gerügt.

In den vergangenen neun Jahren hat Israel nicht nur gegen jeden Aspekt der UN-Resolution, durch die es ins Leben gerufen wurde, und gegen Dutzende bekräftigender oder ergänzender Resolutionen verstoßen, sondern sich auch wie ein aggressiver Staat verhalten, indem es militärische Operationen über die Demarkationslinien hinweg in den Gebieten der angrenzenden arabischen Staaten durchführte. Die gemischten Waffenstillstandskommissionen haben Israel mindestens einundzwanzigmal wegen solcher organisierten Militärangriffe verurteilt, während der Sicherheitsrat Israel viermal dafür verurteilte und die Generalversammlung sechs Resolutionen verabschiedete, in denen der bedingungslose Abzug der israelischen Streitkräfte aus Ägypten und den von Ägypten kontrollierten Gebieten nach der jüngsten Aggression Israels gefordert wurde. Kein einziger arabischer Staat wurde zu irgendeinem Zeitpunkt von den gemeinsamen Waffenstillstandskommissionen, dem Sicherheitsrat oder der Generalversammlung für das Überschreiten der Demarkationslinien durch seine regulären Streitkräfte verurteilt.

Was die viel beachteten Akte der Infiltration und Übergriffe über die Demarkationslinien hinweg betrifft, die Israel oft als Vorwand für seine sogenannten Vergeltungsmaßnahmen anführt, genügt die Feststellung, dass den neuesten UN-Statistiken zufolge (die am 18. Oktober 1956 veröffentlicht wurden) Israel zwischen dem 1. Januar 1955 und dem 30. September 1956

121 Opfer durch arabische Infiltranten zu beklagen hatte, während in diesem Zeitraum 496 Araber in arabischen Gebieten israelischen Infiltranten zum Opfer fielen.

Wir haben bereits darauf hingewiesen, dass die Vereinten Nationen – als sie die vorübergehende Waffenruhe in Palästina einleiteten, um zu einem stabilen militärischen Waffenstillstand zu gelangen – die arabischen Staaten und Israel aufforderten, die Grundlagen für eine dauerhafte politische Lösung gemeinsam mit der UN-Schlichtungskommission für Palästina zu beraten. Diese Gespräche, die im April und Mai 1949 stattfanden, führten zum Protokoll von Lausanne, das beide Parteien und die Schlichtungskommission am 12. Mai unterzeichneten.

In diesem Protokoll erklärten sich alle Parteien freiwillig damit einverstanden, dass die von der Generalversammlung verabschiedeten Resolutionen – zur Festlegung der Staatsgrenzen, zur Internationalisierung Jerusalems und zur Rückführung der Flüchtlinge – die Grundlage für die endgültige Lösung des Palästina-Problems bilden sollten.

Seitdem hat Israel jedoch die drei mit den UN-Resolutionen verbundenen Grundsätze verleugnet. Obwohl Israel immer wieder von Frieden spricht und »direkte Verhandlungen« fordert, besteht es fortwährend darauf, dass keines dieser drei Probleme Gegenstand von Verhandlungen sein dürfe, und erklärt bereits im Voraus, dass es einer Umsetzung der entsprechenden Resolutionen nicht zustimmen werde. Der israelische Premierminister verkündete feierlich: »Diese Resolutionen sind nicht länger lebendig, und sie werden auch nicht wieder auferstehen.« Bei einer anderen Gelegenheit erklärte er dem Parlament, dass »sämtliche UN-Resolutionen zu Palästina [...] null und nichtig« seien, und fügte hinzu: »Sie können nicht wieder zum Leben erweckt werden.«

Die arabischen Staaten hingegen haben sich offiziell an die in Lausanne verkündete Politik gehalten. Ihre Sprecher haben diese Politik sowohl innerhalb als auch außerhalb der Vereinten Nationen wiederholt bekräftigt. Vertreter von neun arabischen Staaten unterstützten und verabschiedeten einstimmig das Kommuniqué, das auf der Konferenz von Bandung am 24. April 1955 von den neunundzwanzig teilnehmenden asiatisch-afrikanischen Staaten veröffentlicht wurde und in dem »die Umsetzung der UN-Resolutionen für Palästina und die friedliche Lösung des Palästina-Problems« gefordert wurden.

In der Zwischenzeit haben die Vereinten Nationen nicht nur die von ihnen verabschiedeten Resolutionen bei jeder Gelegenheit bekräftigt, sondern auch jeden Vorschlag abgelehnt, der eine Lösung des Palästina-Problems unter Umgehung oder Missachtung der bestehenden Resolutionen vorsah.

Sowohl durch ihre Verordnungen als auch durch ihre Ablehnungen haben die Vereinten Nationen damit endgültig die arabische These bestätigt, dass die Lösung des Palästina-Problems nur im Rahmen der kumulativen Zuständigkeit der Weltorganisation für Palästina und auf der Grundlage der im letzten Jahrzehnt verabschiedeten Resolutionen erfolgen kann, ausgehend von der Resolution, die Israel ins Leben gerufen hat.

Erklärung von Yekutiel Hugh Orgel

Israel bereitet sich darauf vor, im nächsten Frühjahr den zehnten Jahrestag seiner Gründung zu feiern. Der junge Staat, der in der alten Heimat des jüdischen Volkes gegründet wurde, kann mit verdientem Stolz auf die Errungenschaften zurückblicken, die er in seinem ersten Jahrzehnt erzielte. In den vergangenen neun Jahren ist die Bevölkerung um etwa eine Million auf rund zwei Millionen Menschen angewachsen, darunter mehr als 200000 christliche und muslimische Araber. Zu den rund einer Million Neuankömmlingen zählen etwa 400000 jüdische Flüchtlinge, die aus muslimischen Ländern fliehen mussten, sowie Hunderttausende von Flüchtlingen aus europäischen Ländern.

Seit 1949 sind fast 500 neue landwirtschaftliche Dörfer entstanden, und die Anbaufläche hat sich verdoppelt, wobei sich die Fläche des bewässerten Ackerlands, von der ein Großteil früher als Wüste galt, vervierfacht hat. Infolge dieses starken

Anstiegs in Verbindung mit modernen landwirtschaftlichen Methoden ist Israel heute in der Lage, den größten Teil seines Lebensmittelbedarfs selbst abzudecken, während die Einführung von Industriepflanzen Rohstoffe für neue Industrien geliefert hat.

Doch obwohl die Liste der wirtschaftlichen und wissenschaftlichen Entwicklungen Israels beeindruckend ist, fehlt dem Land vor allem eines: ein gerechter Frieden mit seinen Nachbarn, den Israel seit seiner Gründung anstrebt und dessen Verwirklichung von den arabischen Staaten stets abgelehnt wurde.

Die Gründung des Staates Israel im Jahr 1948 wurde vom damaligen Generalsekretär der Vereinten Nationen, Trygve Lie, als »eines der gewaltigsten Ereignisse der Geschichte« bezeichnet, »das nicht nur das Ende von 30, sondern von 2000 Jahren voller Sorgen, Bitterkeit und Konflikte markierte«. Einige Monate nach der Unterzeichnung der Waffenstillstandsabkommen zwischen Israel und seinen vier angrenzenden Nachbarstaaten legte Trygve Lie der Generalversammlung der Vereinten Nationen seinen Bericht vor. Damals ging man davon aus, dass die Waffenstillstandsabkommen bald durch formelle Friedensverträge ersetzt werden würden. Bedauerlicherweise interpretieren die Mitgliedsstaaten der Arabischen Liga diese Abkommen auch heute noch als eine Form des Krieges, die durch illegale Blockaden, Boykotte, Kriegszustände, Grenzüberfälle, Kommandounternehmen, die Weigerung, an regionalen Entwicklungsprogrammen teilzunehmen, und die Nichtanerkennung der anderen Mitglieder der Vereinten Nationen gekennzeichnet ist. Die Geschichte zeigt jedoch, dass jede friedliche Initiative oder Geste, ob von Israel oder anderen, von den arabischen Staaten abgelehnt wurde.

Israel entstand, nachdem die Generalversammlung der Vereinten Nationen im November 1947 mit überwältigender Mehrheit für seine Gründung gestimmt hatte, aber die historischen, religiösen und nationalen Verbindungen der Juden mit dem Land Israel reichen bis in prähistorische Zeiten zurück und wurden während der gesamten aufgezeichneten Geschichte nie unterbrochen. Es hat noch nie eine Zeit gegeben, in der Juden nicht in Israel gelebt haben. Die Anerkennung dieser Tatsachen und des Rechts der Juden auf eine nationale Heimstätte in Palästina hat im Laufe der Geschichte immer wieder Ausdruck gefunden.

Die Balfour-Deklaration, in der die britische Regierung 1917 den in Palästina lebenden Juden die Errichtung einer nationalen Heimstätte zusicherte, fand die uneingeschränkte Zustimmung vieler Regierungschefs, einschließlich US-Präsident Woodrow Wilson. Fünf Jahre später wurde diese Zusage, die sich auf das Palästina zu beiden Seiten des Jordan bezog, in das vom Völkerbund am 24. Juli 1922 verabschiedete Mandat für Palästina aufgenommen. Innerhalb kürzester Zeit nach der Erteilung des Mandats kam es zur ersten Teilung Palästinas, bei der vier Fünftel seines Territoriums zur Gründung eines arabischen Staates namens Transjordanien abgetrennt wurden. Dies war Teil eines Plans zur Entschädigung Husseins,[9] des Urgroßvaters des heutigen Königs von Jordanien,[10] der von König Ibn Saud[11] aus seinem Heimatland vertrieben worden war.

Nach monatelangen Beratungen und Untersuchungen beschlossen die Vereinten Nationen 1947 mit überwältigender Mehrheit die zweite Teilung Palästinas mit dem Ziel, unabhängige jüdische und arabische Staaten zu gründen, die durch eine Wirtschaftsunion verbunden sein sollten. Ferner wurde beschlossen, dass das Gebiet um Jerusalem zu einem internationalen Sektor werden sollte.

Die Gründung dieser kleinen souveränen Einheit war das Mindeste, was für die Juden getan werden konnte, während es

[9] Anm. d. Übers.: Hussein ibn Ali war von 1908 bis 1916 Emir des Hedschas und Großscherif von Mekka sowie von 1916 bis 1924 König des Hedschas.

[10] Anm. d. Übers.: Hussein bin Talal war von 1952 bis 1999 König von Jordanien.

[11] Anm. d. Übers.: Abd al-Aziz ibn Saud entstammte der Saudi-Dynastie und gründete 1932 das heutige Königreich Saudi-Arabien, das er bis zu seinem Tod 1953 regierte.

in einem Gebiet, in dem vor 40 Jahren kein einziger Araber in politischer Unabhängigkeit lebte, mittlerweile elf eigenständige arabische Souveränitäten gibt, die sich über ein riesiges Gebiet erstrecken, das unermesslich reich an materieller Kraft und natürlichen Ressourcen ist.

Der vorgeschlagene Teilungsplan von 1947 erfüllte nicht die legitimen Forderungen der Juden, und seine endgültige Annahme stellte einen bedeutenden Kompromiss seitens der Juden im Interesse eines friedlichen Übergangs sowie einer friedlichen Zusammenarbeit dar. Die Vertreter der Arabischen Liga bei den Vereinten Nationen erhoben sich jedoch, um ihre offizielle Ablehnung der vorgeschlagenen Resolution zu verkünden.

Die arabischen Staaten beschränkten sich nicht auf eine verbale Ablehnung der angenommenen Resolution. Sie griffen sofort zu den Waffen und versuchten, die Gründung des jüdischen Staates mit Gewalt zu verhindern und jeden einzelnen Bestandteil der UN-Resolution zu unterminieren.

In einem Bericht aus Jerusalem vom 30. November, dem Tag nach der Verabschiedung der Resolution, berichtete die *New York Times*: »In einer gewalttätigen arabischen Reaktion auf den UN-Beschluss zu Palästina wurden heute in Palästina sieben Juden durch Araber aus dem Hinterhalt getötet [...]. Die Araber werden einen heiligen Krieg führen, wenn man versuche, einen Teilungsplan durchzusetzen, erklärte Dr. Hussein Khalidi, amtierender Vorsitzender des Arabischen Hohen Komitees, heute Abend in einem Interview. ›Die Teilung‹, so Dr. Khalidi, wird zu einem Kreuzzug gegen die Juden führen.« In seinen Memoiren schrieb Trygve Lie über diese Zeit: »Seit der ersten Dezemberwoche 1947 hatten die Unruhen in Palästina zugenommen. Die Araber hatten wiederholt beteuert, dass sie sich der Teilung gewaltsam widersetzen würden. Sie schienen fest entschlossen, diesen Punkt durch Angriffe auf die jüdische Gemeinschaft in Palästina unmissverständlich klarzumachen.« Am Ende dieser ersten Woche berichtete die *New York Times*, dass bei arabischen Angriffen im ganzen Land 105 Juden getötet und viele weitere verletzt worden seien.

Die Rolle, die die arabischen Regierungen bei diesem Aufstand gegen die Vereinten Nationen spielten, wurde von der von den Vereinten Nationen eingesetzten Palästina-Kommission in ihrem ersten Bericht an den Sicherheitsrat vom 16. Februar 1948, noch vor dem endgültigen Abzug der britischen Streitkräfte, hervorgehoben: »Mächtige arabische Interessen, sowohl innerhalb als auch außerhalb Palästinas, widersetzen sich der Resolution der Generalversammlung, und es wird gezielt versucht, die darin vorgesehene Vereinbarung mit Gewalt zu ändern.«

Am 14. Mai 1948 endete die britische Mandatsherrschaft über Palästina, und Israel erklärte seine Unabhängigkeit. Am selben Tag marschierten die offiziellen Armeen fünf arabischer Staaten in Palästina ein. Ihr Ziel wurde vom damaligen Generalsekretär der Arabischen Liga, Azzam Pasha, auf einer Pressekonferenz in Kairo freimütig bekannt gegeben: »Dies wird ein Vernichtungskrieg und ein folgenschweres Massaker sein, von dem man wie von den Mongolenmassakern und den Kreuzzügen sprechen wird.« Jamal al-Husayni, Vertreter des Arabischen Hohen Komitees, teilte dem Sicherheitsrat mit, dass die Araber »nie die Tatsache verhehlt haben, dass wir [die Araber] die Kampfhandlungen begonnen haben«.

Am 15. Juli 1948, zwei Monate nach der offiziellen arabischen Invasion Palästinas, stellte der Sicherheitsrat fest, dass die durch den Einmarsch geschaffene Situation »eine Bedrohung des Friedens im Sinne von Artikel 39 der Charta« darstellte. Dies war das erste Mal, dass sich die Vereinten Nationen auf Artikel 39 der Charta[12] beriefen und das Vorgehen einzelner Mitgliedsstaaten als »Bruch des Friedens« brandmarkten. Der Vertreter der Vereinigten Staaten bei den Ver-

[12] Anm. d. Übers.: Artikel 39 der Charta der Vereinten Nationen besagt: »Der Sicherheitsrat stellt fest, ob eine Bedrohung oder ein Bruch des Friedens oder eine Angriffshandlung vorliegt; er gibt Empfehlungen ab oder beschließt, welche Maßnahmen aufgrund der Artikel 41 und 42 zu treffen sind, um den Weltfrieden und die internationale Sicherheit zu wahren oder wiederherzustellen.« https://unric.org/de/charta/#kapitel7, letzter Zugriff: 18. März 2024.

einten Nationen bezeichnete das arabische Vorgehen als »internationale Aggression«.

Um ihren lokalen Guerillatruppen und Invasionsarmeen freie Bahn für das angekündigte »Massaker« zu schaffen, wiesen die arabischen Führer die Araber in Palästina an, sich »vorübergehend« in die Nachbarländer zurückzuziehen. In Bezug auf die Verwüstung und das Scheitern ihres Angriffs erklärte der Generalsekretär des Arabischen Hohen Komitees, Emil Ghouri, am 6. September 1948 rückblickend: »Die Tatsache, dass es diese Flüchtlinge gibt, ist die direkte Folge des Vorgehens der arabischen Staaten gegen die Teilung Palästinas und den jüdischen Staat. Die arabischen Staaten haben sich einstimmig auf diese Strategie geeinigt, und sie müssen sich an der Lösung des Problems beteiligen.«

Andere arabische Führer und die wortgewandteren unter den Flüchtlingen selbst haben die Regierungen der Arabischen Liga offen für den Exodus der Flüchtlinge verantwortlich gemacht.

Edward Atiyah, bis 1949 Leiter des Propagandabüros der Arabischen Liga in London, schrieb in seinem Buch *The Arabs*: »Dieser Massenexodus war zum Teil auf den Glauben der Araber zurückzuführen – der durch die Prahlereien einer unrealistischen arabischen Presse und die unverantwortlichen Aussagen einiger arabischer Führer bestärkt wurde –, dass es nur eine Frage von einigen Wochen sein könne, bis die Juden von den Armeen der arabischen Staaten besiegt und die palästinensischen Araber in die Lage versetzt würden, in ihr Land zurückzukehren, um es wieder zurückzuerobern [...].«

Fast 200000 Araber, darunter 160000, die den Aufrufen ihrer Führer, das Land zu verlassen, nicht gefolgt sind, leben heute als vollwertige Staatsbürger in Israel, während in allen Gebieten, die unter arabischer Besatzung standen, kein einziger Jude überlebt hat und auch keinem die Einreise gewährt wird.

Nachdem die vier an Israel angrenzenden arabischen Staaten – Ägypten, Jordanien (das sich nicht mehr Transjordanien nannte, nachdem es den größten Teil des als »unabhängiger arabischer Staat« konzipierten Gebiets annektiert hatte),[13] Syrien und Libanon – in ihrem Bestreben, den Staat Israel bei seiner Geburt zu töten, zurückgeschlagen wurden und 10000 Tote zu beklagen hatten, konnten sie schließlich davon überzeugt werden, Waffenstillstandsabkommen mit dem Land zu unterzeichnen, das sie erfolglos zu zerstören versucht hatten. Diese Abkommen wurden mit dem Ziel geschlossen, »die Wiederherstellung eines dauerhaften Friedens in Palästina zu fördern«. Es stellte sich jedoch heraus, dass die arabischen Führer darin lediglich eine Gelegenheit sahen, ihren Krieg gegen Israel mit anderen Mitteln fortzusetzen.

Während des neunjährigen Waffenstillstands waren das israelische Staatsgebiet und seine sowohl jüdische als auch arabische Bevölkerung ständigen Übergriffen, Infiltrationen, Sabotageakten und Morden ausgesetzt. Die Anzahl von 1335 Toten und Verletzten, die Israel infolge dieser feindlichen Übergriffe zu beklagen hatte, zeigt, dass seine Grenzen bis zu Israels Einsatz auf der Sinai-Halbinsel fortlaufend und mit zunehmender Häufigkeit und Intensität verletzt wurden. Die Zahl der Opfer wurde durch unzählige gesprengte Pipelines, die Zerstörung von Wasseranlagen, verminte Züge und Busse sowie die Zerstörung und Beschädigung von Eigentum und Bauernhöfen noch verschärft. Zu all diesen Qualen gesellt sich seit 1955 die allgegenwärtigste und zerstörerischste von allen in Form der Fedajin-Mörderbanden. Allein im Jahr 1956 wurden durch die Aktivitäten der Fedajin 155 Israelis getötet oder verwundet.

Erst 1953 ergriff Israel seine erste Verteidigungsmaßnahme, nachdem Appelle, Aufforderungen und Empfehlungen der Vereinten Nationen sowie Verurteilungen der arabischen Aktionen ungehört verhallt waren. Bis dahin waren 7896 Fälle von arabischer Infiltration, Sabotage und Mord registriert worden, und Israel hatte 639 Opfer zu beklagen.

Seit der Unterzeichnung der Waffenstillstandsabkommen im Jahr 1949 und bis zur israelischen Aktion im Sinai zur Zer-

[13] Anm. d. Übers.: Am 24. April 1950 annektierte Jordanien offiziell das Gebiet westlich des Jordan.

störung von Fedajin-Stützpunkten sowie zur Aufhebung der illegalen Blockade des Golfs von Akaba gab es 11 873 Fälle von arabischer Sabotage und Plünderung, denen zwölf israelische Verteidigungsaktionen gegen Militärstützpunkte und Polizeistationen gegenüberstanden, die den arabischen Mörderbanden als Sprungbrett dienten. Den 1335 israelischen Opfern standen 621 arabische Opfer gegenüber.

In den zwei Jahren vor dem Sinai-Feldzug rüsteten Ägypten und später auch Syrien mit einem massiven Arsenal an Offensivwaffen auf, die sie von der Sowjetunion erhalten hatten.

Die arabische Kriegsführung zu Lande hatte ihre Entsprechung zur See. Kurz nach der Unterzeichnung der Waffenstillstandsabkommen, die solche feindseligen Handlungen untersagten, führte die ägyptische Regierung Inspektions-, Durchsuchungs- und Beschlagnahmeverfahren ein, begann mit der Konfiszierung von Schiffen und Ladungen, die durch den Sueskanal zu oder von israelischen Häfen fuhren, und errichtete Geschützstellungen am Eingang zum Golf von Akaba, um Schiffe an der Einfahrt in Israels südlichsten Hafen Eilat zu hindern. Gegen die Schiffe und Flaggen von 15 weiteren Nationen, darunter die der Vereinigten Staaten, wurden restriktive Vorschriften und Strafmaßnahmen erlassen, und zwar unter völliger Missachtung der Konstantinopeler Konvention von 1888,[14] des von Ägypten unterzeichneten allgemeinen Waf-

[14] Anm. d. Übers.: Durch die Konvention von Konstantinopel wurde der völkerrechtliche Status des Sueskanals festgelegt. Der Vertrag über die neutrale Nutzung des Sueskanals wurde am 29. Oktober 1888 von den damaligen Großmächten – dem Vereinigten Königreich, dem Deutschen Reich, Österreich-Ungarn, Spanien, Frankreich, Italien, den Niederlanden, dem Russischen Reich und dem Osmanischen Reich – unterzeichnet. Das Khedivat Ägypten, durch dessen Territorium der Kanal verlief und an das alle Anteile an der Sueskanal-Gesellschaft nach Ablauf des Pachtvertrags der Gesellschaft zur Verwaltung des Kanals zurückfallen sollten, wurde nicht zu den Verhandlungen eingeladen und unterzeichnete den Vertrag nicht. Die bis heute geltende Konvention garantiert die freie Durchfahrt von Handels- und Kriegsschiffen aller Flaggen in Friedens- und Kriegszeiten.

fenstillstandsabkommens und der Resolution des Sicherheitsrats vom 1. September 1951, in der Ägypten angewiesen wurde, »seine Beschränkungen aufzuheben [...] und alle Eingriffe in diese Schifffahrt einzustellen«.

Die Spannungen im Nahen Osten werden nicht allein durch den Zustrom von Angriffswaffen, Grenzüberfälle und illegale Blockaden aufrechterhalten. In einem kalkulierten Schachzug – sowohl um die Aufmerksamkeit ihrer eigenen verarmten, rückständigen und unterdrückten Bevölkerungen von ihren eigenen internen Problemen abzulenken als auch um Unterstützung für ihren eigenen Führungsanspruch in der »arabischen Welt« zu gewinnen – haben die Führer der rivalisierenden arabischen Staaten sowie die von ihnen kontrollierten Presse- und Rundfunkorgane einen ununterbrochenen verbalen Krieg gegen Israel geführt. »Es hat keinen Sinn, mit Israel über Frieden zu reden. Es gibt nicht den geringsten Spielraum für Verhandlungen zwischen den Arabern und Israel«, sagte Oberst Nasser am 14. Oktober 1955 einem Korrespondenten der *New York Post*.[15]

Der jordanische Stabschef, der zur damaligen Zeit in Jordanien an der Bekämpfung von ägyptischen subversiven Aktivitäten beteiligt war, erklärte am 5. Juli 1957: »Sobald unter den Arabern vollständige und dauerhafte Stabilität herrscht und unsere Streitkräfte in der Lage sind, sich vorzubereiten, werden wir Jaffa und Haifa in der Tasche haben. Wir müssen uns auf den Tag vorbereiten, an dem wir unser Land zurückgewinnen werden. In unserem gestohlenen Heimatland ist kein Platz für Juden oder Welt-Zionisten.« Der syrische Premierminister lehnte alle Friedensbemühungen Israels oder anderer Länder ab. Er wurde am 15. Juli 1957 von Radio Damaskus mit den Worten zitiert: »Wie wir bereits mehrfach betont haben, sind und werden die arabischen Länder nicht bereit sein,

[15] Anm. d. Hrsg.: Das für den Pulitzerpreis nominierte Interview wurde mit Paul Sann (1914–1986) geführt, der von 1931 bis 1977 bei der *Post* arbeitete. Danach ging das Blatt an Rupert Murdoch und wurde eine rechte Boulevardzeitung.

sich mit Israel an einen Tisch zu setzen. Israel hat im Nahen Osten keinen Platz. Die Araber werden ihre Kämpfe fortsetzen und sich für die Befreiung der usurpierten Teile des arabischen Palästinas einsetzen.«

In allen anderen Fragen gespalten, ist sich die Arabische Liga nur in ihrer emotionalen Feindseligkeit gegenüber einem Sündenbock einig – Israel.

Dies ist also die bedauerliche Geschichte des Nahen Ostens im vergangenen Jahrzehnt – zehn Jahre, in denen Israel wiederholt an die arabischen Führer appelliert hat, sich mit israelischen Vertretern zu treffen, um Möglichkeiten zum Abbau der Spannungen im Nahen Osten auszuloten und die gesamte Region auf den Weg einer friedlichen Entwicklung zu bringen. Premierminister David Ben-Gurion sagte im vergangenen Juni auf einer Pressekonferenz mit Auslandskorrespondenten in Jerusalem: »Unsere langfristige Politik gegenüber den Arabern ist sehr einfach erklärt: Frieden und Zusammenarbeit mit unseren Nachbarn in politischer, wirtschaftlicher und kultureller Hinsicht. Das wird unser Grundsatz bleiben.«

Am 11. Dezember 1957 erklärte die israelische Außenministerin Golda Meir in einer Rede vor dem National Press Club in Washington: »Israel missgönnt seinen arabischen Nachbarn nicht ihre Freiheit und die großen Gebiete, die sie als souveräne Staaten geerbt haben. Wir sind heute bereit, wie wir es immer waren, einen gerechten und ehrenhaften Frieden auszuhandeln [...]. Sollten die arabischen Führer wirklich Angst vor Israel haben, welche bessere Absicherung gäbe es für sie als ein frei ausgehandeltes Friedensabkommen oder sogar – als Alternative, die wir bereits vorgeschlagen haben – einen von den Vereinten Nationen garantierten Nichtangriffspakt?«

Dass die arabischen Machthaber eine friedliche, zukunftsorientierte Perspektive für die Region des Nahen Ostens kaltschnäuzig ignorieren, zeigt sich in ihrer Haltung gegenüber den arabischen Flüchtlingen, die – wie die arabischen Führer selbst zugegeben haben – als politische Schachfiguren zur Durchsetzung ihrer eigenen Ziele missbraucht werden. In der Beiruter Tageszeitung *L'Orient* hieß es im April 1957: »Die

Verantwortung der arabischen Regierungen ist sehr groß. Seit acht Jahren betreiben diese Regierungen gegenüber den Flüchtlingen eine abstrakte und unmenschliche Politik. Unter dem Vorwand, die Sehnsucht der Flüchtlinge nach ihrer Heimat in Palästina zu wecken, und um ihre Präsenz an den Grenzen Israels als Drohkulisse aufrechtzuerhalten, haben diese Regierungen systematisch alle Versuche zur Organisation und Beschäftigung der Flüchtlinge abgelehnt.«

Der offizielle Kairoer Radiosender *Voice of the Arabs* sendete am 19. Juli 1957: »Die Tatsache, dass Israel versucht, das Flüchtlingsproblem zu lösen, beweist, dass es ein Interesse daran hat, dieses Problem zu lösen, und für die Araber reicht diese Tatsache allein aus, um einen solchen Versuch auszuschließen.«

In den vergangenen acht Jahren hat sich in der internationalen Gemeinschaft zunehmend die Erkenntnis durchgesetzt, dass die Lösung des arabischen Flüchtlingsproblems – wie auch die Lösung für die rund 15 Millionen anderen Flüchtlinge auf der ganzen Welt seit dem Zweiten Weltkrieg – durch Rehabilitationsprogramme und groß angelegte Entwicklungsprojekte gefunden werden muss, dank derer die Flüchtlinge zu unabhängigen Mitgliedern ihrer Aufnahmeländer werden, wo sie unter ihresgleichen sind.

Im Februar 1957 erklärte der Generalkommissar des Hilfswerks der Vereinten Nationen für Palästina-Flüchtlinge im Nahen Osten in seinem letzten Bericht an die Generalversammlung: »Regierungsbeamte der Aufnahmeländer lehnen bis auf wenige Ausnahmen groß angelegte Umsiedlungsprojekte ab [...]. Die beiden Großprojekte, die seit einiger Zeit untersucht werden, gelten als theoretisch realisierbar – werden jedoch, wie Sie wissen, aufgrund politischer und anderer Faktoren aufgehalten, die außerhalb unserer Kontrolle liegen.« Es waren auch »politische Faktoren«, die die arabischen Staaten dazu veranlassten, den Plan von Botschafter Eric Johnston für eine gemeinsame Nutzung des Wassers aus dem Jordan abzulehnen.

Israel hat mehr als jede der arabischen Regierungen getan,

um die Notlage der Flüchtlinge zu lindern. Neben der Rehabilitierung und Wiedereingliederung von 400000 Juden, die gezwungen waren, die arabischen Länder zu verlassen, und die in den meisten Fällen ohne Entschädigung ihres Eigentums beraubt wurden, hat Israel bereits 33000 arabische Flüchtlinge im Rahmen eines Plans zur Wiedervereinigung getrennter Familien aufgenommen und weitere 50000 Araber, die während des Angriffs der Arabischen Liga 1948 vertrieben wurden, wirtschaftlich reintegriert, sodass sie nicht länger von den Hilfeleistungen der Vereinten Nationen abhängig sind. Die israelische Regierung hält an ihrem Angebot fest, Entschädigungen für zurückgelassenes arabisches Eigentum zu zahlen, ohne auf ein Friedensabkommen zu warten. Aber auch in diesem Zusammenhang wird die Zustimmung zu Gesprächen über Entschädigungszahlungen mit der Begründung verweigert, dass dies eine »Anerkennung« des Existenzrechts Israels bedeuten würde. Dennoch hat die israelische Regierung bereits fast alle in israelischen Banken gehaltenen Gelder von arabischen Flüchtlingen freigegeben und ihnen insgesamt sieben Millionen US-Dollar in Fremdwährung ausgezahlt.

Die Fortsetzung der Hasskampagne der arabischen Führer gegen Israel wird die wirtschaftliche und soziale Entwicklung einer der rückständigsten Regionen der Welt lediglich verzögern. Konflikte und Meinungsverschiedenheiten im Nahen Osten dienen nur den Zwecken derjenigen, die an diesem ölreichen Knotenpunkt der Weltkommunikation subversive Absichten hegen. Der Rückhalt für den Wunschtraum der Arabischen Liga, Israel durch die Unterstützung des arabischen Boykotts und die Bewaffnung arabischer Staaten zu vernichten, trägt nur dazu bei, die Krise aufrechtzuerhalten.

In ihrer Rede vor der Generalversammlung der Vereinten Nationen am 1. März 1957 verpflichtete die israelische Außenministerin Golda Meir die Regierung und das Volk Israels, sich gemeinsam für den Frieden im Nahen Osten einzusetzen. An die arabischen Staaten gewandt sagte sie: »Können wir von nun an ein neues Kapitel aufschlagen und, anstatt uns gegenseitig zu bekämpfen, gemeinsam gegen Armut, Krankheiten und Analphabetismus vorgehen? Können wir, ist es uns möglich, all unsere Anstrengungen, all unsere Energie auf ein einziges Ziel zu richten, nämlich die Verbesserung und den Fortschritt und die Entwicklung aller unserer Länder und Völker? [...] Die Bereitschaft Israels, einen Beitrag zu leisten, ist grenzenlos, sodass wir alle gemeinsam den Tag erleben können, an dem unsere Völker glücklich sind, was wiederum ein großer Beitrag dieser Region zum Frieden und Glück der gesamten Menschheit sein wird.«

Gegendarstellung von Yekutiel H. Orgel

Einem von Dr. Sayegh zum Ausdruck gebrachten Standpunkt stimme ich voll und ganz zu, nämlich dass der arabisch-israelische Konflikt »weiterhin die Aufmerksamkeit und die Ressourcen der Völker der Region von konstruktiven Aufgaben, wie der Durchführung von Reformen und Entwicklungsmaßnahmen«, ablenkt. Es ist jedoch bedauerlich, dass der Sprecher der Arabischen Liga an keiner Stelle die Bereitschaft ihrer entweder prowestlichen oder antiwestlichen Mitglieder signalisiert hat, auf »konstruktive Aufgaben« hinzuarbeiten. Stattdessen führte er einen historischen Rückblick durch, der auf einer falschen Darstellung der Fakten beruht. Aus Platzgründen möchte ich nur auf einige der eklatantesten Halbwahrheiten, aus dem Zusammenhang gerissenen Zitate und Falschdarstellungen eingehen.

GESCHICHTE: Während des gesamten Zeitraums der aufgezeichneten Geschichte wurde Palästina nicht ein einziges Mal von den Arabern Palästinas regiert. In den 400 Jahren vor dem Ersten Weltkrieg wurde es als Teil des Osmanischen Reiches von den Türken beherrscht. Die Herrschaft der arabischen Kalifate von 637 n. Chr. bis 1071 n. Chr. war eine muslimische Fremdherrschaft, die 432 Jahre andauerte, während die jüdische Herrschaft über Palästina sich über einen Zeitraum von rund 2000 Jahren erstreckte.

Die weltweite Sympathie und Unterstützung für eine

Rückkehr der Juden nach Israel begann nicht mit der Balfour-Deklaration. Vor eineinhalb Jahrhunderten sagte der zweite Präsident der Vereinigten Staaten, John Adams, Folgendes: »Ich wünsche mir wirklich, dass die Juden in Judäa wieder eine unabhängige Nation mit einer unabhängigen Regierung werden.«

FLÜCHTLINGE: In einem am 1. November 1952 veröffentlichten Leitartikel über die Ursprünge des arabischen Flüchtlingsproblems schrieben die *Newark News* (New Jersey): »In dieser Debatte darüber, wer oder was die Flucht der Araber aus Palästina verursacht hat, erinnert diese Zeitung an die Meldungen ihres Korrespondenten W. G. Hetherington, der beauftragt worden war, über den arabisch-israelischen Krieg von 1948 zu berichten. Damals berichtete Hetherington, er habe gehört, wie jüdische Behörden an palästinensische Araber appellierten, ihre Häuser nicht zu verlassen, während arabische Radiosender in Kairo, Damaskus und Beirut sie zur Flucht aufriefen.«

LANDBESITZ: Dr. Sayegh verweist auf Land, das während der britischen Mandatszeit im Besitz von Juden war, und spekuliert offenbar darauf, dass der Leser glaubt, 90 Prozent davon hätten Arabern gehört. Tatsächlich befanden sich über 70 Prozent des heutigen Israel weder im Besitz von Juden noch von Arabern, sondern waren Eigentum der Mandatsregierung. Dieses Land ist immer noch im Besitz der israelischen Regierung, der Nachfolgerin der britischen Mandatsregierung.

ISRAELISCHE ARABER: Die acht arabischen Mitglieder der israelischen Knesset (des Parlaments des Staates Israel), die sich in ihrer eigenen Sprache mithilfe einer Simultanübersetzung an die Abgeordneten wenden, können keineswegs als eine »Minderheit ohne Mitspracherecht« bezeichnet werden. Was die »Verfolgten« oder »Bürger zweiter Klasse« betrifft, so schrieb Professor Rushbrook Williams von der Universität Oxford in seinem in diesem Jahr erschienenen Buch *The State of Israel*: »Die jüdische Mehrheit scheint entschlossen zu sein, allen Minderheiten im Land die Art von Behandlung zu gewähren, die sie sich selbst gewünscht hätte (und die ihr so oft verwehrt wurde), in all den Epochen und Ländern, in denen sie die Prüfungen des Daseins unter der Herrschaft einer anderen Mehrheit als der eigenen durchleben musste. [...] Es gibt anhaltende und aktive Forderungen nach etwas, das man nur als Sonderbehandlung für die Araber bezeichnen kann.«

DER ARABISCH-ISRAELISCHE KRIEG VON 1948: Dr. Sayegh erwähnt mehrmals beiläufig, dass die Unruhen »wieder aufflammten«, dass »eine Woche später« erneut ein Waffenstillstand von den Vereinten Nationen angeordnet werden musste und dass die Kämpfe anschließend »wieder aufgenommen« wurden. Die Anordnungen des Sicherheitsrats wurden nur deshalb wiederholt erteilt, weil Israel die Appelle und Anweisungen zwar akzeptierte, die arabischen Führer sie jedoch nicht befolgten. Nachdem Letztere schließlich einen einmonatigen Waffenstillstand akzeptiert hatten, weigerten sie sich, diesen zu verlängern, und nahmen die Feindseligkeiten wieder auf. In der von Dr. Sayegh angeführten Resolution S/902 des Sicherheitsrats vom 15. Juli 1948 heißt es: »In Anbetracht der Tatsache, dass die provisorische Regierung Israels ihr grundsätzliches Einverständnis mit einer Verlängerung des Waffenstillstands in Palästina signalisiert hat; dass die Mitgliedsstaaten der Arabischen Liga die wiederholten Appelle des UN-Vermittlers und die vom Sicherheitsrat in seiner Resolution vom 7. Juli 1948 formulierten Forderungen zur Verlängerung des Waffenstillstands in Palästina zurückgewiesen haben [...].«

UN-RESOLUTIONEN: Ich hoffe aufrichtig, dass sich einige Ihrer Leser die Zeit nehmen werden, die vielen von Dr. Sayegh angeführten Quellen zu überprüfen. Sie werden feststellen, dass die vollständigen Texte ein völlig anderes Bild zeichnen als das, was der Sprecher der Arabischen Liga vermitteln wollte. Diejenigen, die sich beispielsweise mit den »Flüchtlingen« befassen, nehmen zwar die ursprüngliche Resolution zur Kenntnis, in der von Flüchtlingen die Rede ist, die »in Frieden mit ihren Nachbarn leben wollen«, drängen aber im Lichte der Ereignisse weiterhin auf eine »Wiedereingliederung der Flüchtlinge in das Wirtschaftsleben des Nahen Ostens« oder »fordern die beteiligten Regierungen und Behörden auf, eine Einigung auf dem Verhandlungsweg anzustreben«, oder »unterstützen [...] das vom UNRWA empfohlene Programm zur Unterstützung und Rehabilitation der palästinensischen Flüchtlinge«.

Dr. Sayeghs Beharren auf der Internationalisierung Jerusalems würde meines Erachtens in Jordanien, einem der von ihm vertretenen Mitgliedsstaaten der Arabischen Liga, nicht gut aufgenommen werden. Jordanien, das die Altstadt, in der sich bis auf vier alle 45 heiligen Stätten befinden, überfallen und erobert hat, weigert sich standhaft, eine Internationalisierung in Betracht zu ziehen. (»Die jordanische Regierung hat diesen Widerstand gegen die Internationalisierung Jerusalems seit 1947 aufrechterhalten« – *Al-Hayat*, Beirut, 20. März 1957.) In den UN-Resolutionen zu diesem Thema wurde der Treuhandrat beauftragt, über diese Angelegenheit zu berichten. Bei der Vorlage des Berichts wurde festgestellt, dass die Internationalisierung Jerusalems nicht praktikabel sei. Israel, so der Bericht, habe mit dem Angebot einer tragfähigen Alternative einen konstruktiven Geist gezeigt.

VERURTEILUNG UND VERLUSTE: Die ursprüngliche Invasion durch die regulären Streitkräfte der arabischen Staaten wurde von den Vereinten Nationen als eine »Bedrohung des Friedens« eingestuft. Seitdem haben die arabischen Führer irreguläre Streitkräfte eingesetzt – darunter auch die Mörderbanden der Fedajin –, um ihren Krieg gegen Israel fortzusetzen. Die Zahlen für den gesamten Zeitraum, der seit der Unterzeichnung der Waffenstillstandsabkommen vergangen ist, ergeben ein ganz anderes Bild als das, was Dr. Sayegh für den von ihm gewählten begrenzten Zeitraum von 21 Monaten darzustellen versuchte. Im Gegensatz zu den 621 gefallenen Arabern hat Israel seit 1949 1335 Todesopfer zu beklagen. Eine Untersuchung des von Dr. Sayegh angeführten Berichts zeigt außerdem, dass es sich bei der überwiegenden Mehrheit der »arabischen Opfer« um Soldaten und Polizisten handelte, die bei israelischen Gefechten gegen Ausbildungs- und Organisationsstützpunkte der Plünderer getötet wurden, oder um mörderische Gangster aus den Reihen der Fedajin, die bei Operationen innerhalb Israels getötet wurden. Bei den meisten israelischen Opfern handelte es sich hingegen um Zivilisten, darunter Frauen und Kinder.

PROTOKOLL VON LAUSANNE: In Anbetracht der Weigerung der Araber, direkt mit Israel zu verhandeln, setzte die UN-Schlichtungskommission für Palästina separate Dokumente auf, die von beiden Seiten zu unterzeichnen waren. Diese »Lausanner Protokolle« sollten als Grundlage für die Aufnahme gesonderter Gespräche dienen und nicht als Selbstzweck verstanden werden. Es war die Kommission selbst, die sich angesichts der unnachgiebigen Haltung der arabischen Staaten von den Vereinbarungen zurückzog.

Arabische Führer geben insgeheim zu, dass das Beharren der arabischen Propagandisten auf einer »Rückkehr zur Teilung von 1947« lediglich ein Propaganda-Schachzug war. Dr. Mohamed Salah Ed-Din, ehemaliger ägyptischer Außenminister, wurde in der Kairoer Tageszeitung *Al Misri* vom 11. April 1954 mit den Worten zitiert: »Es ist weder richtig noch ehrenhaft, wenn arabische Staatsmänner sich weiterhin hinter der diplomatischen Position verstecken, dass sie keinen Frieden mit Israel in Betracht ziehen können, solange es die UN-Resolutionen nicht umsetzt. Die Wahrheit ist, dass wir uns keineswegs mit der Umsetzung der UN-Resolutionen zufriedengeben werden. Diese Resolutionen mögen den arabischen Staatsmännern Mittel an die Hand geben, um sich bei den Vereinten Nationen oder in Presseinterviews geschickt aus der Affäre zu ziehen, aber die arabischen Völker scheuen sich nicht, zu offenbaren, dass sie sich mit nichts Geringerem zufriedengeben werden als der Tilgung Israels von der Landkarte des Nahen Ostens.« In einem am 19. Februar 1956 veröffentlichten Artikel schrieb die jordanische Tageszeitung *Falastin*:[16] »Jeder Ara-

[16] Anm. d. Hrsg.: *Falastin* (»Palästina«) begann 1911 als Wochenzeitung, und war von 1929 bis zur Einstellung 1967 eine Tageszeitung.

ber, der die Umsetzung des UN-Teilungsplans von 1947 fordert, ist einem Irrtum aufgesessen [...] und jeder Amerikaner oder Brite, der glaubt, dass eine Änderung der Grenzen die beiden Konfliktparteien zufriedenstellen würde, ist ein Idiot.«

Ich bin zuversichtlich, dass kein Leser des Magazins *The Progressive* und auch kein anderer intelligenter amerikanischer Leser den »Mitteln« auf den Leim gehen wird, derer sich die Propagandisten der Arabischen Liga bedienen, »um sich geschickt aus der Affäre zu ziehen«.

Gegendarstellung von Fayez A. Sayegh im Namen der Araber

Herr Orgel stellt die wichtigsten Ereignisse, die sich im vergangenen Jahrzehnt in Palästina zugetragen haben – namentlich die *Vertreibung* der Araber und deren *Ersetzung* durch jüdische Einwanderer –, einerseits als freiwilligen Exodus der Araber und andererseits als Neuansiedlung von »jüdischen Flüchtlingen« innerhalb Israels dar, die aus ihren Ländern »fliehen mussten«. Ich behaupte, dass eine solche Darstellung in beiderlei Hinsicht falsch ist.

Die Tragödie der arabischen Flüchtlinge lässt sich weder zynisch wegdiskutieren, noch kann ihre Notlage durch eine bloße Verzerrung der Ursachen, die zu ihrem Exodus aus Palästina geführt haben, so gleichgültig beiseitegeschoben werden. Doch genau das versucht Herr Orgel zu erreichen – sogar auf Kosten der Beweisfälschung.

Zur Veranschaulichung: Die von Herrn Orgel zitierte »Zeugenaussage« aus Edward Atiyahs Buch *The Arabs* wird in der Originalquelle unmittelbar durch den folgenden Satz ergänzt, den Herr Orgel bequemerweise auslässt: »Aber er (der Massenexodus der Araber; Anm. d. Übers.) war auch – und dies in weiten Teilen des Landes – in hohem Maße auf eine Politik des gezielten Terrors und der Vertreibung zurückzuführen, die die jüdischen Kommandeure in den von ihnen besetzten Gebieten verfolgten und die ihren brutalen Höhepunkt im

Massaker von Deir Yasin fand.« Der Leser, der die beiden *unmittelbar aufeinanderfolgenden* Sätze auf Seite 183 des Buchs findet, kann frei darüber spekulieren, warum Herr Orgel sich dafür entschied, das Zitat dort zu beenden, wo er es getan hat.

Die »Brutalität«, die »Massaker« und der »gezielte Terrorismus«, auf die sich Edward Atiyah in dem ungekürzten und unzensierten Text seiner vollständigen Erklärung bezieht, sind wohlbekannt. Nicht einmal die Täter haben sich dazu herabgelassen, sie zu verheimlichen. Zum Beispiel ist niemand besser dazu geeignet, über das Massaker von Deir Yasin zu sprechen, als der Mann, der es verübt hat: Menachem Begin. Sein Bericht über den Überfall auf dieses Dorf, dessen Genehmigung durch den regionalen Kommandeur der Hagana und die Auswirkungen, die er auf den Exodus der Araber hatte, findet sich auf den Seiten 162–165 seines Buchs *The Revolt*. Andere zionistische Autoren – die offenbar nicht die Bedenken von Herrn Orgel teilen, sachdienliche, wenn auch unvorteilhafte Fakten zu präsentieren – haben aufschlussreiche Eingeständnisse über die Massaker sowie die groß angelegten Plünderungen und Brandschatzungen arabischer Dörfer zu Protokoll gegeben, die allesamt Teil des Programms eines »gezielten Terrorismus« waren, der zur Abwanderung der arabischen Flüchtlinge führte. (Siehe zum Beispiel Jon Kimches *Seven Fallen Pillars*, insbesondere die Seiten 217–218.) Doch das Massaker von Deir Yasin war kein Einzelfall. Graf Folke Bernadotte, der in Israel ermordete UN-Vermittler für Palästina, sprach ebenfalls von der »Zerstörung von Dörfern ohne offensichtliche militärische Notwendigkeit« als einem Faktor, der zur Abwanderung der Bewohner dieser Dörfer beitrug.

Zusätzlich zu seiner These, dass es sich bei den arabischen Flüchtlingen in Wirklichkeit gar nicht um »Flüchtlinge« handelte, sondern sozusagen um freiwillige Exilanten, vertritt Herr Orgel die Begleitthese, dass die Einwanderer, die seit 1948 nach Israel kamen, überwiegend »Flüchtlinge« waren. Dabei ignoriert er die allbekannte Tatsache, dass die weltweite zionistische Bewegung und der Staat Israel ständig zur Masseneinwanderung von Juden nach Israel *aufgerufen* und *ermutigt* sowie diese *initiiert*, *organisiert* und *finanziert* haben – aus allen Ländern, einschließlich derer, in denen Juden Freiheit und Gleichheit genießen –, und zwar in Anwendung des primären Ziels des Zionismus sowie einer grundlegend nationalistischen Politik Israels.

Zu der Zeit, als Herr Orgel seinen Beitrag verfasste, wurde Herr Ben-Gurion in der Weltpresse vielfach mit den Worten zitiert: »Es scheint allgemeines Einvernehmen darüber zu bestehen, dass ein Jude in Amerika leben, Englisch sprechen und lesen, seine Kinder in der amerikanischen Kultur erziehen und sich trotzdem als Zionist bezeichnen kann. Wenn das Zionismus ist, dann will ich damit nichts zu tun haben.« (*Time*, 26. August 1957). Dies war die Fortsetzung einer Aussage, die er sechs Jahre zuvor gemacht hatte: »Ein Zionist muss selbst als Einwanderer nach Israel kommen. Die heutigen Zionisten haben ihre Prüfung nicht bestanden.«

Die Gründe für diesen Wunsch, so viele Einwanderer wie möglich nach Israel zu bringen, sind ebenfalls kein Geheimnis. Der israelische Premierminister legt sie offen dar: »Das Überleben und der Frieden Israels werden durch eine Sache und nur durch eine Sache sichergestellt: Masseneinwanderung. Um diese Sicherheit zu gewährleisten, benötigt Israel in der kommenden Zeit einen Zuwachs von mindestens 2 000 000 Juden.« (*New York Times*, 25. August 1957).

Wenn dies geschieht, wird Herr Orgel diese neuen Einwanderer dann auch »Flüchtlinge« nennen?

»Unbegrenzte Einwanderung« ist nicht nur ein Grundsatz des zionistischen Glaubens und Programms, sondern auch ein Grundprinzip der nationalistischen Politik des Staates Israel – verankert in seiner »Unabhängigkeitserklärung« sowie im »Rückkehrgesetz«.[17] Die Verlautbarung und Umsetzung

[17] Anm. d. Übers.: Das Rückkehrgesetz wurde am 5. Juli 1950 von der Knesset verabschiedet und gibt Juden, Personen mit einem oder mehreren jüdischen Großelternteilen und deren Ehepartnern das Recht, nach Israel einzuwandern und die israelische Staatsbürgerschaft zu beantragen.

dieser Politik erfolgt unabhängig davon, ob Juden außerhalb Israels verfolgt werden oder nicht, und hängt nicht zwangsläufig mit der Notwendigkeit oder dem Fehlen eines »Zufluchtsorts« für Juden zusammen.

So wirkungsvoll es auch sein mag, diese nationalistische Politik zum Zweck der Spendensammlung in humanitäre Begriffe zu kleiden, so haben die verantwortlichen zionistischen und israelischen Führer sie doch immer in erster Linie im Rahmen der zionistischen Ideologie der nationalen Selbstverwirklichung und im politisch-militärischen Kontext der nationalen und sicherheitspolitischen Interessen Israels zum Ausdruck gebracht. Es ist kein Zufall, dass die offizielle Bezeichnung für diese Politik im zionistischen Lexikon die *nationalistische* Phrase »die Einsammlung der Verbannten« ist.

Eine Untersuchung der Politik der »unbegrenzten Einwanderung« kann nur dann angemessen sein, wenn sie ein anderes Konzept zur Sprache bringt, das ein ebenso wesentliches Element der zionistischen Ideologie sowie der langfristigen israelischen Ziele ist, nämlich die *territoriale Expansionspolitik* Israels.

Die Expansionspolitik ist nicht der Wunschgedanke einer Handvoll Extremisten und Terroristen. Sie ist vielmehr das feste Ziel des israelischen Regimes als Ganzes – wenn auch nur spärlich offenbart und subtil artikuliert –, und sie erfreut sich eines breiten und wachsenden Zuspruchs in der Mehrheit der jüdischen Bevölkerung. Bei den jüngsten Wahlen haben die Parteien, die mit einem offenen Expansionskurs in den Wahlkampf gezogen sind, ihre parlamentarische Macht nahezu verdoppelt und 38 der 120 Sitze in der Knesset gewonnen. Ben-Gurion hat mehrfach in den *Jahrbüchern der Regierung* geschrieben, dass der Staat derzeit nur einen Bruchteil seines nationalen Heimatlandes besetzt hält. Die israelische Regierung hat offiziell verkündet, dass »die Gründung des neuen Staates in keiner Weise vom Umfang des historischen Eretz Israel abweichen wird«. (*Jahrbuch der Regierung für das Jahr 1955*, S. 320).

Die Ängste der Araber vor einer Expansion Israels, die sowohl durch solche Erklärungen als auch durch die Erkenntnis der Araber geschürt werden, dass sich die zionistische Ausgangsstellung seit der Ankunft der ersten Zionisten in Palästina tatsächlich sowohl qualitativ als auch quantitativ ausgeweitet hat, werden durch die fortgesetzte und beschleunigte Umsetzung der Politik der »unbegrenzten Einwanderung«, die das Potenzial hat, einen demografischen Druck zu erzeugen, der nur durch eine territoriale Vergrößerung entschärft werden kann, verstärkt und verschlimmert.

Konkrete Befürchtungen dieser Art lassen sich nicht durch solch süße Einladungen, »vom Frieden zu reden und vom künftigen Wohlstand zu träumen«, wie sie die Reden der israelischen Führer in internationalen Kreisen schmücken, zerstreuen – zumal die Grundlagen für eine friedliche Lösung, wie sie von den Vereinten Nationen bei zahlreichen Gelegenheiten definiert wurden, von Israel weiterhin kompromisslos abgelehnt werden und die israelische Position praktisch unverändert bleibt: Wir beabsichtigen, alles zu behalten, was wir uns genommen haben; alles, was wir von den Arabern verlangen, ist, die *vollendeten Tatsachen* anzuerkennen und den Status quo zu akzeptieren und zu billigen, im Vertrauen auf unser Versprechen, dass es in Zukunft keine *vollendeten Tatsachen* mehr geben wird!

Anhang 5: Numerisches Ausmaß des Flüchtlingsproblems

Während die Anzahl der Menschen, bei denen es sich im eigentlichen Sinne um Flüchtlinge handelt, mehr oder weniger genau ermittelt wurde, bleibt die Frage strittig, wie viele dieser Flüchtlinge tatsächlich aus dem Teil Palästinas stammen, der heute Israel ist. Sowohl von neutralen Beobachtern als auch von Parteien, die ein besonderes Interesse an der Kontroverse haben, wurden verschiedene Schätzungen abgegeben.

Zwei Bewertungen der Sachlage werden an dieser Stelle wiedergegeben. Bei der ersten handelt es sich um einen Auszug aus F. Theodore Witkamps *The Refugee Problem in the Middle East*, veröffentlicht im Bericht der Forschungsgruppe für europäische Migrationsprobleme von Januar–März 1957; die andere ist einer Studie eines privaten Forschers entnommen.

Mit der Wiedergabe dieser Bewertungen stimmt das Gremium den darin enthaltenen Einschätzungen weder zu noch lehnt es sie ab. Sie werden hier ausschließlich zur individuellen Beurteilung durch den Leser wiedergegeben. Die offiziellen Zahlen sind in den drei Tabellen des UNRWA auf den Seiten 84–85 aufgeführt.[1]

[1] Vgl. *Jahresbericht des Generalkommissars des Hilfswerks der Vereinten Nationen für Palästina-Flüchtlinge im Nahen Osten (UNRWA) für den Zeitraum vom 1. Juli 1956 bis zum 30. Juni 1957*, Offizielle Protokolle der Generalversammlung, Zwölfte Sitzung, Beilage Nr. 14, UN-Dokument-Nr. A/3686.

I

»[…] Die Ermittlung der Anzahl der Menschen, die für Hilfeleistungen infrage kommen, erwies sich schon bald als äußerst schwierige Aufgabe. Auch heute noch beruhen die meisten Daten auf Schätzungen, wobei in der Regel die Anzahl der verteilten Hilfsrationen als Ausgangspunkt dient. Die Organisationen, die unter der Schirmherrschaft des Hilfswerks der Vereinten Nationen für Palästina-Flüchtlinge (UNRPR)[2] die Verteilung übernahmen, sahen sich im Frühjahr 1949 mit mehr als einer Million Anträgen auf Hilfsrationen konfrontiert. Nach näherer Untersuchung durch den Generalkommissar des UNRPR wurde diese Zahl bald auf 940 000 korrigiert. Neuere Untersuchungen deuten jedoch darauf hin, dass die Anzahl der verteilten Hilfsrationen noch geringer ist.

Tabelle 1: Anzahl der Flüchtlinge und der verteilten Hilfsrationen[a]

	Juni 1950		**Juni 1951**	
	Flüchtlinge	*Rationen*	*Flüchtlinge*	*Rationen*
Gaza	198 227	188 227	199 789	197 233
Jordanien	506 200	503 423	465 741	444 403
Libanon	127 600	129 041	106 896	106 068
Syrien	82 194	82 824	82 861	80 499
Israel	45 800	45 800	24 380	23 434
Gesamt	**960 021**	**949 315**	**879 667**	**851 637**

(Fortsetzung von Tabelle 1 auf S. 154–155)

[a] Die Anzahl der Lebensmittelrationen wurde auf das Äquivalent voller Rationen korrigiert, da einige registrierte Flüchtlinge keine Trockenrationen erhalten und andere (einige Dorfbewohner im Grenzgebiet) halbe Rationen erhalten. Vor der achten Sitzung der Generalversammlung erhielten auch Kinder unter sieben Jahren und einige Beduinen halbe statt voller Rationen.

[2] Anm. d. Übers.: United Nations Relief for Palestine Refugees.

(... *Tab. 1*)	**Juni 1952**		**Juni 1953**	
	Flüchtlinge	*Rationen*	*Flüchtlinge*	*Rationen*
Gaza	204 356	198 427	208 560	199 465
Jordanien	469 576	438 775	475 620	431 012
Libanon	104 901	99 903	102 095	97 324
Syrien	84 224	80 674	85 473	79 819
Israel	19 616	17 176	b	b
Gesamt	**882 673**	**834 955**	**871 748**	**807 620**

Tabelle 2: Verteilung der Flüchtlinge nach Alter und Wohnsitzland (Stand: 30. Juni 1957)

Land	**0–1 Jahr**	**1–15 Jahre**	**15 Jahre und älter**	**Anzahl der Familien**
Gaza	5 162	98 626	117 270	40 507
Jordanien	5 418	219 640	292 330	99 939
Libanon	1 103	43 023	58 460	23 688
Syrien	4 279	36 944	51 301	21 863
Gesamt	**15 962**	**398 233**	**519 361**	**185 997**

Tabelle 3: Anzahl der in Lagern untergebrachten Flüchtlinge nach Ländern

Land	**Juni 1950**	**Juni 1951**	**Juni 1952**
Gaza	95 000	102 586	90 670
Jordanien	110 655	115 867	134 588
Libanon	28 799	34 363	36 881
Syrien	33 144	23 478	18 989
Gesamt	**267 598**	**276 294**	**281 128**
Prozentualer Anteil an den in Tab. 1 aufgeführten Flüchtlingszahlen	29,3 %	32,3 %	32,6 %

	Juni 1954		Juni 1955	
	Flüchtlinge	*Rationen*	*Flüchtlinge*	*Rationen*
Gaza	212 600	207 037	214 601	208 674
Jordanien	486 631	443 464	499 606	441 371
Libanon	101 636	100 056	103 600	101 272
Syrien	86 191	83 233	88 179	84 611
Israel	[b]	[b]	[b]	[b]
Gesamt	**887 058**	**833 790**	**905 986**	**835 928**

(... Tab. 1)	Juni 1956		Juni 1957	
	Flüchtlinge	*Rationen*	*Flüchtlinge*	*Rationen*
Gaza	216 971	213 056	221 058	214 463
Jordanien	512 706	437 855	517 388	433 511
Libanon	102 625	101 056	102 586	101 352
Syrien	89 977	85 810	92 524	87 451
Israel	[b]	[b]	[b]	[b]
Gesamt	**922 279**	**837 777**	**933 556**	**836 777**

[b] Nicht länger im Zuständigkeitsbereich des UNRWA.

Juni 1953	Juni 1954	Juni 1955	Juni 1956	Juni 1957
81 367	96 500	124 107	129 741	123 770
145 962	153 967	153 250	167 364	171 579
37 236	37 333	38 670	42 494	45 143
17 698	17 830	19 725	19 082	20 106
282 263	**305 630**	**335 752**	**358 681**	**360 598**
32,4 %	34,4 %	37,1 %	38,9 %	38,6 %

Das UNRPR schlug folgende Arbeitsdefinition für einen Flüchtling mit Anspruch auf Hilfeleistungen vor: ›[…] eine Person, die ihren gewöhnlichen Aufenthalt in Palästina hat und infolge der Feindseligkeiten ihre Unterkunft und ihren Lebensunterhalt verloren hat und in Not ist.‹ Das UNRWA hat diese Definition wie folgt geändert: ›Anspruchsberechtigt ist eine Person, die vor Ausbruch des Konflikts im Jahr 1948 mindestens zwei Jahre lang ihren gewöhnlichen Aufenthalt in Palästina hatte und infolge des Konflikts sowohl ihre Unterkunft als auch ihre Lebensgrundlage verloren hat.‹[3]

Es war nur selten möglich, diesen Definitionen vollständig gerecht zu werden. Menschen, die beispielsweise an der Grenze lebten und dort vielleicht ihr Zuhause hatten, jedoch von ihrem Land abgeschnitten waren, mussten anerkannt werden. Zudem gab es zahlreiche Beduinen, deren Wohnsitz zwar nicht eindeutig festgestellt werden konnte, die sich aber in großer Not befanden. Dann gab es Flüchtlinge, die anfangs über etwas Geld verfügten, später jedoch mittellos wurden und wieder aufgenommen werden mussten.

Im Jahr 1950 bezifferte der Generalkommissar des UNRWA die Zahl der Flüchtlinge auf 960021, wobei er sich weitgehend auf die Zahlen seines Vorgängers beim UNRPR stützte (siehe Tabelle 1).

Die United Nations Economic Survey Mission for the Middle East kommt in ihrem Bericht vom 28. Dezember 1949 zu einem ganz anderen Ergebnis. Der Bericht beruft sich auf die Bevölkerungszahlen Palästinas vor der Teilung und kommt zu dem Schluss, dass es nicht mehr als 726000 Flüchtlinge geben kann, von denen nach Angaben der Kommission 99000 nicht mittellos sind.[4]

[3] *Sonderbericht des Generalkommissars und der Beratungskommission des UNRWA an die Generalversammlung*, Offizielle Protokolle der Generalversammlung, Neunte Sitzung, Beilage Nr. 17A, UN-Dokument-Nr. A/2717, S. 2, Absatz 19.

[4] Vgl. *Abschlussbericht der United Nations Economic Survey Mission for the Middle East*, 28. Dezember 1949, UN-Dokument-Nr. A/AC.25/6, Teile 1 und 2. Sibylla G. Thicknesse schätzt die Zahl der echten Flücht-

Flüchtlinge, die aus Israel geflohen und hilfsbedürftig sind	627000
Zuzüglich der Fälle in Grenzgebieten	25000
Hilfsbedürftige Flüchtlinge	652000
Zuzüglich der Flüchtlinge, die erwerbstätig und nicht hilfsbedürftig sind	99000
Gesamtzahl der Flüchtlinge	751000
Abzüglich der Flüchtlinge, die vermutlich keine Hilfsrationen erhalten	19000
Flüchtlinge, die Hilfsrationen in arabischen Ländern erhalten	732000
Zuzüglich der Nicht-Flüchtlinge in arabischen Ländern, die Hilfsrationen erhalten	160000
Gesamtzahl der Hilfsrationen in arabischen Ländern	892000
Zuzüglich der arabischen und jüdischen Flüchtlinge in Israel	48000
Gesamtzahl der von der UNRPR verteilten Hilfsrationen	940000
Zuzüglich der Empfänger von Hilfsrationen, die über die vom UNRPR verteilten Hilfsrationen hinausgehen	79000
	1019000

Zieht man die Zahl der nicht bedürftigen Flüchtlinge ab und addiert die Einwohner aus den Grenzgebieten hinzu, erhält man die Zahl, die wahrscheinlich am ehesten zutrifft. Es handelt sich dabei jedoch keineswegs um eine exakte Angabe, da die Zahlen aus der Zeit der Mandatsregierung bekanntermaßen unzuverlässig sind. Oscar Gass beruft sich beispielsweise auf jüdische Schätzungen, die er für zuverlässiger hält.[5]

Natürlich kann man nicht davon ausgehen, dass es sich bei den Zahlen für die arabische Bevölkerung um mehr als eine Annäherung handelt. Das Führen eines Melderegisters erwies sich in Palästina schon immer als sehr schwierig. Selbst eine

linge auf 713000. Vgl. Thicknesse, Sibylla G., *Arab Refugees. A Survey of Resettlement Possibilities*, London 1949, S. 6.

5 Vgl. Nathan, Robert; Gass, Oscar und Creamer, Daniel, *Palestine. Problem and Promise – An Economic Study*, Washington, D. C., 1946, S. 130.

Volkszählung war mit allerlei Problemen verbunden, da die mit der Erhebung beauftragten Beamten oft nicht in die abgelegenen Dörfer vordringen konnten und auf die Angaben des Mukhtar angewiesen waren. (Ein Mukhtar ist das Oberhaupt eines Familienverbands, *Hamonleh*, und als solches Mitglied des Dorfrats. Er ist häufig mit administrativen Aufgaben betraut, wie der Aufrechterhaltung von Recht und Ordnung, Bildungsangelegenheiten und der Registrierung der Einwohner.) Für diesen Würdenträger war es von Vorteil, hohe Zahlen zu nennen, da sich seine Vergütung nach der Höhe der Einwohnerzahl richtete. Darüber hinaus war es auch nicht möglich, die kontinuierliche Migration entlang der langen, unkontrollierten Grenze Palästinas vor dessen Teilung im Auge zu behalten, zumal sich ein palästinensischer Araber in keiner Weise von einem Araber aus einem Nachbarstaat unterscheiden lässt.

Aber dies sind nicht die einzigen Gründe für die großen Diskrepanzen in den Flüchtlingsstatistiken. Den Berichten des UNRWA zufolge ließen sich viele Tausend Araber, die in den Ländern beheimatet waren, in denen die Flüchtlinge Zuflucht fanden, selbst auf die Rationslisten setzen. Mangelhafte und uneinheitliche Flüchtlingsdefinitionen der ursprünglichen Hilfsorganisationen trugen dazu bei, dies zu ermöglichen[6] (siehe auch die obige Tabelle der United Nations Economic Survey Mission for the Middle East). In der Praxis ist es jedoch sehr schwierig, manchmal sogar fast unmöglich, einen bedürftigen Araber von einem anderen zu unterscheiden. Und unter humanitären Gesichtspunkten verdienen diejenigen, die nicht zufällig Flüchtlinge sind, nicht weniger Hilfe als diejenigen, bei denen es sich tatsächlich um Flüchtlinge handelt. Es muss jedoch eine klare Unterscheidung zwischen den beiden Kategorien getroffen werden. Eine weitere entscheidende Ursache für fehlerhafte oder abweichende Zahlen ist in der Registrierung von Geburten und Sterbefällen zu suchen. Das UNRWA verhandelt seit Jahren mit Vertre-

[6] Vgl. *Bericht des Generalsekretärs über die Hilfe für Palästina-Flüchtlinge*, 4. November 1949, UN-Dokument-Nr. A/1006, S. 20.

tern von Flüchtlingen und beteiligten Regierungen über ein ordnungsgemäßes Registrierungssystem, aber ›[…] Während alle Geburten eifrig bekanntgegeben werden, wird über Todesfälle nach Möglichkeit Stillschweigen bewahrt, damit die Familie weiterhin Hilfsrationen für die Verstorbenen erhalten kann‹.[7]

Außerdem gibt es viele Fälle, in denen Familien nicht angeben, dass sie in der Lage sind, ihren Lebensunterhalt selbst zu bestreiten, und über ein zu hohes Einkommen verfügen, um Anspruch auf Hilfeleistungen zu haben. ›Es ist schwierig und in einigen Fällen sogar unmöglich, ein ausreichendes System zu entwickeln, das sicherstellt, dass alle Personen, die keinen Anspruch auf Hilfsrationen oder sonstige Hilfeleistungen der Organisation haben, von der Liste gestrichen werden.‹[8]

Jeder nachfolgende Jahresbericht zeigt einmal mehr, dass weder den beteiligten Regierungen noch den Flüchtlingen selbst bewusst ist, dass solche Praktiken aufgrund der begrenzten finanziellen Mittel des UNRWA nur den Flüchtlingen selbst schaden. Bisher ist es nicht gelungen, die Hilfsempfänger davon zu überzeugen, dass das einzige Ziel des UNRWA darin besteht, die verfügbaren Finanzmittel so gut und so redlich wie möglich zu verwenden. Aufgrund fehlender Mittel können beispielsweise einige Kinder von echten Flüchtlingen keine Hilfsrationen erhalten, weil es sich bei ihnen streng genommen nicht um palästinensische Flüchtlinge handelt. ›Die Gewährung von Hilfeleistungen für diese Kinder erfordert jedoch entweder (a) die Streichung von nicht anspruchsberechtigten Personen aus dem Register oder (b) eine Aufstockung des von der Organisation vorgelegten Haushalts

7 *Bericht des Generalkommissars des UNRWA an die Generalversammlung*, Offizielle Protokolle der Generalversammlung, Siebte Sitzung, Beilage Nr. 13, UN-Dokument-Nr. A/2171, Seite 3, Absatz 15.

8 *Sonderbericht des Generalkommissars und der Beratungskommission des UNRWA an die Generalversammlung*, Offizielle Protokolle der Generalversammlung, Neunte Sitzung, Beilage Nr. 17, UN-Dokument-Nr. A/2717, S. 2, Absatz 11.

(1954/55) oder (c) möglicherweise eine Kombination aus beidem.‹[9]

Bemühungen, Anspruchsberechtigte vom Rest zu trennen, stoßen häufig auf Widerstand. Als beispielsweise in Jordanien eine ordnungsgemäße Volkszählung durchgeführt wurde, kam es zu Unruhen, und die Volkszähler wurden bedroht und/oder bestochen. Die jordanische Regierung schlug daraufhin die Einsetzung eines gemischten Berufungsausschusses vor, der jedoch erwirkte, dass die Aktivitäten eingestellt werden mussten.[10]

Das UNRWA beklagt immer wieder die mangelnde Kooperation der arabischen Regierungen bei der Aufgabe, diejenigen von den Rationslisten zu streichen, die über ein ausreichend hohes Einkommen verfügen, um für sich selbst zu sorgen. Auf Betreiben dieser Regierungen wurde das vorgeschriebene Mindesteinkommen so hoch angesetzt, dass es nahezu unmöglich geworden ist, jemanden überhaupt von der Rationsliste zu streichen. ›Tatsächlich gibt es zahlreiche Fälle, in denen vollzeitbeschäftigte Staatsbedienstete aufgrund ihrer Position auf der Einkommensskala weiterhin auf den Rationslisten bleiben.‹[11]

Schließlich gibt es noch das Phänomen, dass das ›Flüchtlingsdasein‹ institutionalisiert wurde. Selbst wenn geeignete Möglichkeiten geschaffen werden, die es den Flüchtlingen erlauben, ihren Status hinter sich zu lassen, zögern die Menschen, sie wahrzunehmen und ihre UNRWA-Lebensmittelkarten abzugeben. In den vergangenen acht Jahren waren diese Karten

[9] *Sonderbericht des Generalkommissars und der Beratungskommission des UNRWA an die Generalversammlung*, Offizielle Protokolle der Generalversammlung, Neunte Sitzung, Beilage Nr. 17A, UN-Dokument-Nr. A/2717, S. 2, Absatz 21.

[10] Am 25. Januar 1956 informierte die jordanische Zeitung *Falastin* ihre Leser darüber, dass die Regierung dem UNRWA die Genehmigung verweigert hatte, die Zahl der palästinensischen Flüchtlingskinder in Jordanien zu ermitteln.

[11] *Bericht des Generalkommissars des UNRWA an die Generalversammlung*, Offizielle Protokolle der Generalversammlung, Siebte Sitzung, Beilage Nr. 13, UN-Dokument-Nr. A/2171, Seite 3, Absatz 16.

das Einzige, was ihren Inhabern ein Gefühl der Sicherheit vermittelt hat. Mit dieser Karte war ›echter Hunger‹ praktisch ausgeschlossen; man konnte damit seine Kinder zur Schule schicken, man erhielt damit kostenlose medizinische Hilfe und war außerdem von Steuern befreit. ›Die Lebensmittelkarte ist in der Tat so sehr Teil des Lebens und der Wirtschaft der Flüchtlinge geworden, dass sie nicht selten als Sachwert verwendet wird, mit dem erhebliche Summen geliehen werden können.‹[12]

Schlussfolgerungen: Gut organisierte Volkszählungen sind unerlässlich. Es ist unmöglich, Hilfsmaßnahmen auf der Grundlage einer mangelhaften Kenntnis der Zahl der Personen zu erlassen, für die diese Hilfsmaßnahmen gelten sollen. Die vorgeschlagenen statistischen Ämter – wie sie in den Berichten der Internationalen Bank für Wiederaufbau und Entwicklung (IBRD)[13] empfohlen werden[14] – müssen diesen Punkt in ihr Programm für eine Volkszählung der einheimischen Bevölkerung aufnehmen. Bei der Suche nach einer Lösung ist es nicht notwendig, alle von dem UNRWA betreuten ›Flüchtlinge‹ zu berücksichtigen. Viele von ihnen waren nie Einwohner Palästinas, weshalb die Empfehlungen der verschiedenen von der Generalversammlung der Vereinten Nationen verabschiedeten Resolutionen für sie nicht gelten.«

Quelle: Witkamp, F. Theodore, *The Refugee Problem in the Middle East*, Bericht der Forschungsgruppe für europäische Migrationsprobleme (Research Group for European Migration Problems, REMP), Bd. 5, Nr. 1, Den Haag, Januar–März 1957.

[12] *Sonderbericht des Generalkommissars und der Beratungskommission des UNRWA an die Generalversammlung*, Offizielle Protokolle der Generalversammlung, Neunte Sitzung, Beilage Nr. 17, UN-Dokument-Nr. A/2717, S. 3, Absatz 16.

[13] Anm. d. Übers.: International Bank for Reconstruction and Development.

[14] Die von der Internationalen Bank für Wiederaufbau und Entwicklung erstellten Berichte zur wirtschaftlichen Entwicklung Syriens sowie zur wirtschaftlichen Entwicklung des Irak.

»Vor einiger Zeit habe ich mich eingehend mit der statistischen Seite der Flüchtlingsproblematik befasst und bin im Zuge dessen zu interessanten Ergebnissen gekommen. Ich habe meine Zahlen auf der Grundlage der letzten Volkszählung (31. Dezember 1944) berechnet, die von der britischen Regierung durchgeführt und dem angloamerikanischen Untersuchungskomitee (AACI)[15] vorgelegt wurde.

Um zu den korrekten Zahlen zu gelangen, habe ich den Grenzverlauf nach der Gründung Israels untersucht, sodass ich nun über eine vollständige Liste derjenigen Städte und Dörfer verfüge, die jetzt zu Israel gehören, sowie über die Zahlen der arabischen Einwohner, die dort lebten. Die berechneten Zahlen sind in der obigen Tabelle aufgeführt. Die Aufteilung der Zahlen nach ländlichen und städtischen Gebieten hat einen offensichtlichen Grund: Einige Städte liegen in Israel, während einige ihrer Bezirke (oder Teile davon) in arabischen Gebieten liegen und umgekehrt. Im Hinblick auf die *ländlichen* Gebiete stellte sich das Problem als noch viel größer heraus, da einige Teile dieser Gebiete entweder dem einen oder dem anderen Sektor zuzuordnen waren, aber ich habe mich den Zahlen so weit wie möglich angenähert; auf der einen oder anderen Seite kann es nur Unterschiede in der Größenordnung von 5000 geben. In allen nicht eindeutigen Fällen habe ich die jeweils höhere Zahl gewählt, ausgehend von der Anzahl der Araber, die

[15] Anm. d. Übers.: Anglo-American Committee of Inquiry. Das angloamerikanische Untersuchungskomitee war ein gemeinsames britisches und US-amerikanisches Komitee, das am 4. Januar 1946 in Washington, D.C., zusammengestellt wurde. Das Komitee hatte den Auftrag, die politischen, wirtschaftlichen und sozialen Bedingungen im Mandatsgebiet Palästina zu untersuchen und Vertreter der Juden und Araber zu konsultieren, um Empfehlungen für eine diplomatische Lösung des Konflikts zwischen Juden und Arabern im Mandatsgebiet Palästina abzugeben. Der daraus resultierende Bericht mit dem Titel *Report of the Anglo-American Committee of Enquiry Regarding the Problems of European Jewry and Palestine* wurde am 20. April 1946 in Lausanne veröffentlicht.

Die gesamte arabische Bevölkerung des heutigen israelischen Palästinas.

Ländliche Bezirke:			*Städte:*	
Jaffa	36950		50880	
Ramla	61750		11900	
Haifa	48270		35940	
Nazareth	21850		5500	
Bet Sche'an	11190		4730	
Tiberias	17910		4540	
Akkon	37400		9890	
Safed	35400		9100	
Gaza	26100	(78350)		
Jerusalem	21250	(63550)	16020	(30630)
Tulkarm	20000	(60140)		
Dschenin	17000	(51880)		
Be'er Scheva			5360	
Tel Aviv			130	
Petach Tikwa			140	
Schefar'am			1380	
Afula			10	
Lod			14910	
	355070		170430	

Ländlich:	355070
Städtisch:	170430
	525500

1944 (31. Dezember) auf dem Gebiet des heutigen israelischen Palästinas lebten. Den für diesen Zweck zuverlässigsten Statistiken zufolge betrug der jährliche Zuwachs der arabischen Bevölkerung im gesamten Mandatsgebiet Palästina etwa 35000. Auf dieser Grundlage würde ein Zeitraum von dreieinhalb Jahren einen Anstieg der palästinensisch-arabischen Bevölkerung Israels um weniger als 70000 Menschen bedeuten. Damit steigt die Gesamtzahl auf 580000.

Gesamtzahl	580000
In Israel verblieben	150000
Nach Israel zurückgekehrt	35 000
Nettozahl der Flüchtlinge	**395 000**

Dies sind die tatsächlichen Zahlen der arabischen Flüchtlinge, die das heutige israelische Palästina verlassen haben. Die gerundete Zahl 400000 ist sehr konservativ geschätzt und großzügig angesetzt. In dieser Hinsicht widerspreche ich ausdrücklich allen Statistiken, Berichten, Erklärungen der Vereinten Nationen oder Flüchtlingsbehörden et cetera, da sie auf der Grundlage von Volkszählungen in Flüchtlingslagern erstellt wurden, die sich mittlerweile in verschiedenen arabischen Ländern befinden [...].«[16]

[16] Anm. d. Übers.: Im Original ohne Quellenangabe.

Anhang 6: Anmerkungen zu den Entwicklungsprogrammen im Nahen Osten

Von Joachim O. Ronall

Öl im Überfluss, von dem nur ein Bruchteil in der Region verbraucht wird, nicht genug Wasser, um eine ausreichend große Menge an Lebensmitteln zu produzieren, Armut unter Bauern und Nomaden, gepaart mit weit verbreitetem Analphabetismus und endemischen Krankheiten – das sind die Ausgangspunkte für die wirtschaftliche Entwicklung im Nahen Osten. Diese Konstellation stellt eine Herausforderung für die politische und wirtschaftliche Vernunft dar und wirft grundlegende moralische und ethische Fragen auf.

Seit dem Ende des Zweiten Weltkriegs ist eine gewisse Verbesserung der Lebensmittelproduktion und der Gesundheitsstandards zu verzeichnen, die auf Bewässerungs- und Entwässerungsprojekte, chemische Düngung, Schädlingsbekämpfung sowie Gesundheits- und Bildungsmaßnahmen zurückzuführen ist. Der 1949 veröffentlichte Abschlussbericht der United Nations Economic Survey Mission for the Middle East spricht von »extremer Armut«.[1] Heute, zehn Jahre später, muss diese Aussage durch die Unterscheidung zwischen den erdölfördernden und den anderen Staaten der Region relativiert werden; oder, geografisch gesprochen, zwischen den ostarabischen Staaten, die Öl produzieren und exportieren, und den

[1] *Abschlussbericht der United Nations Economic Survey Mission for the Middle East*, 28. Dezember 1949, UN-Dokument-Nr. A/AC.25/6, Teil 1.

westarabischen Staaten, die an das Mittelmeer grenzen und finanziell nur vom Öltransit profitieren. Abgesehen von dem phänomenalen Anstieg der Ölproduktion blieb die grundlegende Agrarstruktur der meisten dieser Staaten unverändert.[2] Mit Ausnahme Israels verdienen nicht mehr als zehn Prozent der erwerbstätigen Bevölkerung ihren Lebensunterhalt in der verarbeitenden Industrie. Das jährliche Pro-Kopf-Einkommen liegt in der gesamten Region, mit Ausnahme des Libanon und Israels, weiterhin unter 250 US-Dollar.[3]

Unter diesen Bedingungen ist die »Revolution der steigenden Erwartungen«,[4] der Drang nach Entwicklung, unvermeidlich geworden: Der von Demokratie, Kommunismus und Nationalismus gleichermaßen propagierte Druck zu sozialen Reformen und wirtschaftlichen Verbesserungen zwingt zum Handeln. Achtundvierzig führende westliche Denker und Staatsmänner, darunter Paul Henri Spaak, Jean Monnet, Lester Pearson und Aldous Huxley, antworteten auf eine Anfrage des Ausschusses für Wirtschaftsförderung (CED),[5] dass die wichtigste Aufgabe, mit der die Vereinigten Staaten in den kommenden zwanzig Jahren konfrontiert sein werden, darin bestehe, eine bessere Verteilung des Wohlstands in der Welt zu erreichen und die eklatante Diskrepanz zwischen dem US-amerikanischen Lebensstandard und dem der unterentwickelten Gebiete der Welt zu verringern.

[2] Vgl. Keen, Bernard A., *The Agricultural Development of the Middle East*, London 1946.

[3] Vgl. Campbell, John C., *Defense of the Middle East. Problems of American Policy*, New York 1958.

[4] Anm. d. Übers.: Der Begriff »Revolution der steigenden Erwartungen« wurde in den 1950er-Jahren in Diskussionen über die Außen- und Entwicklungshilfepolitik der Vereinigten Staaten populär. Er wurde verwendet, um die Hoffnung der ärmsten Länder auf eine bessere Zukunft im Zuge der Entkolonialisierung der Nachkriegszeit zu beschreiben.

[5] Anm. d. Übers.: Das Committee for Economic Development of The Conference Board ist ein US-amerikanischer, gemeinnütziger und unparteiischer Thinktank für öffentliche Politik. Das Kuratorium besteht in erster Linie aus führenden Vertretern der US-amerikanischen Wirtschaft. Der Organisation wird zugeschrieben, bei der Erarbeitung des Marshallplans mitgewirkt zu haben.

Unter diesem Druck haben die Regierungen der meisten Staaten des Nahen Ostens in den vergangenen zehn Jahren Entwicklungsprogrammen viel Aufmerksamkeit geschenkt und verstärkt in solche investiert. Zwischen 1920 und 1950 gab es nur drei nennenswerte Versuche der Wirtschaftsplanung:[6] die beiden Fünfjahrespläne der Türkei in den Dreißigerjahren, die Programme für den Iran, die im Rahmen der Millspaugh-Missionen[7] sowie von dem Unternehmen Overseas Consultants Inc.[8] in den Dreißigerjahren und unmittelbar nach dem Ende des Zweiten Weltkriegs ausgearbeitet wurden, und der Zehnjahresplan für Zypern, der 1948 vom Sekretariat der britischen Kronkolonie vorgelegt wurde. Aus verschiedenen Gründen wurde keines dieser Programme umgesetzt. Die Ur-

6 Vgl. Meyer, Albert J., »Development Plans in the Middle East«, Mitschrift eines Vortrags, der auf einer Arbeitskonferenz über Entwicklungen, Ziele, Pläne und Perspektiven im Nahen Osten gehalten wurde, The Middle East Institute, Washington, D.C., Januar/Februar 1958.

7 Anm. d. Übers.: Arthur C. Millspaugh (1883–1955) war Politikwissenschaftler und Berater der Außenhandelsabteilung des Außenministeriums der Vereinigten Staaten. Von 1922 bis 1927 und von 1942 bis 1945 war er für die Reorganisation des iranischen Finanzministeriums zuständig. Durch seine Hilfe erlangte der Iran eine gewisse Unabhängigkeit von ausländischen Krediten zur Aufrechterhaltung seiner Volkswirtschaft. Millspaugh gelang es, eine Reihe von Reformen durchzusetzen, darunter ein neues Steuergesetz, das zwar die Armen hart traf, aber das Projekt der Transiranischen Eisenbahn finanzierte, das 1927 von dem Schah Mohammad Reza Pahlavi in Angriff genommen wurde. Die Erfolge der Mission wurden durch innenpolitische Rivalitäten und Korruptionsfälle beeinträchtigt.

8 Anm. d. Übers.: Overseas Consultants Inc. wurde in den 1940er-Jahren durch den Zusammenschluss von elf führenden US-amerikanischen Ingenieur- und Management-Firmen gegründet. Das Unternehmen war unter anderem in Entwicklungsländern tätig, die seit den späten 1940er-Jahren ihren Lebensstandard durch die gesteigerte Produktion von Lebensmitteln, natürlichen Ressourcen und Industriegütern erhöhen wollten. Der Iran beauftragte Overseas Consultants Inc., ihn bei einem Entwicklungsprogramm zu beraten. Das Unternehmen führte zu diesem Zweck eine detaillierte Studie durch, die heute einen historischen Einblick in die wirtschaftliche Entwicklung des Irans in den späten 1940er-Jahren liefert.

sachen für das Scheitern waren in allen Fällen fehlende Mittel und die Tatsache, dass es sich bei diesen »Plänen« im Wesentlichen nicht um Entwicklungsprogramme, sondern im Großen und Ganzen um erweiterte und langfristige Budgets für die Verwendung öffentlicher Gelder handelte.

Im Jahr 1950 zeichnete sich aus den folgenden Gründen eine wichtige Veränderung ab: Die erste Gewinnbeteiligung zwischen den erdölfördernden Staaten und den ausländischen Betreibergesellschaften trat in Kraft, die US-amerikanische Auslandshilfe nahm beträchtliche Ausmaße an, und durch die Konsolidierung Israels wurden enorme Beträge für die Entwicklung freigesetzt. Seitdem ist Wirtschaftsförderung zum Schlagwort unserer Zeit geworden. Regierungsbehörden, qualifizierte Unternehmen, Gruppen und Einzelpersonen haben zahlreiche Studien, Berichte und Empfehlungen zur Neuordnung der Land- und Wasserressourcen des Nahen Ostens erstellt. Syrien, der Irak und der Iran haben langfristige Gesamtinvestitionspläne auf den Weg gebracht. Ägypten, Israel, der Libanon und die Türkei haben Teilpläne für verschiedene Sektoren ihrer Volkswirtschaften aufgestellt. Trotz der regionalen Zersplitterung[9] enthalten alle Entwicklungspläne zwei gemeinsame Elemente: Erstens sind die wichtigsten Posten aller Entwicklungsbudgets die Sektoren Landwirtschaft und Kommunikationstechnik; zweitens ergreifen diese Regierungen Maßnahmen, um die Entwicklung von unternehmerischen, geschäftlichen und finanziellen Kompetenzen in ausreichendem Umfang einzuleiten und zu fördern. Diese Entwicklungspläne müssen in die bestehenden Wirtschafts- und Gesellschaftsstrukturen »eingepflanzt« oder ihnen »aufgepfropft« werden, in der Erwartung, dass sie sich von selbst

[9] Vgl. Coon, Carleton S., *Caravan. The Story of the Middle East*, New York 1951; Badre, Albert Y., »A Middle Easterner Looks at Regional Development«, Mitschrift eines Vortrags, der auf einer Arbeitskonferenz über Entwicklungen, Ziele, Pläne und Perspektiven im Nahen Osten gehalten wurde, The Middle East Institute, Washington, D.C., Januar/Februar 1958; sowie Glubb, John B., *A Soldier with the Arabs*, New York 1957.

weiterentwickeln.[10] Die westliche Vorstellung, dass der Einzelne in der Lage ist, seine eigenen Interessen zu verfolgen, gilt in unterentwickelten Gebieten nicht. Im Nahen Osten wird die Gruppe – die Familie, der Stamm, die Gesellschaft oder die Regierung – als der Beschützer des Einzelnen angesehen.[11] Der Einzelne übernimmt keine Verantwortung für die Verbesserung der Lebensbedingungen. Der Einfluss religiöser Grundsätze auf diese Einstellung bietet ein interessantes Untersuchungsfeld. Daher dürfte die Initiierung und Umsetzung von Entwicklungsprogrammen im Nahen Osten noch für einige Zeit in der Verantwortung der öffentlichen Hand liegen.

Der Stellenwert, den öffentliche gegenüber privaten Initiativen einnehmen, wird noch deutlicher, wenn man die Verfügbarkeit von finanziellen Mitteln berücksichtigt. Private Ersparnisse für Investitionszwecke sind praktisch unerreichbar. Die Voraussetzungen für ihre Mobilisierung, nämlich Sicherheit von Leben und Eigentum, politische Stabilität, keine Angst vor Aggressionen von außen, Vertrauen in die Zahlungsfähigkeit der lokalen Regierung und in die Stabilität der lokalen Währungen, sind in den Staaten der Region weitgehend nicht gegeben.[12] Dies gilt auch für die Mobilisierung ausländischer Privatinvestitionen, mit Ausnahme des Erdölsektors. Folglich sind öffentliche Mittel fast die einzige Quelle für die Entwicklungsfinanzierung.

Im Iran und im Irak werden die Ölexporte, wenn sie auf dem derzeitigen Niveau gehalten oder erhöht werden, eine ausreichende Finanzierung der Entwicklungsprogramme in diesen beiden Staaten sicherstellen. Im Mai 1950 verabschie-

10 Vgl. Bonne, Alfred, *Studies in Economic Development. With Special Reference to Conditions in the Underdeveloped Areas in Western Asia and India*, London 1957 sowie ders., *State and Economics in the Middle East*, London 1948.

11 Vgl. Badre, Albert Y., »A Middle Easterner Looks at Regional Development«.

12 Vgl. Wirtschaftskommission der Vereinten Nationen für Asien und den Fernen Osten, *Mobilization of Domestic Capital in Certain Countries of Asia and the Far East*, Bangkok 1951.

dete die irakische Regierung das Gesetz Nr. 23, kraft dessen alle von den Ölgesellschaften erwirtschafteten Einnahmen an den Entwicklungsausschuss abgetreten wurden. Im Jahr 1952 beschränkte eine Gesetzesänderung die Abtretung auf 70 Prozent der Öleinnahmen;[13] 1954/55 auf etwa 125 000 000 US-Dollar.[14] Die Plan- und Haushaltsorganisation des Iran rechnet mit Einnahmen in Höhe von etwa 850 000 000 US-Dollar in den sieben Jahren ihrer voraussichtlichen Tätigkeit. Diese Summe entspricht 70 Prozent der gesamten Öleinnahmen des Landes im gleichen Zeitraum, die auf 1 200 000 000 US-Dollar geschätzt werden.[15] Die Einnahmen Syriens aus Öltransitgebühren werden für den Sechsjahreszeitraum bis 1961 auf etwa 170 000 000 US-Dollar geschätzt.[16]

Übersicht

ÄGYPTEN

Die Nationale Planungskommission hat detaillierte und spezifische Entwicklungsprogramme ausgearbeitet. Zusammengefasst haben sie die folgenden Ziele:

Landwirtschaft	290 000 000 USD	45 %
Stromversorgung	43 500 000 USD	8 %
Kommunikationstechnik	188 500 000 USD	27 %
Industrie	130 000 000 USD	20 %
	652 000 000 USD	**100 %**

[13] Für nähere Informationen vgl. Shwadran, Benjamin, *The Middle East, Oil and the Great Powers*, New York 1955.

[14] Vgl. Hauptabteilung Wirtschaftliche und Soziale Angelegenheiten der Vereinten Nationen (UN DESA), *Economic Developments in the Middle East 1954–1955*, Beilage zum Weltwirtschaftsbericht für das Jahr 1955, UN-Dokument-Nr. E/2880 ST/ECA/39, New York 1956.

[15] Vgl. ebd.

[16] Vgl. ebd.

Für den Industriesektor beinhaltet dieses Programm Pläne für eine Ölraffinerie, ein Eisen- und Stahlwerk sowie eine Düngemittelfabrik. Für den Sektor Stromversorgung sind zwei Kraftwerke vorgesehen, Kairo Nord und Kairo Süd. Dieses Programm schließt jedoch nicht das viel diskutierte Projekt des Assuan-Staudamms ein, das etwa vier Meilen flussaufwärts vom heutigen Assuan-Damm durchgeführt werden soll. Es handelt sich dabei um ein enormes Projekt, sowohl hinsichtlich der erforderlichen Investitionen – derzeitige Schätzungen belaufen sich auf etwa eineinhalb Milliarden Dollar – als auch hinsichtlich der zu erwartenden Auswirkungen. Doch angesichts der rasant wachsenden Bevölkerung Ägyptens dürften die zusätzlichen Gewinne, die schließlich durch den Staudamm erzielt werden könnten, wahrscheinlich zum größten Teil im Inland verbraucht werden.

IRAN

Der erste Siebenjahresplan, der auf Öleinnahmen basierte, wurde nicht umgesetzt, da diese Einnahmen 1951 ausblieben, als die Regierung unter Premierminister Mossadegh die Ölindustrie verstaatlichte. Im Jahr 1955 wurde ein zweiter Siebenjahresplan mit folgenden Schwerpunkten angekündigt:

Landwirtschaft	255 000 000 USD	26 %
Industrie und Bergbau	148 000 000 USD	15 %
Kommunikationstechnik	319 000 000 USD	33 %
Sozialwesen	258 000 000 USD	26 %
	980 000 000 USD	**100 %**

Einige der wichtigsten Projekte dieses Entwicklungsplans befinden sich bereits im Bau: die Amir-Kabir-Talsperre und ein Wasserkraftwerk in der Nähe von Teheran sowie die Karche-Talsperre in der südwestlichen Provinz Chuzestan.[17] Der zweite Siebenjahresplan – der von einer separaten Behörde verwaltet wird – deckt den Großteil der iranischen Entwicklungsprogramme ab. Darüber hinaus haben die nationale Erdölgesellschaft, die iranische Eisenbahngesellschaft, weitere staatliche Gesellschaften und lokale Selbstverwaltungsorgane jeweils eigene Pläne aufgestellt, die nicht Teil des Siebenjahresplans sind.

IRAK

Im Zusammenhang mit dem Hauptthema der vorliegenden Abhandlung sind die Entwicklungspläne des Irak von besonderem Interesse. Wie bereits erwähnt, dürfte der Mangel an finanziellen Mitteln für die Umsetzung der verschiedenen Pläne nicht das Problem darstellen, aber »es scheint kein Versuch unternommen worden zu sein, Personal für die verschiedenen Phasen des Programms einzuplanen«, und »es herrscht bereits jetzt ein Mangel an Fachkräften«.[18] Es wurden zwei Pläne veröffentlicht, von denen der zweite den vorherigen ersetzte, als dessen Kostenschätzungen überholt schienen.

	Erster Plan 1951–1956		*Zweiter Plan 1955–1959*	
Verwaltung	8 820 000 USD	2,0 %	9 100 000 USD	1,1 %
Bewässerung, Entwässerung und Hochwasserschutz	155 047 000 USD	34,0 %	311 234 000 USD	36,5 %

[17] Anm. d. Übers: Die Karche-Talsperre befand sich zu diesem Zeitpunkt noch nicht im Bau. Obwohl das US-amerikanische Unternehmen Development and Resources Corporation bereits 1956 mit der Planung der Talsperre begann, wurde sie erst 1990 vom Ingenieurbüro Mahab Ghodss abgeschlossen. Die Bauarbeiten fanden schließlich zwischen 1992 und 2001 statt.

[18] Anm. d. Übers.: Im Original ohne Quellenangabe.

	Erster Plan 1951–1956		Zweiter Plan 1955–1959	
Straßen und Brückenbau	74945000 USD	17,2 %	164360000 USD	19,3 %
Eisenbahnwesen			43400000 USD	5,1 %
Flughäfen	6238000 USD	1,4 %	14000000 USD	1,6 %
Öffentliche Einrichtungen	45830000 USD	10,5 %	125090000 USD	14,7 %
Wohnungsbau	4620000 USD	1,5 %	24500000 USD	2,9 %
Industrie, Bergbau, Energie	86940000 USD	20,0 %	121999000 USD	14,3 %
Land- und Forstwirtschaft	32480000 USD	7,5 %	18130000 USD	2,1 %
Sonstiges	25642000 USD	5,9 %	20160000 USD	2,4 %
	440562000 USD	100,0 %	851973000 USD	100,0 %

Zwei große Hochwasserschutzprojekte, das Wadi Tharthar-Projekt[19] und das al-Habbaniyya-Projekt,[20] wurden bereits abgeschlossen.

Die Auswirkungen des jüngsten Staatsstreichs im Irak auf diese Entwicklungspläne könnten tiefgreifend sein.[21] Obwohl

19 Anm. d. Übers.: Das 1956 fertiggestellte Samarra-Stauwehr befindet sich am Tigris westlich der Stadt Samarra und diente primär dem Hochwasserschutz der flussabwärts liegenden Gebiete und Orte, insbesondere von Bagdad. Über den 75 Kilometer langen Tharthar-Kanal kann Hochwasser in den südlichen Bereich des Tharthar-Sees geleitet werden.

20 Anm. d. Übers.: Das 1956 fertiggestellte Ramadi-Stauwehr liegt zwei Kilometer westlich der Stadt Ramadi am Euphrat und dient dem Hochwasserschutz der flussabwärts liegenden Gebiete und Orte. Über einen Kanal kann Hochwasser in den etwa 12 Kilometer südlich gelegenen al-Habbaniyya-See geleitet werden.

21 Anm. d. Übers.: Im Verlauf des Staatsstreichs vom 14. Juli 1958 stürzten nationalistische Offiziere der irakischen Streitkräfte unter der Füh-

es für eine abschließende Bewertung der Lage noch zu früh ist, deuten die von Premierminister Abd al-Karim Qasim kurz nach der Machtübernahme abgegebenen Erklärungen, über die in der westlichen Presse berichtet wurde, darauf hin, dass der Wunsch besteht, diese Pläne auszuweiten. Es bleibt abzuwarten, in welchem Umfang und in welche Richtung dies geschehen wird.

SYRIEN

Im Jahr 1955 legte eine Sonderkommission der Internationalen Bank für Wiederaufbau und Entwicklung den Plan für ein sechsjähriges Entwicklungsprogramm vor, der mit einigen Abweichungen die Grundlage für den folgenden Entwicklungsplan bildete, der im August 1955 von der syrischen Regierung angenommen wurde:

Studien, Umfragen, Volkszählungen	6891000 USD	3%
Bewässerung, Stromversorgung, Brunnen	66640 USD	40%
Landwirtschaftliche Siedlungen und Projekte	9660000 USD	5%
Kommunikationstechnik	46229000 USD	22%
Öffentlicher Bau	8228000 USD	5%
Erdölraffinerien	22400000 USD	12%
Selbstständige öffentliche Einrichtungen	24640000 USD	13%
	184688000 USD	100%

rung von General Abd al-Karim Qasim und Oberst Abdul Salam Arif König Faisal II., wodurch das Ende der probritischen Monarchie besiegelt wurde. Die daraufhin gegründete irakische Republik beendete überdies die nur sechs Monate zuvor gegründete Arabische Föderation zwischen dem Haschemitischen Königreich Irak und Jordanien.

Dieser Entwicklungsplan sieht die Finanzierung einer Reihe von autonomen Behörden vor, wie zum Beispiel der Projektverwaltung für das Ghab-Projekt, die derzeit das bislang größte Wasserbauprojekt in Syrien realisiert.[22]

LIBANON

Für den Libanon liegt kein Gesamtentwicklungsplan vor, aber es gibt eine Reihe von sektoralen Programmen, die den Bau von Straßen, die Wasserversorgung von Städten, den Ausbau des Hafens von Tripoli und einige kleinere Bewässerungsprojekte vorsehen. Als wichtigster Plan gilt das Litani-Projekt, das mit einem geschätzten Kostenaufwand von 100 000 000 US-Dollar den landestypischen Mangel an elektrischer Energie beheben und die für die bewässerte Feldwirtschaft vorgesehene Fläche erweitern soll.[23]

ISRAEL

Pläne für die Entwicklung der verschiedenen Wirtschaftssektoren sind in den jährlichen Entwicklungsbudgets enthalten. Diese Budgets werden unter Berücksichtigung der erwarteten

[22] Anm. d. Übers.: Das Ghab-Projekt wurde 1953 in Angriff genommen und gilt als eines der wichtigsten Wasserbauprojekte Nordsyriens. Aufgrund eines leichten Gefälles versorgte der Fluss Orontes die umliegenden Gebiete in der Ghab-Ebene nicht ausreichend mit Wasser. Durch das Projekt wurden große Flächen für die Landwirtschaft erschlossen und neue Bewässerungssysteme eingerichtet, die sowohl Staudämme als auch Kanalnetze für die Be- und Entwässerung umfassten.

[23] Anm. d. Übers.: Der Bau des Staudamms am längsten Fluss des Libanon, dem Litani, wurde 1959 begonnen und in den 1960er-Jahren abgeschlossen. Durch den Staudamm wurde der größte künstliche See im Libanon geschaffen, der Qaraoun-Stausee im Süden der Bekaa-Ebene. Die Fläche des Sees beträgt etwa zwölf Quadratkilometer, und das Reservoir hat ein Fassungsvermögen von 220 Millionen Kubikmeter.

Zuwanderung und der Verfügbarkeit von Devisen erstellt. Abgesehen von einigen Prognosen zum Investitionsbedarf in den verschiedenen Wirtschaftssektoren wurde kein langfristiger Gesamtplan veröffentlicht. Die detailliertesten Pläne liegen für die Sektoren Landwirtschaft und Bewässerung vor. Mit Ausnahme des Bergbaus befindet sich die Industrie in Israel größtenteils in Privatbesitz. Daher gibt es keinen umfassenden Entwicklungsplan, obwohl die Regierung gewisse Weisungsbefugnisse zur Ankurbelung der Exporte ausübt. Nachfolgend finden Sie eine Übersicht über die jüngsten Entwicklungsbudgets:

1955/1956	130 240 000 USD
1956/1957	119 213 000 USD
1957/1958	183 425 000 USD
1958/1959	240 000 000 USD

Im Jahr 1956 beantragte Israel bei der Export-Import-Bank der Vereinigten Staaten (Exim)[24] in Washington, D.C., ein Darlehen in Höhe von 75 000 000 US-Dollar zur teilweisen Finanzierung eines vierjährigen Bewässerungs- und Landwirtschaftsförderprogramms. Die Gesamtkosten des Programms wurden mit 267 000 000 US-Dollar angegeben. Ziel war es, den größten Teil der noch ungenutzten unterirdischen und oberirdischen Wasservorräte des Landes, mit Ausnahme des Wassers des Jordan, effizienter zu nutzen. Dieses Vierjahresprogramm unterscheidet sich somit vom Johnston-Plan. Die Umsetzung des Letzteren wäre der nächste Schritt zum weiteren Ausbau der landwirtschaftlichen Produktion in Israel.

[24] Anm. d. Übers.: Export-Import Bank of the United States.

Im Rahmen des Clapp-Berichts[25] wurde eine Reihe kleinerer Projekte aufgezählt, die mit der Bewässerung, dem Straßenbau und dem Ausbau des Hafens von Akaba als Absatzmarkt für die Bergbauprodukte des Staates, hauptsächlich Rohphosphate, zusammenhängen. Mit der Annexion eines Teils von Palästina (Westjordanland) durch das Haschemitische Königreich Jordanien wurde den Wasserressourcen des Jordan neue Aufmerksamkeit zuteil. Seit dem Ende des Ersten Weltkriegs gab es Pläne, das Wasser des Jordan effizienter zu nutzen als in der Vergangenheit. Der praktikabelste dieser Pläne ist der jüngste, der sogenannte Johnston-Plan. Seit 1953 bemüht sich Eric Johnston um eine Kompromisslösung für eine möglichst effiziente Nutzung des Jordanwassers. Die letzte Fassung des Plans[26] – der Jordan Valley Unified Water Plan vom Oktober 1955 – sieht vor, dass 40 Prozent des Wassers von Israel und 60 Prozent von den arabischen Anrainerstaaten des Jordan genutzt werden sollen. Während der Verhandlungen von Eric Johnston wurden mehrere neue Studien durchgeführt. Es stellte sich heraus, dass im jordanischen Teil des Tals mehr bewässerungsfähige Flächen zur Verfügung stehen als zuvor geschätzt und dass diese Landreserven weniger Wasser pro Hektar benötigen würden, als bisher angenommen. Infolgedessen wird erwartet, dass die Umsetzung des Johnston-Plans – Bewässerung und verbesserte Anbaumethoden – den Wert der Ernte in der Region des Jordantals von derzeit 5 000 000 US-Dollar jährlich auf bis zu 45 000 000 US-Dollar steigern wird. Die geschätzten Kosten des Projekts belaufen sich auf 200 000 000 US-Dollar. Aus technischer und wirtschaftlicher Sicht scheint der Plan durchführbar zu sein. Die größten Hürden liegen derzeit noch auf der politischen Ebene. Die jüngs-

[25] Anm. d. Übers.: Gemeint ist der Abschlussbericht der United Nations Economic Survey Mission for the Middle East, der unter der Leitung von Gordon R. Clapp erstellt wurde.

[26] Vgl. Stevens, Georgiana G., *The Jordan River Valley*, New York 1956.

ten Ereignisse in der Region werden sich zweifelsohne auf die Aussichten für eine regionale Zusammenarbeit auswirken, auch wenn es noch zu früh ist, um zu beurteilen, ob die Folgen positiv oder negativ sein werden. Es steht jedoch außer Frage, dass der Plan für das Jordantal zusammen mit dem Assuan-Staudamm den Beginn eines Wiederaufbaus der Region markieren könnte.

Die obige Zusammenfassung zeigt, dass es in der gesamten Region keinen Mangel an Entwicklungsprogrammen gibt. Aus technischer und wirtschaftlicher Sicht scheinen sie alle realisierbar zu sein. Die meisten dieser Pläne berücksichtigen jedoch nicht hinreichend die Bedeutung sozialer, politischer und emotionaler Faktoren, die für die erfolgreiche Umsetzung eines jeden Entwicklungsprojekts erforderlich sind. Ohne eine angemessene Berücksichtigung dieser immateriellen Faktoren erweist sich die Entwicklungsarbeit als schwierig. Dies gilt für nationale Projekte, bei denen die Stammesorganisation, die Verteilung von Land und anderen Vermögenswerten nur einige der Fliehkräfte sind, die innerhalb eines Staates wirken. Vorsicht ist umso mehr geboten, wenn es um supranationale Pläne geht. In diesem Fall stellt nicht nur die traditionelle Zersplitterung der Region ein großes Hindernis dar. Verschärft wird die gegenwärtige Situation außerdem durch einen Komplex politischer Probleme.

Ungeachtet solcher Hindernisse ist das Konzept einer regionalen Zusammenarbeit zur Wirtschaftsförderung im Nahen Osten sinnvoll. Die Einrichtung einer Entwicklungsbehörde für den Nahen Osten wäre ein wünschenswerter Schritt. Der Idee eines regionalen Ansatzes liegt die Tatsache zugrunde, dass viele der Probleme des Nahen Ostens unabhängig von der sogenannten Palästina-Frage oder den Feindseligkeiten zwischen den einzelnen Königreichen und Republiken bestehen. Selbst eine extreme Lösung des arabisch-israelischen Konflikts, wie sie von einer der beiden Parteien angestrebt wird, würde dem Entwicklungsbedarf nicht gerecht werden.

Zu klären ist, ob unter den gegenwärtigen Umständen eine solch übergreifende regionale Zusammenarbeit zustande kommen und zu greifbaren Ergebnissen führen kann, wenn ihr Umfang nicht auf das reduziert wird, was im Rahmen sozialer und politischer Faktoren praktisch möglich ist. Überdies kann Wirtschaftsförderung keine Wunder vollbringen. Eine Gruppe von Experten der Vereinten Nationen schätzte 1951, dass Kapitalinvestitionen in Landwirtschaft und Industrie in Höhe von etwa 150 Prozent des jährlichen Nationaleinkommens erforderlich wären, um das Pro-Kopf-Einkommen im Nahen Osten um zwei Prozent zu erhöhen.[27] Hungersnot und Dürre, Krankheiten und Unwissenheit entstanden nicht im Laufe eines Jahres. Diese Missstände lassen sich auch nicht innerhalb eines Jahres beheben. Wirtschaftsförderung eröffnet jedoch die Aussicht auf mehr Ackerland, auf die Ausrottung von Krankheiten und auf einen höheren Lebensstandard. Daher ist Wirtschaftsförderung ein unverzichtbarer Bestandteil jedes Versuchs, dem Nahen Osten Hoffnung zu geben.

»Wenn sich die Kranken vom Arzt abwenden, wie können sie dann geheilt werden?«, fragt ein Handbuch des Zen-Buddhismus.

[27] Vgl. Hauptabteilung Wirtschaftliche und Soziale Angelegenheiten der Vereinten Nationen (UN DESA), *Measures for the Economic Development of Underdeveloped Countries,* Bericht einer vom Generalsekretär der Vereinten Nationen eingesetzten Expertengruppe, UN-Dokument-Nr. E/1986 ST/ECA/10, New York 1951.

Anhang 7: Chronologische Tabelle der Regierungen und der politischen Gerichtsbarkeiten über Palästina

1350 v. Chr. bis 586 v. Chr.	Herrschaft Israels (biblische Zeit)
587 v. Chr. bis 538 v. Chr.	Babylonische Eroberung
538 v. Chr. bis 168 v. Chr.	Autonomie Israels (unter persischer und griechisch-assyrischer Suzeränität)
168 v. Chr. bis 143 v. Chr.	Aufstand der Makkabäer
143 v. Chr. bis 70 n. Chr.	Herrschaft der Hasmonäer und ihrer Nachfolger
70 n. Chr. bis 637 n. Chr.	Jüdische Autonomie (unter römischer und byzantinischer Suzeränität)
637 n. Chr. bis 1072 n. Chr.	Herrschaft der arabischen Kalifate
637 n. Chr. bis 661 n. Chr.	Mekka
661 n. Chr. bis 750 n. Chr.	Umayyaden
750 n. Chr. bis 870 n. Chr.	Abbasiden
969 n. Chr. bis 1071 n. Chr.	Fatimiden
1072 n. Chr. bis 1096 n. Chr.	Herrschaft der Seldschuken
1099 n. Chr. bis 1291 n. Chr.	Kreuzritter
1175 n. Chr. bis 1291 n. Chr.	Ayyubiden
1291 n. Chr. bis 1516 n. Chr.	Herrschaft der Mamluken
1516 n. Chr. bis 1918 n. Chr.	Osmanen (Türken)
1918 n. Chr. bis 1948 n. Chr.	Britisches Völkerbundsmandat

Anhang 8: Text der UN-Resolution über palästinensische Flüchtlinge

Resolution 194 (III)
Palästina: Zwischenbericht des Vermittlers der Vereinten Nationen
Verabschiedet von der Generalversammlung der Vereinten Nationen am 11. Dezember 1948

Die Generalversammlung,

nach weiterer Erörterung der Lage in Palästina,

1. *bringt* ihre höchste Anerkennung für die Fortschritte *zum Ausdruck*, die durch die guten Dienste des verstorbenen Vermittlers der Vereinten Nationen[1] bei der Förderung einer friedlichen Regelung der künftigen Situation Palästinas, für die er sein Leben geopfert hat, erzielt wurden; und

dankt dem amtierenden Vermittler und seinen Mitarbeitern für ihre anhaltenden Bemühungen und ihren Pflichteifer in Palästina;

2. *richtet* eine aus drei Mitgliedsstaaten der Vereinten Nationen bestehende Schlichtungskommission *ein*, die mit folgenden Aufgaben betraut ist:

a) die dem Vermittler der Vereinten Nationen für Palästina durch Resolution 186 (S-2) der Generalversammlung vom 14. Mai 1948 übertragenen Aufgaben zu übernehmen, sofern sie dies unter den gegebenen Umständen für notwendig hält;

[1] Anm. d. Übers.: Gemeint ist Graf Folke Bernadotte.

b) die ihr durch diese Resolution übertragenen besonderen Aufgaben und Anweisungen sowie die zusätzlichen Aufgaben und Anweisungen, die ihr gegebenenfalls von der Generalversammlung oder vom Sicherheitsrat erteilt werden, zu erfüllen;

c) auf Ersuchen des Sicherheitsrats alle Aufgaben zu übernehmen, die derzeit durch Resolutionen des Sicherheitsrats dem Vermittler der Vereinten Nationen für Palästina oder der Waffenstillstandskommission der Vereinten Nationen zugewiesen sind; richtet der Sicherheitsrat ein solches Ersuchen hinsichtlich aller gemäß den Resolutionen des Sicherheitsrats noch verbleibenden Aufgaben des Vermittlers der Vereinten Nationen für Palästina an die Schlichtungskommission, wird das Amt des Vermittlers beendet;

3. *beschließt*, dass ein aus China, Frankreich, der Sowjetunion, dem Vereinigten Königreich und den Vereinigten Staaten von Amerika bestehender Ausschuss der Generalversammlung vor dem Ende des ersten Teils der gegenwärtigen Sitzung der Generalversammlung einen Vorschlag zur Benennung der drei Staaten, die die Schlichtungskommission bilden sollen, zur Annahme durch die Generalversammlung vorlegen wird;

4. *ersucht* die Schlichtungskommission, ihre Tätigkeit unverzüglich aufzunehmen, um zum frühestmöglichen Zeitpunkt eine Verbindung zwischen den Parteien selbst und zwischen diesen Parteien und der Schlichtungskommission herstellen zu können;

5. *fordert* die beteiligten Regierungen und Behörden *auf*, den in der Resolution des Sicherheitsrats vom 16. November 1948 vorgesehenen Rahmen der Verhandlungen zu erweitern und durch Verhandlungen, die entweder mit der Schlichtungskommission oder unmittelbar geführt werden, eine Einigung anzustreben, um zu einer endgültigen Regelung aller zwischen ihnen noch offenen Fragen zu gelangen;

6. *weist* die Schlichtungskommission *an*, Schritte zu unternehmen, um die beteiligten Regierungen und Behörden dabei

zu unterstützen, eine endgültige Regelung aller zwischen ihnen noch offenen Fragen herbeizuführen;

7. *beschließt*, dass die heiligen Stätten – einschließlich Nazareth – sowie religiöse Gebäude und Plätze in Palästina geschützt und der freie Zugang zu ihnen in Übereinstimmung mit bestehenden Rechten und der historischen Praxis sichergestellt werden sollen; dass die zu diesem Zweck getroffenen Vorkehrungen der geltenden Aufsicht durch die Vereinten Nationen unterliegen sollen; dass die Schlichtungskommission der Vereinten Nationen, wenn sie in der vierten ordentlichen Sitzung der Generalversammlung ihre detaillierten Vorschläge für ein ständiges internationales Regime für das Gebiet von Jerusalem unterbreitet, auch Empfehlungen hinsichtlich der heiligen Stätten in diesem Gebiet abgeben soll; dass die Schlichtungskommission im Hinblick auf die heiligen Stätten im übrigen Palästina die politischen Behörden der betreffenden Gebiete auffordern soll, angemessene formelle Garantien für den Schutz der heiligen Stätten und den Zugang zu ihnen abzugeben und dass die entsprechenden Verpflichtungserklärungen der Generalversammlung zur Ansicht und Billigung vorgelegt werden sollen;

8. *beschließt*, dass das Gebiet von Jerusalem, einschließlich des gegenwärtigen Stadtbezirks Jerusalem *und* der umliegenden Dorf- und Stadtgemeinden, von denen die östlichste Abu Dis, die südlichste Bethlehem, die westlichste En Kerem[2] (einschließlich des bebauten Gebiets von Motsa[3]) und die nördlichste Schu'fat[4] ist, in Anbetracht seiner Bedeutung für drei Weltreligionen eine besondere und vom übrigen Palästina getrennte Behandlung erfahren und der wirksamen Kontrolle der Vereinten Nationen unterstellt werden soll;

[2] Anm. d. Hrsg.: »En kerem« (»Quelle des Weinbergs«) ist ein Jerusalemer Stadtteil und ein Pilgerort, da nach christlicher Überlieferung dort Johannes der Täufer geboren wurde.

[3] Anm. d. Hrsg.: Ein genossenschaftlich organisiertes Dorf (»Moschav«), das 1854 als erstes außerhalb der Jerusalemer Stadtmauern gegründet wurde.

[4] Anm. d. Hrsg.: Ein arabischer Stadtteil von Ost-Jerusalem.

ersucht den Sicherheitsrat, weitere Schritte zu unternehmen, um die Entmilitarisierung Jerusalems zum frühestmöglichen Zeitpunkt sicherzustellen;

weist die Schlichtungskommission *an*, in der vierten ordentlichen Sitzung der Generalversammlung detaillierte Vorschläge für ein ständiges internationales Regime für das Gebiet von Jerusalem vorzulegen, das verschiedenen Gruppen das mit dem internationalen Sonderstatus des Gebiets von Jerusalem zu vereinbarende Höchstmaß an lokaler Autonomie gewährt;

die Schlichtungskommission ist befugt, einen Vertreter der Vereinten Nationen zu ernennen, der mit den örtlichen Behörden im Hinblick auf die Übergangsverwaltung des Gebiets von Jerusalem zusammenarbeiten soll;

9. *beschließt*, dass bis zu einer Einigung über detailliertere Vereinbarungen zwischen den beteiligten Regierungen und Behörden allen Einwohnern Palästinas der freiest mögliche Zugang nach Jerusalem auf dem Straßen-, Schienen- oder Luftweg gewährt werden soll;

weist die Schlichtungskommission *an*, dem Sicherheitsrat über jeden Versuch seitens einer der Parteien, diesen Zugang zu behindern, unverzüglich Bericht zu erstatten, damit der Sicherheitsrat geeignete Maßnahmen ergreifen kann;

10. *weist* die Schlichtungskommission *an*, Vereinbarungen zwischen den beteiligten Regierungen und Behörden anzustreben, die der wirtschaftlichen Entwicklung des Gebiets förderlich sind, einschließlich Vereinbarungen über den Zugang zu Häfen und Flugplätzen sowie über die Nutzung von Verkehrs- und Kommunikationsmitteln;

11. *beschließt*, dass den Flüchtlingen, die in ihre Unterkünfte zurückkehren und in Frieden mit ihren Nachbarn leben wollen, dies zum frühestmöglichen Zeitpunkt gestattet werden soll und dass für das Eigentum derjenigen, die sich gegen eine Rückkehr entscheiden, sowie für den Verlust oder die Beschädigung von Eigentum, für das nach den Grundsätzen des Völkerrechts oder der Billigkeit von den verantwortlichen Regierungen oder Behörden Wiedergutmachung zu leisten ist, Entschädigung gezahlt werden soll;

weist die Schlichtungskommission *an*, die Rückführung, Umsiedlung und wirtschaftliche und soziale Rehabilitation der Flüchtlinge sowie die Zahlung von Entschädigungen zu erleichtern und enge Beziehungen zum Generalkommissar des Hilfswerks der Vereinten Nationen für Palästina-Flüchtlinge und über ihn zu den zuständigen Organen und Einrichtungen der Vereinten Nationen zu unterhalten;

12. *ermächtigt* die Schlichtungskommission, solche Hilfsorgane zu schaffen und die unter ihrer Aufsicht tätig werdenden Fachexperten einzusetzen, die sie zur erfolgreichen Erfüllung ihrer Aufgaben und Verantwortlichkeiten gemäß der vorliegenden Resolution für erforderlich hält;

die Schlichtungskommission wird ihren offiziellen Sitz in Jerusalem haben. Die für die Aufrechterhaltung der Ordnung in Jerusalem zuständigen Behörden werden dafür verantwortlich sein, alle erforderlichen Maßnahmen zu ergreifen, um die Sicherheit der Schlichtungskommission zu gewährleisten. Der Generalsekretär wird eine begrenzte Anzahl von Sicherheitskräften zum Schutz des Personals und der Räumlichkeiten der Schlichtungskommission bereitstellen;

13. *weist* die Schlichtungskommission *an*, dem Generalsekretär regelmäßig Zwischenberichte zur Weiterleitung an den Sicherheitsrat und an die Mitglieder der Vereinten Nationen vorzulegen;

14. *fordert* alle beteiligten Regierungen und Behörden *auf*, mit der Schlichtungskommission zusammenzuarbeiten und alle erdenklichen Maßnahmen zu ergreifen, um die Umsetzung der vorliegenden Resolution zu unterstützen;

15. *ersucht* den Generalsekretär, das erforderliche Personal und die notwendigen Einrichtungen zur Verfügung zu stellen sowie geeignete Vorkehrungen zu treffen, um die zur Durchführung der vorliegenden Resolution erforderlichen Mittel bereitzustellen.

Auf der 186. Plenarsitzung am 11. Dezember 1948 unterbreitete ein Ausschuss, bestehend aus den fünf in Absatz 3 der obigen Resolution genannten Staaten, der Generalversammlung den Vorschlag, dass der Schlichtungskommission die folgenden drei Staaten angehören sollen:

FRANKREICH, TÜRKEI, VEREINIGTE STAATEN VON AMERIKA.

Da der Vorschlag des Ausschusses von der Generalversammlung auf derselben Sitzung angenommen wurde, setzt sich die Schlichtungskommission somit aus den drei oben genannten Staaten zusammen.

Weitere UN-Resolutionen, die sich mit den palästinensischen Flüchtlingen befassen:

212 (III)	Gründung des Hilfswerks der Vereinten Nationen für Palästina-Flüchtlinge (UNRPR) zur Planung und Durchführung eines Hilfsprogramms und um die Unterstützung von UN-Sonderorganisationen sowie Organisationen wie dem Internationalen Roten Kreuz und dem American Friends Service Committee (AFSC) zu gewinnen. 32 Millionen USD werden veranschlagt, um vom 1. Dezember 1948 bis zum 31. August 1949 die Unterstützung von 500000 Flüchtlingen zu gewährleisten. Verabschiedet am 19. November 1948.
302 (IV)	Gründung des Hilfswerks der Vereinten Nationen für Palästina-Flüchtlinge im Nahen Osten. Die unmittelbare Unterstützung durch die Organisation soll am 31. Dezember 1950 enden. Verabschiedet am 8. Dezember 1949.
393 (V)	Das Mandat des UNRWA wird bis zum 30. Juni 1952 verlängert. Verabschiedet am 2. Dezember 1950.
513 (VI)	Bewilligung eines dreijährigen UNRWA-Hilfsprogramms und Verlängerung des UNRWA-Mandats bis zum 30. Juni 1954. Verabschiedet am 26. Januar 1952.
614 (VII)	Bewilligung einer Aufstockung des Hilfsbudgets für das UNRWA aufgrund des Scheiterns des 250-Millionen-USD-Plans. Verabschiedet am 6. November 1952.
720 (VIII)	Das Mandat des UNRWA wird bis zum 30. Juni 1955 verlängert. Verabschiedet am 27. November 1953.
818 (IX)	Das Mandat des UNRWA wird bis zum 30. Juni 1960 verlängert. Verabschiedet am 4. Dezember 1954.

Anhang 9: Anmerkungen zu den finanziellen Aspekten der Flüchtlingsrehabilitation

Von Joachim O. Ronall

Im Rahmen eines jeden Lösungsansatzes für das palästinensische Flüchtlingsproblem sind finanzielle Erwägungen zu berücksichtigen. Kostenbewusste Leser, ob in privater oder öffentlicher Funktion, werden die finanziellen Dimensionen der vorgeschlagenen Lösung genau unter die Lupe nehmen. Ziel der folgenden Ausführungen ist es daher, die »überschaubaren Dimensionen« des Problems aufzuzeigen.

1. Zu rehabilitierende Arbeitskräfte:[1]

Gesamtzahl der Flüchtlinge	934 000
Abzüglich 50 % der Flüchtlinge im nicht erwerbsfähigen Alter (unter 15 Jahren)	467 000
	467 000
Abzüglich 50 % weiblicher Flüchtlinge	233 000
	234 000
Abzüglich 50 % alter oder anderweitig beeinträchtigter Flüchtlinge	57 000
Gesamtzahl der zu rehabilitierenden Arbeitskräfte	**177 000**

[1] Vgl. Witkamp, F. Theodore, *The Refugee Problem in the Middle East*, Bericht der Forschungsgruppe für europäische Migrationsprobleme (Research Group for European Migration Problems, REMP), Bd. 5, Nr. 1, Den Haag, Januar–März 1957.

Um die Anzahl dieser potenziellen Arbeitskräfte besser einordnen zu können, sei erwähnt, dass die britische Anglo-Iranian Oil Company (AIOC)[2] 1948 in Abadan 66000 Menschen beschäftigte, die zusammen mit ihren Angehörigen eine Gemeinschaft von etwa 200000 Menschen bildeten.

2. Schätzungen der Rehabilitationskosten.
Die geschätzten Beträge, die für die Rehabilitation von Flüchtlingen erforderlich sind, hängen natürlich von den örtlichen Gegebenheiten ab. Alle hier aufgeführten Schätzungen basieren auf der Annahme, dass die für die Rehabilitation benötigten Flächen kostenlos zur Verfügung gestellt werden, das heißt, nicht als separater Posten im Rehabilitationsbudget erscheinen. In den vorliegenden Schätzungen sind auch nicht die Ausgaben enthalten, die für den Ausbau der öffentlichen Versorgung infolge einer Umsiedlung erforderlich wären, zum Beispiel für eine Grundversorgung in den Bereichen Kommunikationswesen, Wasser, Bildung, Gesundheit, innere Sicherheit et cetera.

(a)	Das Budget des UNRWA sieht 40000000 USD pro Jahr für die Rehabilitation von Flüchtlingen vor. Hochgerechnet auf einen Zeitraum von zehn Jahren für eine Million Menschen beliefen sich die Pro-Kopf-Kosten auf	400 USD
(b)	Der Thicknesse-Bericht von 1949[3] empfahl einen Pro-Kopf-Beitrag von	316 USD
(c)	Die Regierung Israels schätzte im November 1953[4] die Rehabilitationskosten pro Kopf auf	500 USD

[2] Anm. d. Übers.: Bei dem 1909 gegründeten Unternehmen, ehemals Anglo-Persian Oil Company (APOC), handelt es sich um den Vorläufer der British Petroleum Company beziehungsweise der heutigen BP.

[3] Vgl. Thicknesse, Sibylla G., *Arab Refugees. A Survey of Resettlement Possibilities*, London 1949.

[4] Vgl. Knesset, *Divrei Haknesset*, Plenarprotokolle der Knesset aus dem Jahr 1954, Jerusalem 1954.

(d) Die Regierung der Bundesrepublik Deutschland gab zwischen 1945 und 1957 insgesamt 10 000 000 000 USD für die Unterstützung und Rehabilitation von rund 12 000 000 Vertriebenen und Flüchtlingen aus.[5] Dies entspricht einem Pro-Kopf-Betrag von — 830 USD

(e) Die indische Regierung gab zwischen 1947 und 1956 einen Betrag von 2 813 460 000 Rupien (bei einem Wechselkurs von 0,21 USD je Rupie) für rund 9 000 000 Flüchtlinge aus.[6] Dies entspricht Gesamtkosten von 590 814 000 USD oder einem Pro-Kopf-Betrag von — 66 USD

(f) Die türkische Regierung schätzt, dass für die Umsiedlung einer durchschnittlichen fünfköpfigen Familie eine Investition von 2000 USD erforderlich ist.[7] Dies entspricht einer Pro-Kopf-Investition von — 400 USD

(g) Die vietnamesische Regierung erhielt von 1954 bis 1958 jährlich 50 000 000 USD von den Vereinigten Staaten sowie 8 000 000 USD von Frankreich für die Umsiedlung von rund 900 000 Flüchtlingen.[8] Diese Beträge belaufen sich auf insgesamt 232 000 000 USD und entsprechen einem Pro-Kopf-Aufwand von — 258 USD

(h) Private Organisationen geben schätzungsweise 200 000 000 USD pro Jahr für Flüchtlinge aus. Hochgerechnet auf einen Zeitraum von dreizehn Jahren (seit 1945) und ausgehend von einer Gesamtzahl von 40 000 000 Flüchtlingen[9] entspräche dies einem Pro-Kopf-Aufwand von — 65 USD

[5] Vgl. Middelmann, Werner, *The Problem of Expellees and Refugees in the Federal Republic of Germany*, Bonn 1957.

[6] Laut Brief von Herrn D. B. Lahiri, Leiter des Indian Statistical Institute (ISI), Kalkutta, an den Verfasser.

[7] Vgl. Rees, Elfan, *Century of the Homeless Man*, herausgegeben von Carnegie Endowment for International Peace, *International Conciliation*, Nr. 515, New York 1957. (Anm. d. Übers.: Deutsche Fassung: Rees, Elfan, *Jahrhundert des Heimatlosen. Die Geschichte der Flüchtlinge in unseren Tagen*, o. A., Stuttgart 1959.)

[8] Vgl. ebd.

[9] Vgl. ebd.

Das arithmetische Mittel der oben angegebenen Schätzungen und Ausgaben (a) bis (g) – Punkt (h) wird in der Regel zusätzlich zu (a) bis (g) aufgeführt – beträgt 395 US-Dollar pro Kopf, zu denen noch 65 US-Dollar (h) hinzukommen, sodass sich ein Gesamtbetrag von 460 US-Dollar pro Kopf ergibt. Auf der Grundlage dieser Schätzung würde sich der für die Rehabilitation von 934 000 Flüchtlingen erforderliche Betrag auf rund 430 000 000 US-Dollar belaufen. Aus Vergleichsgründen sind an dieser Stelle folgende Zahlen von Interesse:

Israelischer Devisenhaushalt	1956/57	513 422 000 USD
	1957/58	565 350 000 USD
	1958/59	587 000 000 USD
Geschätzte Auszahlungen für Öl-Lizenzgebühren im Nahen Osten im Jahr 1957		435 000 000 USD
Die israelischen Importe beliefen sich 1957 auf		450 000 000 USD

3. Bei all diesen Zahlen handelt es sich natürlich um Näherungswerte. Sie basieren auf früheren Berechnungen maßgeblicher Gremien und Erfahrungen, die auf diesem Gebiet in kleinem Maßstab gesammelt wurden. Sie können auch deshalb nicht als endgültig angesehen werden, weil das Budget für die Umsiedlung und Rehabilitation der Flüchtlinge sowohl von ihrem Standort und der Fruchtbarkeit des Bodens als auch von dem Anteil der Flüchtlinge abhängt, die sich als Landwirte niederlassen werden, anstatt anderen Tätigkeiten nachzugehen.

Diese Zahlen beruhen auf der Annahme, dass (a) nur ein Teil der Flüchtlinge als Landwirte umgesiedelt wird und (b) die von den betreffenden Regierungen zugewiesenen Flächen als Ackerland genutzt werden können.

In diesem Zusammenhang lohnt es sich, einen Auszug aus einigen Kommentaren wiederzugeben, die das Gremium von einer maßgeblichen, mit der Flüchtlingssituation vertrauten Quelle erhalten hat. Darin wird auf Folgendes hingewiesen:

»Dieser Teil der Welt ist nicht allein deshalb unterentwickelt, weil er nicht über die notwendigen finanziellen Mittel verfügt. Die ausschlaggebende Ursache dafür ist die Tatsache, dass es sich beim betreffenden Gebiet um eine Wüste handelt. Zugegebenermaßen sind Wüsten historisch gesehen nur ein vorübergehendes Merkmal eines jeden geografischen Ortes. Sie können durch eine Veränderung des Klimas oder ein anderes Naturphänomen oder durch menschliche Genialität und den Einsatz moderner Techniken in ertragreiche Gebiete umgewandelt werden. Bei der Ausarbeitung unserer menschlichen Pläne können wir uns nur auf die beiden letztgenannten Punkte verlassen. In diesem Fall setzt eine erfolgreiche Transformation die Zufuhr von ausreichenden Wassermengen voraus. Die Quellen für eine ausreichende Wasserversorgung sind die Berge der Türkei und die des nördlichen Irak. Im ersten Fall geht es um die Kontrolle des Euphrat zur Bewässerung trockener Gebiete in Syrien, im zweiten Fall um die Kontrolle des Tigris und seiner Nebenflüsse zur Bewässerung weiter Teile des Irak. Die Kosten dafür werden weitaus höher sein, als im Bericht angegeben. Um nur ein kleines Beispiel zu nennen: Die Kosten für den Jarmuk/Jordantal-Plan wurden auf 170 000 000 US-Dollar geschätzt (einschließlich der Erzeugung von Wasserkraft), wobei der Plan die Bewässerung eines vergleichsweise kleinen Gebiets vorsieht, das rund 80 000 Menschen mehr ernähren könnte, als derzeit im Jordantal beschäftigt sind. Mit anderen Worten: Es würde 10 500 US-Dollar pro Familie kosten, um 16 000 Flüchtlingsfamilien ein Auskommen zu verschaffen. Wenn es dem UNRWA bisher gelungen ist, Familien zu geringeren Kosten in die Lage zu versetzen, sich selbst zu versorgen, dann nur, weil die Rehabilitation der ersten Familien viel einfacher und weniger kostspielig ist: Sind die anfänglichen Möglichkeiten erst einmal ausgeschöpft, wird es immer schwieriger und teurer, Menschen in ein Gebiet umzusiedeln, das überwiegend aus Wüste besteht.«[10]

[10] Anm. d. Übers.: Im Original ohne Quellenangabe.

Chronologie der Ereignisse[1]

1947

29. November

Die Generalversammlung der Vereinten Nationen verabschiedet die Resolution 181 (II), die einen Teilungsplan mit Wirtschaftsunion für Palästina vorsieht. Mit der Resolution wird außerdem eine UN-Palästina-Kommission eingesetzt, die sich aus Bolivien, der Tschechoslowakei, Dänemark, Panama und den Philippinen zusammensetzt, um diesen Plan zu realisieren. Der Teilungsplan sieht vor, dass das britische Völkerbundsmandat für Palästina bis zum 1. August 1948 endet und die britischen Streitkräfte bis zu diesem Zeitpunkt abgezogen werden sollen. (Das Vereinigte Königreich gibt später seine Absicht bekannt, sein Mandat am 15. Mai 1948 zu beenden.) Die unabhängigen arabischen und jüdischen Staaten sowie das internationale Sonderregime für den Stadtbezirk Jerusalem sollen zwei Monate nach der Beendigung des Abzugs der britischen Mandatsmacht entstehen.

Die Teilung wird vom Arabischen Hohen Komitee abgelehnt und von der Jewish Agency for Palestine akzeptiert.

[1] Bei der hier abgedruckten Chronologie für den Zeitraum vom 29. November 1947 bis zum 9. März 1957 handelt es sich um einen Auszug aus Mezerik, Avrahm G. (Hrsg.), *The Refugee Problem in The Middle East*, *International Review Service*, Bd. 3, Nr. 31, New York 1957. Weitere Ereignisse wurden hinzugefügt, um die Chronologie auf den Stand von August 1958 zu bringen.

19. März
Die Vereinigten Staaten unterbreiten dem Sicherheitsrat der Vereinten Nationen einen Vorschlag für eine vorübergehende Treuhandschaft über das ungeteilte Palästina und eine Suspendierung der UN-Palästina-Kommission, die zur Umsetzung des Teilungsplans eingesetzt wurde.

16. April bis 14. Mai
Die von den Vereinigten Staaten einberufene Sonderversammlung der Vereinten Nationen lehnt den Plan der Vereinigten Staaten ab. Die arabischen Vertreter befürworten den Plan, weil er einen einzigen und keinen geteilten Staat impliziert. Die jüdischen Vertreter lehnen den Plan ab und halten den Vorschlag einer Treuhandschaft für unhaltbar.

14. bis 15. Mai
Der Staat Israel wird von den Juden Palästinas ausgerufen.

15. Mai
Benachbarte arabische Staaten fallen in Israel ein.

20. Mai
Der Ausschuss der Generalversammlung der Vereinten Nationen ernennt Graf Folke Bernadotte, Präsident des Schwedischen Roten Kreuzes, zum Vermittler für Palästina und ersetzt damit die UN-Palästina-Kommission.

21. Juli
Bernadotte fordert die Vereinten Nationen auf, einen hochrangigen Beamten zu entsenden, um das durch die Teilung und den Palästinakrieg entstandene Flüchtlingsproblem zu untersuchen.

16. September
Der Vermittler der Vereinten Nationen schätzt, dass sich infolge des Konflikts in Palästina etwa 330 000 arabische Flüchtlinge aus Palästina in den folgenden Gebieten aufhalten:

3 000 im Irak,
50 000 im Libanon,
70 000 in Syrien,
50 000 in Transjordanien,

145 000 im arabischen Palästina,
12 000 in Ägypten,
50 000 im von Juden kontrollierten Gebiet.

17. September

Graf Folke Bernadotte wird ermordet.[2] Nach dem Attentat wird Ralph Bunche zum amtierenden Vermittler der Vereinten Nationen ernannt.

18. Oktober

Die Vereinten Nationen schätzen die Zahl der Flüchtlinge auf 472 000.

19. November

Die Generalversammlung der Vereinten Nationen verabschiedet Resolution 212 (III), im Zuge dessen das Hilfswerk der Vereinten Nationen für Palästina-Flüchtlinge (UNRPR) gegründet wird, um ein Hilfsprogramm zu planen und durchzuführen und um die Unterstützung von UN-Sonderorganisationen sowie Organisationen wie dem Internationalen Roten Kreuz und dem American Friends Service Committee (AFSC) zu gewinnen. Die Generalversammlung bewilligt einen Vorschuss von fünf Millionen US-Dollar aus dem UN-Arbeitskapitalfonds für den geschätzten Bedarf von 32 Millionen US-Dollar, um vom 1. Dezember 1948 bis zum 31. August 1949 die Unterstützung von 500 000 Flüchtlingen zu gewährleisten.

29. November

Israel beantragt die Mitgliedschaft in den Vereinten Nationen.

1. Dezember

Stanton Griffis (Vereinigte Staaten) wird zum Generalkommissar des UNRPR ernannt. Bis August 1949 spenden 33 Regierungen insgesamt 35 Millionen US-Dollar zur Finanzierung eines Hilfsprogramms für Flüchtlinge.

[2] Anm. d. Übers.: Das Attentat wurde in Jerusalem von Mitgliedern der Gruppe Lechi verübt, einer zionistischen paramilitärischen Untergrundorganisation, deren Anschläge sich zunächst gegen die britische Mandatsherrschaft über Palästina richteten.

11. Dezember

Die Generalversammlung der Vereinten Nationen verabschiedet Resolution 194 (III). Im Zuge dessen wird das Recht der Flüchtlinge auf Rückführung oder Entschädigung anerkannt und die UN-Schlichtungskommission für Palästina eingerichtet. Mitglieder der Schlichtungskommission sind Frankreich, die Türkei und die Vereinigten Staaten.

17. Dezember

Der Antrag Israels auf UN-Mitgliedschaft wird vom Sicherheitsrat der Vereinten Nationen abgelehnt.

Abstimmung: 5 Ja-Stimmen,[3] 1 Nein-Stimme (Syrien), 5 Enthaltungen (Belgien, Kanada, China, Frankreich und das Vereinigte Königreich).

1949

24. Februar

Unterzeichnung des Waffenstillstandsabkommens zwischen Israel und Ägypten.

3. März

Der Sicherheitsrat der Vereinten Nationen empfiehlt die Aufnahme Israels in die Vereinten Nationen.[4]

Abstimmung: 9 Ja-Stimmen,[5] 1 Nein-Stimme (Ägypten), 1 Enthaltung (Vereinigtes Königreich).

23. März

Unterzeichnung des Waffenstillstandsabkommens zwischen Israel und dem Libanon.

[3] Anm. d. Übers.: Mit Ja stimmten die Vereinigten Staaten, Argentinien, Kolumbien, die Sowjetunion und die Ukrainische SSR.

[4] Anm. d. Übers.: In den Protokollen der Vereinten Nationen wird die entsprechende Resolution (69) auf den 4. März 1949 datiert. Vgl. http://unscr.com/en/resolutions/doc/69, letzter Zugriff: 9. Februar 2024.

[5] Anm. d. Übers.: Mit Ja stimmten China, Frankreich, die Vereinigten Staaten, die Sowjetunion, Argentinien, Kanada, Kuba, Norwegen und die Ukrainische SSR.

April

Der Generalsekretär der Vereinten Nationen bewilligt die Fortsetzung der Hilfseinsätze bis zur vierten Generalversammlung.

3. April

Unterzeichnung des Waffenstillstandsabkommens zwischen Israel und Jordanien.

27. April bis 19. September

Die UN-Schlichtungskommission für Palästina führt Gespräche in Lausanne. Israel und Ägypten, Jordanien, der Libanon sowie Syrien können ihre Differenzen nicht beilegen. Die Verhandlungen scheitern am palästinensischen Flüchtlingsproblem.

11. Mai

Die Generalversammlung der Vereinten Nationen stimmt dem Antrag Israels auf Mitgliedschaft in den Vereinten Nationen zu.

Abstimmung: 37 Ja-Stimmen, 12 Nein-Stimmen, 9 Enthaltungen.[6]

29. Juni

Die UN-Schlichtungskommission für Palästina setzt eine Fachkommission ein, die die Zahl der arabischen Flüchtlinge, ihren Herkunftsort et cetera ermitteln soll.

30. Juni

Die Vereinten Nationen schätzen die Zahl der Flüchtlinge auf 711 000.

[6] Anm. d. Übers.: Mit Ja stimmten Argentinien, Australien, Bolivien, die Weißrussische SSR, Kanada, Chile, China, Kolumbien, Costa Rica, Kuba, die Tschechoslowakei, die Dominikanische Republik, Ecuador, Frankreich, Guatemala, Haiti, Honduras, Island, Liberia, Luxemburg, Mexiko, die Niederlande, Neuseeland, Nicaragua, Norwegen, Panama, Paraguay, Peru, die Philippinen, Polen, Südafrika, die Ukrainische SSR, die Sowjetunion, die Vereinigten Staaten, Uruguay, Venezuela und Jugoslawien. Mit Nein stimmten Afghanistan, Burma, Ägypten, Äthiopien, Indien, Iran, der Irak, der Libanon, Pakistan, Saudi-Arabien, Syrien und Jemen. Die Mitgliedsstaaten Belgien, Brasilien, Dänemark, El Salvador, Griechenland, Thailand, Schweden, die Türkei und das Vereinigte Königreich enthielten sich.

20. Juli

Unterzeichnung des Waffenstillstandsabkommens zwischen Israel und Syrien.

23. August

Die UN-Schlichtungskommission für Palästina richtet unter der Leitung von Gordon R. Clapp (Vereinigte Staaten) eine Kommission zur Erstellung einer Wirtschaftsstudie ein, die sogenannte United Nations Economic Survey Mission for the Middle East, mit dem Ziel, die wirtschaftliche Lage derjenigen Staaten im Nahen Osten zu untersuchen, die von den Konflikten in Palästina betroffen sind.

6. November

Die United Nations Economic Survey Mission for the Middle East sendet einen Zwischenbericht an die Generalversammlung der Vereinten Nationen und empfiehlt die Gründung einer neuen Sonderorganisation zur Durchführung von Hilfsprogrammen in geringerem Umfang und zur Aufstellung eines Arbeitsprogramms, das Flüchtlingen ermöglichen soll, sich selbst zu versorgen.

8. Dezember

Die Generalversammlung der Vereinten Nationen verabschiedet Resolution 302 (IV), die auf den Empfehlungen der United Nations Economic Survey Mission for the Middle East basiert, und gründet das Hilfswerk der Vereinten Nationen für Palästina-Flüchtlinge im Nahen Osten (UNRWA), um in Zusammenarbeit mit lokalen Regierungen Hilfs- und Arbeitsprojekte durchzuführen. Die finanziellen Mittel des UNRPR werden im Zuge dessen an das UNRWA übertragen. Die unmittelbare Unterstützung durch die Organisation soll am 31. Dezember 1950 enden.

28. Dezember

Veröffentlichung des Abschlussberichts der United Nations Economic Survey Mission for the Middle East.

1950

März

Der Irak bewilligt die Auswanderung von Juden nach Israel.

24. April

Jordanien annektiert offiziell das Gebiet westlich des Jordan.

1. Mai

Das UNRWA eröffnet seinen Hauptsitz in Beirut. Die Organisation wird von einem Generalkommissar geleitet (immer ein US-Staatsangehöriger), der von einem Beratungsausschuss unterstützt wird, der sich aus Vertretern Frankreichs, der Türkei, des Vereinigten Königreichs und der Vereinigten Staaten zusammensetzt. Der Beratungsausschuss wird später um Vertreter Ägyptens, Jordaniens, Syriens, Belgiens und des Libanon erweitert. Howard Kennedy wird zum ersten Generalkommissar des UNRWA ernannt.

25. Mai

In einer gemeinsamen Erklärung geben Frankreich, das Vereinigte Königreich und die Vereinigten Staaten bekannt, sofortige Maßnahmen zu ergreifen, falls ein Nahostland Grenzen oder Waffenstillstandslinien verletzt.

30. Juni

Das UNRWA meldet eine Zahl von 960021 Flüchtlingen.

2. Dezember

Die Generalversammlung der Vereinten Nationen verabschiedet Resolution 393 (V), durch die das Mandat des UNRWA bis zum 30. Juni 1952 verlängert wird.

14. Dezember

Die Generalversammlung der Vereinten Nationen verabschiedet Resolution 394 (V) zur Fortsetzung der UN-Schlichtungskommission für Palästina.

1951

März

Der Irak friert sämtliche Vermögenswerte[7] auswandernder Juden ein.

30. Juni

Das UNRWA meldet eine Zahl von 879 667 Flüchtlingen.

20. Juli

König Abdallah von Jordanien wird ermordet.[8]

13. September bis 19. November

Die UN-Schlichtungskommission für Palästina führt in Paris Verhandlungen zwischen Arabern und Israel. Es wird keine Einigung erzielt.

1952

26. Januar

Die Generalversammlung der Vereinten Nationen verabschiedet Resolution 513 (VI) und bewilligt ein dreijähriges UNRWA-Hilfsprogramm, das mit 50 Millionen US-Dollar für Hilfsmaßnahmen sowie 200 Millionen US-Dollar für Rehabilitationsmaßnahmen finanziert wird. Das Mandat des UNRWA wird bis zum 30. Juni 1954 verlängert.

30. Juni

Das UNRWA meldet eine Zahl von 882 673 Flüchtlingen.

1. Juli

John Blandford wird zum Generalkommissar des UNRWA ernannt.

Israel übernimmt die Verantwortung für 19 000 arabische Flüchtlinge in Israel, die während des Palästinakriegs von 1948 vertrieben wurden.

[7] Anm. d. Übers.: Hierzu zählen sowohl Grundbesitztümer als auch bewegliche Güter.

[8] Anm. d. Übers.: Abdallah ibn Husain I. wurde in Jerusalem von einem palästinensischen Attentäter in der al-Aqsa-Moschee erschossen.

8. Oktober und 24. November

Israel kündigt seine Bereitschaft an, eine Million israelische Pfund (im Verhältnis 1 israelisches Pfund zu 1 Pfund Sterling) von gesperrten Konten zur Überweisung freizugeben.

6. November

Die Generalversammlung der Vereinten Nationen verabschiedet Resolution 614 (VII), mit der sie anerkennt, dass sich die sofortige Umsetzung des 250-Millionen-Dollar-Plans als unmöglich erwiesen hat, und bewilligt daher eine Aufstockung des Hilfsbudgets für das UNRWA.

1953

7. März

UNRWA-Generalkommissar John Blandford tritt zurück. Leslie J. Carver wird zum Nachfolger ernannt.

30. Juni

Das UNRWA meldet eine Zahl von 871 748 Flüchtlingen.

9. Oktober

Der israelische Botschafter Abba Eban bekundet in einem Brief an die Kommunistische Partei Chinas (KPCh), dass die israelische Regierung Vorbereitungsarbeiten zur Umsetzung ihres erklärten politischen Ziels durchführe, Entschädigungen für in Israel zurückgelassenes Eigentum anzubieten.

13. Oktober

US-Präsident Dwight D. Eisenhower schickt Eric Johnston in den Nahen Osten, um einen Plan zur Regelung der Wasserversorgung im Jordantal auszuhandeln.

27. November

Die Generalversammlung der Vereinten Nationen verabschiedet Resolution 720 (VIII), durch die das Mandat des UNRWA bis zum 30. Juni 1955 verlängert wird.

1954

18. April
Oberst Gamal Abdel Nasser wird Premierminister von Ägypten.

15. Juni
Henry R. Labouisse wird zum Generalkommissar des UNRWA ernannt.

30. Juni
Das UNRWA meldet eine Zahl von 887058 Flüchtlingen.

4. Dezember
Die Generalversammlung der Vereinten Nationen verabschiedet Resolution 818 (IX), durch die das Mandat des UNRWA bis zum 30. Juni 1960 verlängert wird.

1955

30. Juni
Das UNRWA meldet eine Zahl von 905986 Flüchtlingen.

26. August
US-Außenminister John F. Dulles schlägt Israel ein internationales Darlehen vor, um es bei der Zahlung von Entschädigungen für Flüchtlinge zu unterstützen, und erklärt, die Vereinigten Staaten würden sich daran beteiligen.

15. Oktober
Der Generalkommissar des UNRWA veröffentlicht einen Sonderbericht über Hilfeempfänger, die nicht in den UNRWA-Listen aufgeführt sind, insbesondere Kinder und notleidende Bewohner entlang der Demarkationslinien.

21. bis 22. November
Der Bagdadpakt[9] wird geschlossen. Zu den Mitgliedern zählen der Iran, der Irak, Pakistan, die Türkei und das Ver-

[9] Anm. d. Übers.: Central Treaty Organization (CENTO).

einigte Königreich, während die Vereinigten Staaten offiziell an Wirtschafts- und Militärausschüssen teilnehmen.[10]

3. Dezember

Die Generalversammlung der Vereinten Nationen verabschiedet Resolution 916 (X) zur Fortsetzung der Arbeit des UNRWA.

1956

11. März

Israel ändert seinen Standpunkt zu den Entschädigungen für in Israel zurückgelassene Eigentümer. In einem Brief an die KPCh heißt es: »Wenn die arabischen Regierungen einwilligen, den gegenwärtigen Trend, ihre Wirtschaftsblockade gegen Israel zu verschärfen, umzukehren [...], wird Israel bereit sein, seine detaillierten Pläne für Entschädigungen bekannt zu geben.«

30. Juni

Das UNRWA meldet eine Zahl von 922 279 Flüchtlingen.

26. Juli

Ägypten verstaatlicht die Sueskanal-Gesellschaft.

31. August

Bis dato wurden von Israel gesperrte Konten im Gesamtwert von 7 373 890 US-Dollar freigegeben.

4. Oktober

Die KPCh berichtet, dass »die UN-Schlichtungskommission für Palästina angesichts der unveränderten Haltung der Konfliktparteien und ihres Versäumnisses, die Dienste der Kommission in Anspruch zu nehmen, keine Gelegenheit hatte, ihre Funktion mit Aussicht auf Erfolg auszuüben.«

10 Anm. d. Übers.: Das Verteidigungsbündnis wurde zuerst am 24. Februar 1955 vom Irak und der Türkei unterzeichnet. Die Vereinigten Staaten hatten im Rahmen des Bündnisses einen Beobachterstatus.

29. Oktober

Israel fällt in Ägypten ein und besetzt anschließend den Gazastreifen. Auf der Sitzung des Sicherheitsrats der Vereinten Nationen erklärt Israel, dass »das Ziel dieser Operationen darin besteht, die ägyptischen Fedajin-Stützpunkte zu zerstören, von denen aus bewaffnete ägyptische Einheiten [...] zum Zwecke des Mordens, der Sabotage und der Schaffung einer dauerhaften Unsicherheit für ein friedliches Leben in israelisches Territorium eindringen«.

31. Dezember

Das UNRWA meldet eine Zahl von 924922 Flüchtlingen.

1957

5. Januar

US-Präsident Eisenhower kündigt eine neue US-Politik (Eisenhower-Doktrin) an. Ziel ist die Stärkung der Wirtschaftskraft von Nahostländern sowie die Zusicherung militärischer Hilfe und Unterstützung für die Staaten, die im Kampf »gegen die unverhohlene bewaffnete Aggression seitens jeglicher vom internationalen Kommunismus kontrollierten Nation« um Unterstützung bitten.

10. Januar

Der Generalkommissar des UNRWA veröffentlicht einen Sonderbericht über die Einsätze des UNRWA im Gazastreifen vom 1. November bis Mitte Dezember 1956.

12. Februar

Der Außenminister der UdSSR, Dimitri T. Shepilov, schlägt vor, dass die Großen Vier[11] sich verpflichten sollten, den arabischen Staaten im Nahen Osten Wirtschaftshilfe zu leisten.

[11] Anm. d. Übers.: Zu den Großen Vier, auch »Rat der Vier« genannt, zählen die Regierungschefs der Siegermächte des Ersten Weltkriegs, also Frankreich, Großbritannien, Italien und die Vereinigten Staaten.

6. März

UNEF-Truppen[12] übernehmen die Kontrolle über den Gazastreifen.

9. März

Die Eisenhower-Doktrin wird vom Kongress der Vereinigten Staaten als Gesetz verabschiedet.

April

König Hussein bildet in Jordanien eine prowestliche Regierung.

August

Syrien stimmt der Annahme sowjetischer Militär- und Wirtschaftshilfe zu, und sowjetische Techniker beginnen mit der Einreise in das Land.

November

Ägypten nimmt erneut sowjetische Unterstützung an.

1958

Februar

Unter der Ägide Nassers schließen sich Ägypten und Syrien zur Vereinigten Arabischen Republik zusammen, der sich später auch Jemen anschließt. Um dem entgegenzuwirken, gründen der Irak und Jordanien unter dem irakischen König Faisal II. die Arabische Union.[13]

April

Nasser besucht Moskau, wo man ihm Unterstützung für seinen Einsatz für den arabischen Nationalismus zusagt.

Mai

Im Libanon erheben sich Pro-Nasser-Rebellen und versuchen, die prowestliche Regierung von Präsident Camille Chamoun zu stürzen. Der Libanon bittet die Vereinten Na-

[12] Anm. d. Übers.: United Nations Emergency Force.

[13] Anm. d. Übers.: Der Zusammenschluss der Königreiche Irak und Jordanien wird heute in der Regel als Arabische Föderation bezeichnet.

tionen um Hilfe gegen die »Intervention« der Vereinigten Arabischen Republik.

Juni

Eine UN-Beobachtergruppe trifft im Libanon ein.

Juli

Die prowestliche Regierung von König Faisal wird über Nacht durch einen Putsch von Armeeoffizieren aus dem Pro-Nasser-Lager gestürzt. Der König und sein Haushalt werden ermordet.[14] Präsident Chamoun bittet die Vereinigten Staaten um Hilfe, damit ein Übergreifen der Rebellion auf den Libanon verhindert werden kann. US-Präsident Eisenhower reagiert mit der Entsendung von US-Marines. Britische Truppen dringen in Jordanien ein, um König Hussein zu unterstützen.

Nikita Chruschtschow, der erste Sekretär der KPdSU, fordert ein sofortiges Gipfeltreffen, um »eine weltweite Katastrophe« abzuwenden.

Der Sicherheitsrat der Vereinten Nationen tritt zusammen, kann die Krise jedoch nicht lösen.

August

Eine Sondersitzung der Generalversammlung wird einberufen, um sich mit der Lage im Nahen Osten zu befassen.

14 Anm. d. Übers.: Der Putsch fand am 14. Juni statt.

Quellenverzeichnis

Die Vereinten Nationen

Jahresbericht des Generalkommissars des Hilfswerks der Vereinten Nationen für Palästina-Flüchtlinge im Nahen Osten (UNRWA) für den Zeitraum vom 1. Juli 1956 bis zum 30. Juni 1957, Offizielle Protokolle der Generalversammlung, Zwölfte Sitzung, Beilage Nr. 14, UN-Dokument-Nr. A/3686.

Eine detaillierte Beschreibung zur Gründung des UNRWA sowie seiner Aufgabe und Arbeit vor dem 1. Juli 1956 finden Sie in den folgenden Jahresberichten und weiteren Dokumenten der Vereinten Nationen:

A. *Abschlussbericht der United Nations Economic Survey Mission for the Middle East*, 28. Dezember 1949, UN-Dokument-Nr. A/AC.25/6, Teile 1 und 2.

B. *Bericht des Generalsekretärs über die Hilfe für Palästina-Flüchtlinge*, Offizielle Protokolle der Generalversammlung, Vierte Sitzung, Politischer Ad-hoc-Ausschuss, Anhänge, Bd. 2, S. 14, UN-Dokument-Nr. A/1080.

C. *Berichte des Generalkommissars des UNRWA sowie Sonderberichte des Generalkommissars und der Beratungskommission des UNRWA an die Generalversammlung:*

   a) Offizielle Protokolle der Generalversammlung, Fünfte Sitzung, Beilage Nr. 19, UN-Dokument-Nr. A/1451, 1. Fassung.

   b) Offizielle Protokolle der Generalversammlung, Sechste Sitzung, Beilagen Nr. 16, und 16 A, UN-Dokument-Nr. A/1905 und Anhang 1.

c) Offizielle Protokolle der Generalversammlung, Siebte Sitzung, Beilagen Nr. 13 und 13 A, UN-Dokument-Nr. A/2171 und Anhang 1.
d) Offizielle Protokolle der Generalversammlung, Achte Sitzung, Beilagen Nr. 12 und 12 A, UN-Dokument-Nr. A/2470 und Anhang 1.
e) Offizielle Protokolle der Generalversammlung, Neunte Sitzung, Beilagen Nr. 17 und 17 A, UN-Dokument-Nr. A/2717 und Anhang 1.
f) Offizielle Protokolle der Generalversammlung, Zehnte Sitzung, Beilagen Nr. 15, 15 A und 15 B, UN-Dokument-Nr. A/2978 und Anhang 1.
g) Offizielle Protokolle der Generalversammlung, Elfte Sitzung, Beilagen Nr. 14 und 14 A, UN-Dokument-Nr. A/3212 und Anhang 1.
h) Labouisse, Henry R., *Erklärung vor dem politischen Sonderausschuss*, 11. Februar 1957, UN-Pressemitteilung, UN-Dokument-Nr. PM/3369.
i) *Erklärung vor dem Politischen Ad-hoc-Ausschuss der Zehnten UN-Generalversammlung*, 24. November 1955 (vervielfältigt durch die UN, nicht nummeriert).
j) *Vor dem Politischen Ad-hoc-Ausschuss der Zehnten UN-Generalversammlung*, 24. November 1955 (vervielfältigt durch die UN, nicht nummeriert).
k) Hilfswerk der Vereinten Nationen für Palästina-Flüchtlinge im Nahen Osten (UNRWA), »Statistische Zusammenfassung«, Beirut, Libanon, 23. Februar 1957.

D. *Zwischenberichte der UN-Schlichtungskommission für Palästina*, 1947–1957, UN-Dokument-Nr. A/819, A/838, A/927, A/992, A/1252, A/1255, A/1288, A/1367, A/1793, A/1985, A/2121, A/2216, A/2629, A/2897 und A/3199.

E. Relevante Resolutionen und Beschlüsse der Generalversammlung:

194 (III) vom 11. Dezember 1948,
212 (III) vom 19. November 1948,
302 (IV) vom 8. Dezember 1949,
393 (V) vom 2. Dezember 1950,

513 (VI) vom 26. Januar 1952,
614 (VII) vom 6. November 1952,
720 (VIII) vom 27. November 1953,
818 (IX) vom 4. Dezember 1954,
916 (X) vom 3. Dezember 1955,
1018 (XI) vom 28. Februar 1957.

Offizielle Protokolle der Generalversammlung, Elfte Sitzung, Anhänge, Tagesordnungspunkt 23, UN-Dokument-Nr. A/SPC/9 und A/SPC/13.

Erklärungen vor dem politischen Sonderausschuss der Generalversammlung der Vereinten Nationen, Zwölfte Sitzung zum Bericht des Hilfswerks der Vereinten Nationen für Palästina-Flüchtlinge im Nahen Osten, von:[1]

Mustapha Abdesselam, Vertreter Tunesiens bei den Vereinten Nationen, 25. November 1957.

Ponsonby Moore Crostwaite, CMG, Minister, Ständiger Vertreter des Vereinigten Königreichs Großbritannien und Nordirland bei den Vereinten Nationen, 25. November 1957.

Dr. Adib Daoudy, Vertreter Syriens bei den Vereinten Nationen, 25. November 1957.

Seine Exzellenz George Achatus de Gripenberg, außerordentlicher und bevollmächtigter Botschafter, Ständiger Vertreter Finnlands bei den Vereinten Nationen, 25. November 1957.

Jacques de Thier, Vertreter Belgiens bei den Vereinten Nationen, 25. November 1957.

Seine Exzellenz Abba Eban, außerordentlicher und bevollmächtigter Botschafter, Ständiger Vertreter Israels bei den Vereinten Nationen, 27. November 1957.

Seine Exzellenz Yousef Haikal, außerordentlicher und bevollmächtigter Botschafter, Ständiger Vertreter Jordaniens bei den Vereinten Nationen, 26. November 1957.

Dr. Manuel Felix Maurtua, Vertreter Perus bei den Vereinten Nationen, 25. November 1957.

[1] Anm. d. Übers: Vom Übersetzer zum Verständnis um weitere Angaben ergänzt.

Seine Exzellenz Ahmad al-Shukeiri, Staatssekretär für UN-Angelegenheiten, Ständiger Vertreter Saudi-Arabiens bei den Vereinten Nationen, 20. November 1957.

Bücher und Broschüren[2]

American Zionist Council, *Israel and the Arab Refugees*, New York 1951.

American Zionist Council, *Israel and the Arab States. The Issues in Dispute. Israel's Frontiers. The Status of Jerusalem. The Arab Refugees*, New York 1951.

Arabisches Informationsbüro, *A Human Disaster. The Arab Refugees, Pamphlets on Arab Affairs* 8, London 1948.

Bonne, Alfred, *State and Economics in the Middle East*, London 1948.

Bonne, Alfred, *Studies in Economic Development. With Special Reference to Conditions in the Underdeveloped Areas in Western Asia and India*, London 1957.

Campbell, John C., *Defense of the Middle East. Problems of American Policy*, New York 1958.

Coon, Carleton S., *Caravan. The Story of the Middle East, New* York 1951.

Dunner, Joseph, *The Republic of Israel. Its History and its Promise*, New York 1950.

Glubb, John B., *A Soldier with the Arabs*, New York 1957.

Hauptabteilung Wirtschaftliche und Soziale Angelegenheiten der Vereinten Nationen (UN DESA), *Economic Developments in the Middle East 1954–1955*, Beilage zum Weltwirtschaftsbericht für das Jahr 1955, UN-Dokument-Nr. E/2880 ST/ECA/39, New York 1956.

Hauptabteilung Wirtschaftliche und Soziale Angelegenheiten der Vereinten Nationen (UN DESA), *Measures for the Economic Development of Underdeveloped Countries*, Bericht

[2] Anm. d. Übers.: Die Literatur wurde umfassend und zum Verständnis um weitere Angaben ergänzt.

einer vom Generalsekretär der Vereinten Nationen eingesetzten Expertengruppe, UN-Dokument-Nr. E/1986 ST/ECA/10, New York 1951.

Hochkommissariat der Vereinten Nationen für Flüchtlinge, *Survey of the Non-Settled Refugee Population in Various Countries*, Bericht des Hochkommissariats der Vereinten Nationen für Flüchtlinge (United Nations High Commissioner for Refugees, UNHCR), April 1958.

Humphrey, Hubert H., *The Middle East and Southern Europe. Report of Senator Hubert H. Humphrey on a Study Mission*, Washington, D.C., 1957.

Internationale Bank für Wiederaufbau und Entwicklung, *The Economic Development of Jordan*, Baltimore 1957.

Jabotinsky, Wladimir Z., *The War and the Jew*, New York 1942. Darin vor allem Kapitel 18, »The Arab Angle – Undramatized«, ebd., S. 211–222.[3]

Jewish Agency for Palestine, *Arab Refugees. Facts and Figures*, New York 1949.

Jewish Agency for Palestine, *Resettlement Prospects for Arab Refugees*, New York 1949.

Keen, Bernard A., *The Agricultural Development of the Middle East*, London 1946.

Knesset, *Divrei Haknesset*, Plenarprotokolle der Knesset aus dem Jahr 1954, Jerusalem 1954.

Kulischer, Eugene M., *Europe on the Move. War and Population Changes, 1917–1947*, New York 1948.

Mezerik, Avrahm G. (Hrsg.), *The Refugee Problem in The Middle East*, *International Review Service*, Bd. 3, Nr. 31, New York 1957.

[3] Anm. d. Übers.: Bei der hier aufgeführten Fassung handelt es sich um die zweite Auflage des Buchs, das 1940 erstmals unter dem Titel *The Jewish War Front* vom Londoner Verlagshaus George Allen & Unwin Ltd. veröffentlicht wurde. Deutsche Fassung: Wladimir Z. Jabotinsky, *Die jüdische Kriegsfront*, aus dem Englischen von Lars Fischer, herausgegeben von Renate Göllner, Anselm Meyer und Gerhard Scheit, Freiburg 2021. Darin vor allem Kapitel 18, »Zur Versachlichung der Annahmen über den Status der Araber«, ebd., S. 165–174.

Middelmann, Werner, *The Problem of Expellees and Refugees in the Federal Republic of Germany*, Bonn 1957.

Nathan, Robert; Gass, Oscar und Creamer, Daniel, *Palestine. Problem and Promise – An Economic Study*, Washington, D.C., 1946.

National Council of the Churches of Christ in the USA, *The Problems of the Arab Refugees*, New York 1952.

Oberster Rechnungsprüfer der Vereinigten Staaten, *Comptroller General Audit Report to Congress, Fiscal Year 1955–1957*, Rechnungsprüfungsbericht des obersten Rechnungsprüfers für die Jahre 1955–1957 an den Kongress, Washington, D.C., Mai 1958.

Ökumenischer Rat der Kirchen, *The Arab Refugee Problem. Report from Beirut*, Beirut 1951.

Ökumenischer Rat der Kirchen, *Second Report from Beirut*, Genf 1956.

Peretz, Don, *Israel and the Palestine Arabs*, Washington, D.C., 1958.

Rees, Elfan, *Century of the Homeless Man*, herausgegeben von Carnegie Endowment for International Peace, *International Conciliation*, Nr. 515, New York 1957.[4]

Schechtman, Joseph B., *The Arab Refugee Problem*, New York 1952.

Shwadran, Benjamin, *The Middle East, Oil and the Great Powers*, New York 1955.

Smith, Lawrence H., *The Arab Refugees and Other Problems in the Near East. Report of the Special Study Mission to the Near East comprising Honorable Lawrence H. Smith, Wisconsin, Chairman, and Honorable Winston L. Prouty, Vermont, of the Committee on Foreign Affairs of the House of Representatives*, Washington, D.C., 1954.

Stevens, Georgiana G., *The Jordan River Valley*, New York 1956.

[4] Anm. d. Übers.: Deutsche Fassung: Rees, Elfan, *Jahrhundert des Heimatlosen. Die Geschichte der Flüchtlinge in unseren Tagen*, o. A., Stuttgart 1959.

Stoessinger, John G., *The Refugee and the World Community*, Minneapolis 1956.
Thicknesse, Sibylla G., *Arab Refugees. A Survey of Resettlement Possibilities*, London 1949.
Vernant, Jacques, *The Refugee in the Post-War World*, New Haven 1953.
Wirtschaftskommission der Vereinten Nationen für Asien und den Fernen Osten, *Mobilization of Domestic Capital in Certain Countries of Asia and the Far East*, Bangkok 1951.
Witkamp, F. Theodore, *The Refugee Problem in the Middle East*, Bericht der Forschungsgruppe für europäische Migrationsprobleme (Research Group for European Migration Problems, REMP), Bd. 5, Nr. 1, Den Haag, Januar–März 1957.

Artikel, Vorträge und Zeitschriften

Aubin, W. de St., »Peace and Refugees in the Middle East«, in: *The Middle East Journal* 3, Juli 1949, S. 249–259.
Badre, Albert Y., »A Middle Easterner Looks at Regional Development«, Mitschrift eines Vortrags, der auf einer Arbeitskonferenz über Entwicklungen, Ziele, Pläne und Perspektiven im Nahen Osten gehalten wurde, The Middle East Institute, Washington, D. C., Januar/Februar 1958.
Baldwin, Roger N., »The Palestine Refugees«, in: *Current History* 33, November 1957, S. 295–298.
Baster, James, »Economic Aspects of the Settlement of the Palestine Refugees«, in: *The Middle East Journal* 8, Winter 1954, S. 54–68.
Baster, James, »Economic Problems in the Gaza Strip«, in: *The Middle East Journal* 9, Sommer 1955, S. 323–327.
Bentwich, Norman, »The Arab Refugees«, in: *Contemporary Review* 181, Mai 1952, S. 270–274.
Bruhns, Fred C., »A Study of Arab Refugee Attitudes«, in: *Middle East Journal* 9, Frühling 1955, S. 30–38.

Castle, Barbara, »Refugee Forever?«, in: *The Spectator* 190, 6. Februar 1953, S. 144.

Glubb, John B., »Violence on The Jordan-Israel Border. A Jordanian View«, in: *Foreign Affairs* 32, Juli 1954, S. 552–562.

Godsell, Geoffrey, Ofner, Francis, »Arabs, Israelis Scan Future«, zwei Artikel, einer über die arabische Perspektive (Godsell) und der andere über die israelische Perspektive (Ofner), in: *The Christian Science Monitor* 297, 13. November 1957, S. 13.

Coate, Winifred A., »The Condition of the Arab Refugees in Jordan«, in: *International Affairs* 29. Oktober 1953, S. 449–456.

Horton, I. E., »The Arab Refugees«, in: *The Spectator* 185, 28. Juli 1950, S. 116.

Khan, Mizra, »The Arab Refugees. A study in Frustration«, in: *Midstream* 2, Frühling 1956, S. 31–48.

Kirk, G. E., »Some Individual Endeavours to Help the Arab Refugees«, in: *Journal of the Royal Central Asian Society* 40, April 1953, S. 117–119.

Koussa, E. N., »Memorandum on Properties Belonging to Arabs Living in Israel«, in: *Ner* 2, 8. Januar 1951, S. 22–24, 13. Juli 1951, S. 26–28.

Lehrman, Hal, »What Future for the Arab Refugees«, in: *Commentary* 24, September 1957, S. 192–203.

Liebling, Abbott J., »Letter from Gaza«, in: *The New Yorker*, 16. März 1957, S. 119–137.

MacInnes, Angus C., »The Arab Refugee Problem«, in: *Journal of the Royal Central Asian Society* 36, April 1949, S. 178–188.

Meyer, Albert J., »Development Plans in the Middle East«, Mitschrift eines Vortrags, der auf einer Arbeitskonferenz über Entwicklungen, Ziele, Pläne und Perspektiven im Nahen Osten gehalten wurde, The Middle East Institute, Washington, D. C., Januar/Februar 1958.

N. N., »Middle East – United States. Soviet Cold-War Battleground«, in: *The New York Herald Tribune*, Sonderbeilage zum Nahen Osten, 17. November 1957.

N. N., »Report on the Middle East. A Vital Region in Upheaval«, in: *The New York Times*, Sonderbeilage zum Nahen Osten, 22. April 1957.

Peretz, Don, »Arab Refugees. Whose?«, in: *Christian Science Monitor* 283, 28. Oktober 1957, S. 9.

Peretz, Don, »The Arab Refugee Dilemma«, in: *Foreign Affairs* 33, Oktober 1954, S. 134–148.

Pike, James A., »Key Piece in the Mideast Puzzle«, in: *The New York Times Magazine*, 19. Mai 1957, Abschnitt T, S. 7.

Richardson, Channing B., »The Refugee Problem«, in: *Proceedings of the Academy of Political Science* 24, Januar 1952, S. 483–489.

Rubin, Morris H. und Sheridan, Mary (Hrsg.), *The Progressive*, Sonderausgabe zum Nahen Osten, November 1957.

Sharett, Moshe, »Israel's Position and Problems«, in: *Jewish Frontier* 3, Mai 1952, S. 133–139.

Stevens, Georgiana G., »The Arab Refugees«, in: *The Middle East Journal* 6, Sommer 1952, S. 281–298.

Wheeler, Keith, »Ferment of Nationalism in an Angry Arab World«, in: *Life* 13, 1. April 1957, S. 114–134.

Wheeler, Keith, »Russia's Ominous Thrust Into the Arab World«, in: *Life* 14, 8. April 1957, S. 134–152.[5]

[5] Anm. d. Übers.: Beide Artikel Wheelers werden im Original ohne Angabe des Autors unter dem Titel »The Arab World« aufgeführt und zusammengefasst.

Grundsätze des Institute for Mediterranean Affairs

Das Institute for Mediterranean Affairs ist eine unabhängige, unpolitische Organisation, die mit dem Ziel gegründet wurde, die grundlegenden Probleme des Mittelmeerraums zu untersuchen – einem Gebiet, das hinsichtlich der regionalen Integration und der Entstehung neuer souveräner Staaten Zeuge einschneidender Umwälzungen ist –, und zwar in der Absicht, friedliche und dauerhafte Lösungen für diese Probleme zu finden und vorzuschlagen.

Das unmittelbare Anliegen des Instituts ist die Analyse der zugrunde liegenden Spannungen im östlichen Mittelmeerraum. Besonderer Schwerpunkt liegt auf Studien zu den arabisch-israelischen Beziehungen; den Besonderheiten und Hintergründen des arabischen Nationalismus und Panarabismus; den Problemen, die die Gründung der Republik Israel mit sich bringt; den Bedürfnissen und Wünschen der einzelnen Völker dieser Region – ihren ethnologischen und kulturellen Hintergründen sowie ihren sozialen und politischen Systemen – und den grundlegenden Problemen, die sich aus der Beziehung Israels zu seinen Nachbarstaaten und zu den jüdischen Gemeinden der Welt ergeben.

Vorrangige Aufmerksamkeit galt der Untersuchung des akuten und unerträglichen Dilemmas der palästinensischen Flüchtlinge, nicht nur als ein politisches, sondern auch als ein schwerwiegendes humanitäres Problem.

Auf der Grundlage dieser Studien ist das Institut bestrebt, ein ganzheitliches Programm für die gesamtwirtschaftliche Entwicklung dieser Region zu formulieren, das auf sozialen Fortschritt und politische Demokratie abzielt – im Geiste des gegenseitigen Verständnisses, der internationalen Verantwortung und der Zusammenarbeit zwischen den Nationen dieser Region.

Die Gründer und Vertreter des Institute for Mediterranean Affairs hoffen, dass die hier versammelten Studien und Empfehlungen mit der Unterstützung einer aufgeklärten öffentlichen Meinung sowohl zum Wohlergehen aller Völker des Mittelmeerraums als auch zum Frieden auf der ganzen Welt beitragen werden.

Kuratorium[1]

Roger N. Baldwin, Vorsitzender der International League for the Rights of Man[2]

Prof. Lawrence C. Barrell, geschäftsführender Direktor des Mitchell College, New London, Connecticut, Vereinigte Staaten, und Professor an der Long Island University, New York City, New York, Vereinigte Staaten

Peter H. Bergson, Investmentbanker

Prof. Robert Bierstedt, Leiter des Instituts für Soziologie und Anthropologie, City College of New York, New York City, New York, Vereinigte Staaten

Prof. Werner J. Cahnman, Hochschuldozent am Institut für Soziologie und Anthropologie, Hunter College, New York City, New York, Vereinigte Staaten, sowie am Institut für Sozialwissenschaft, Yeshiva University, New York City, New York, Vereinigte Staaten

Prof. Boris G. Dressler, Professor emeritus des Instituts für Wirtschaftswissenschaft, City College of New York, New York City, New York, Vereinigte Staaten

Angier B. Duke, Präsident des International Rescue Committee (IRC)

Prof. Joseph Dunner, Leiter des Instituts für Politikwissenschaft, Grinnell College, Grinnell, Iowa, Vereinigte Staaten

[1] Anm. d. Übers: Zum Verständnis um weitere Angaben ergänzt.

[2] Anm. d. Übers.: Der internationale Dachverband der Menschenrechtsbewegung wurde 1976 umbenannt in International League for Human Rights (ILHR).

Prof. Nasrollah Fatemi, Institut für Sozialwissenschaft, Fairleigh Dickinson University, Madison, New Jersey, Vereinigte Staaten

Ephraim Fischoff, geschäftsführender Direktor der Hillel-Stiftung, Yale University, New Haven, Connecticut, Vereinigte Staaten

Prof. Louis L. Gerson, Institut für Staatskunde und internationale Beziehungen, University of Connecticut, Storrs, Connecticut, Vereinigte Staaten

Prof. Jean Gottmann, Institut für Politikwissenschaft, Paris, Frankreich, Institut für weiterführende Studien, Princeton University, Princeton, New Jersey, Vereinigte Staaten

Oscar Kraines, Leitender Berater der Stabsstelle des Bundesstaates New York, Vereinigte Staaten

Prof. Fowler Harper, Institut für Völkerrecht, Yale University, New Haven, Connecticut, Vereinigte Staaten

Prof. Abba P. Lerner, Institut für politische Ökonomie, Roosevelt University, Chicago, Illinois, Vereinigte Staaten

Raphael Malsin, Präsident von Lane Bryant Inc.

Samuel Merlin, Forschungskoordinator des Institute for Mediterranean Affairs

Prof. Allan Nevins, The Huntington Library, San Marino, Kalifornien, Vereinigte Staaten

Erzb. James A. Pike, Koadjutor, Diözese Kalifornien, San Francisco, Kalifornien, Vereinigte Staaten

Richard R. Salzmann, geschäftsführender stellvertretender Vorsitzender des Institute for Mediterranean Affairs

Jay Marc Schwamm, Vorsitzender der American Trust Company

Harry Louis Selden, Herausgeber und Berater

Dr. Leon Solis-Cohen, Arzt und Bürgerrechtler

J. David Stern, Verleger (pensioniert)

Alexander Wilf, Industrieller und Verleger

Vorstand

Prof. Nasrollah Fatemi
Prof. Fowler Harper
Prof. Abba P. Lerner

Stellvertretende Vorsitzende des Gremiums

Victor House, Rechtsberater
Richard R. Salzmann, geschäftsführender stellvertretender Vorsitzender
Jay Marc Schwamm, Schatzmeister
Samuel Merlin, Forschungskoordinator
Max Gilman, leitender Herausgeber

Komitee der Sponsoren

Prof. Robert J. Alexander, Institut für Politikwissenschaft, Rutgers University, New Brunswick, Piscataway, Newark und Camden, New Jersey, Vereinigte Staaten
Dr. Raymond B. Allen, Kanzler der University of California, Oakland, Kalifornien, Vereinigte Staaten
Dr. A. Asfour, Professor für Orientalische Literatur, Universität Uppsala, Schweden
Prof. Roscoe Baker, Institut für Geschichte und Sozialwissenschaft, University of Maryland, College Park, Maryland, Vereinigte Staaten
Prof. Denis A. Baly, Kenyon College, Gambier, Ohio, Vereinigte Staaten
Dr. Gunther Beijer, Generalsekretär der Forschungsgruppe für europäische Migrationsprobleme und Herausgeber, Den Haag, Niederlande
Prof. Aaron Bell, Institut für Politikwissenschaft, New School for Social Research, New York City, New York, Vereinigte Staaten

Hon. William S. Bennet

Brigadegeneral Herman Beukema, Professor am Institut für Sozialwissenschaft und Leiter des Austauschprogramms, University of Maryland, College Park, Maryland, Vereinigte Staaten

Prof. Morris Budin, Institut für Wirtschaftswissenschaft, Syracuse University, Syracuse, New York, Vereinigte Staaten

Prof. James M. Burns, Institut für Politikwissenschaft, Williams College, Williamstown, Massachusetts, Vereinigte Staaten

Prof. S. C. Cappannari, Institut für Sozialwissenschaft und Anthropologie, Wayne State University, Detroit, Michigan, Vereinigte Staaten

Prof. Edward W. Carter, Institut für Politikwissenschaft, University of Pennsylvania, Philadelphia, Pennsylvania, Vereinigte Staaten

H. Richard Chew, Analyst, US-Regierung

Prof. Samuel I. Clark, Institut für Politikwissenschaft, Western Michigan University, Kalamazoo, Michigan, Vereinigte Staaten

Dr. Wilhelm Classen, München

Dr. Samuel DuBois Cook, Leiter des Instituts für Politikwissenschaft, Atlanta University, Atlanta, Georgia, Vereinigte Staaten

Dr. Martha L. Corry, Institut für Sozialwissenschaft, New York State Teachers College at Oneonta, Oneonta, New York, Vereinigte Staaten

Prof. Andrew N. Cruikshanks, Leiter des Instituts für Politikwissenschaft, California Polytechnic State College, San Luis Obispo, Kalifornien, Vereinigte Staaten

Prof. Vattel E. Daniel, Dekan, Graduiertenkolleg, Alabama State College, Montgomery, Alabama, Vereinigte Staaten

Prof. Gottfried S. Delatour, Institut für Sozialwissenschaft und Anthropologie, Hunter College, New York City, New York, Vereinigte Staaten

Prof. Louis H. Douglas, Institut für Politikwissenschaft, Kansas State College of Agriculture and Applied Science, Manhattan, Kansas, Vereinigte Staaten

Senator Paul H. Douglas, Senat der Vereinigten Staaten

Josiah E. DuBois jr., Rechtsanwalt

Prof. Kathleen E. Dunlop, Institut für Wirtschaftswissenschaft, Hollins College, Roanoke, Virginia, Vereinigte Staaten

Prof. Cortez A. M. Ewing, Institut für Politikwissenschaft, University of Oklahoma, Norman, Oklahoma, Vereinigte Staaten

Dr. Victor C. Ferkiss, Institut für Politikwissenschaft, Saint Mary's College of California, Moraga, Kalifornien, Vereinigte Staaten

Prof. Michael J. Flack, Institut für Politikwissenschaft, Vassar College, Poughkeepsie, New York, Vereinigte Staaten

Dr. Bruno Foa, Wirtschaftswissenschaftler

Waldo Frank, Autor

Prof. W. Friedmann, Leiter des Instituts für internationale Rechtsforschung, Columbia University, New York City, New York, Vereinigte Staaten

Prof. Carl J. Friedrich, Institut für Politikwissenschaft, Harvard University, Cambridge, Massachusetts, Vereinigte Staaten

Prof. James R. Garner, Leiter des Instituts für Politikwissenschaft, Bethany Nazarene College, Bethany, Oklahoma, Vereinigte Staaten

Prof. John H. Gauntlett, Institut für Politikwissenschaft, University of North Carolina, Chapel Hill, North Carolina, Vereinigte Staaten

Prof. Robert L. Gill, Institut für Geschichte und Staatskunde, Morgan State College, Baltimore, Maryland, Vereinigte Staaten

Robert A. Goldwin, Forschungsleiter, American Foundation for Political Education (AFCE), Chicago, Illinois, Vereinigte Staaten

Prof. Cullen B. Gosnell, Institut für Politikwissenschaft, Emory University, Atlanta, Georgia, Vereinigte Staaten
Prof. Feliks Gross, Institut für Soziologie, Brooklyn College, New York City, New York, Vereinigte Staaten
Prof. Jay V. Groves, Institut für Politikwissenschaft, Potomac State College, Keyser, West Virginia, Vereinigte Staaten
Dr. Werner F. Grunbaum, Institut für Politikwissenschaft, University of Houston, Houston, Texas, Vereinigte Staaten
Prof. Rufus G. Hall jr., Leiter des Instituts für Staatskunde, University of Oklahoma, Norman, Oklahoma, Vereinigte Staaten
Prof. Heber R. Harper II., Institut für Politikwissenschaft, Dickinson College, Carlisle, Pennsylvania, Vereinigte Staaten
Prof. Carroll Hawkins, Institut für Politikwissenschaft, Michigan State University, East Lansing, Michigan, Vereinigte Staaten
Prof. Samuel Hendel, Leiter des Instituts für Staatskunde, City College of New York, New York City, New York, Vereinigte Staaten
Prof. Louise W. Holborn, Institut für Staatskunde, Connecticut College, New London, Connecticut, Vereinigte Staaten
Nathan G. Horwitt, Industriedesigner
Victor House
Prof. Asher Isaacs, Leiter des Instituts für Wirtschaftswissenschaft, University of Pittsburgh, Pittsburgh, Pennsylvania, Vereinigte Staaten
Prof. John Ise, Institut für Wirtschaftswissenschaft, University of Kansas, Lawrence, Kansas, Vereinigte Staaten
Prof. Eri Jabotinsky, Technion, Technische Universität Israels, Haifa, Israel
George J. Jennings, Institut für Politikwissenschaft, Bethel College, North Newton, Kansas, Vereinigte Staaten
Prof. Ned V. Joy, Institut für Politikwissenschaft, San Diego State College, San Diego, Kalifornien, Vereinigte Staaten
Prof. Vladas Juodeika, Institut für Politikwissenschaft, University of Portland, Portland, Oregon, Vereinigte Staaten

Prof. Morton A. Kaplan, Institut für Politikwissenschaft, University of Chicago, Chicago, Illinois, Vereinigte Staaten

Prof. Charles D. Kenney, Institut für internationale Beziehungen, Michigan State University, East Lansing, Michigan, Vereinigte Staaten

Leon Keyserling, Wirtschaftswissenschaftler und Präsident der Conference on Economic Progress (CEP)

Prof. Anna E. King, Institut für Sozialarbeit, Fordham University, New York City, New York, Vereinigte Staaten

Dr. J. Donald Kingsley, Verwaltungsleiter des Reparationsfonds der Alliierten und geschäftsführender Direktor des Welfare & Health Council, New York

Philip Klein, Präsident des Harcum Junior College, Bryn Mawr, Pennsylvania, Vereinigte Staaten

Prof. Milton R. Konvitz, Juristische Fakultät, New York State School of Industrial and Labor Relations at Cornell University, Ithaca, New York, Vereinigte Staaten

Dr. Aaron Kope

Prof. Allan S. Kuusisto, Institut für Staatskunde, University of New Hampshire, Durham, New Hampshire, Vereinigte Staaten

Prof. Reginald D. Lang, Institut für internationale Beziehungen, Carleton College, Northfield, Minnesota, Vereinigte Staaten

Prof. Leonard A. Lecht, Leiter des Instituts für Wirtschaftswissenschaft und Soziologie, Long Island University, New York City, New York, Vereinigte Staaten

Prof. Charles O. Lerche jr., Institut für Politikwissenschaft, Emory University, Atlanta, Georgia, Vereinigte Staaten

Prof. Daniel Lerner, Institut für Sozialpsychologie und Institut für internationale Beziehungen, Massachusetts Institute of Technology, Cambridge, Massachusetts

Prof. Eugene Liggitt, Institut für Soziologie, Grove City College, Grove City, Pennsylvania, Vereinigte Staaten

Dr. Lewis L. Lorwin, Institut für Wirtschaftswissenschaft, New School for Social Research, New York City, New York, Vereinigte Staaten

Marshall MacDuffie, Rechtsanwalt

Prof. Simon Marcson, Institut für Soziologie, Rutgers University, New Brunswick, Piscataway, Newark und Camden, New Jersey, Vereinigte Staaten

Prof. Aaron M. Margalith, Leiter des Instituts für Politikwissenschaft, Yeshiva University, New York City, New York, Vereinigte Staaten

Dr. Alfred G. Meyer, Institut für Politikwissenschaft, Michigan State University, East Lansing, Michigan, Vereinigte Staaten

Prof. Leonard W. Moss, Institut für Soziologie, Wayne State University, Detroit, Michigan, Vereinigte Staaten

Prof. Frank Munk, Institut für Politikwissenschaft, Reed College, Portland, Oregon, Vereinigte Staaten

Prof. Eric H. Olson, Leiter des Instituts für Politikwissenschaft, Carthage College, Carthage, Illinois, Vereinigte Staaten

Prof. A. Pais, Institut für weiterführende Studien, Princeton University, Princeton, New Jersey, Vereinigte Staaten

Dr. Benjamin R. Payn

D. B. Pettingill, Goucher College, Baltimore, Maryland, Vereinigte Staaten

Dr. Mojmír Povolný, Institut für internationale Beziehungen, Lawrence University, Appleton, Wisconsin, Vereinigte Staaten, und Leiter des Studentenaustauschprogramms American Friends Service Committee (AFSC)

Victor Ratner

Prof. S. Grover Rich jr., Institut für Politikwissenschaft, University of Utah, Salt Lake City, Utah, Vereinigte Staaten

Prof. Heinrich A. Rommen, Institut für Politikwissenschaft, Georgetown University, Georgetown, Washington, D.C., Vereinigte Staaten

Dr. Joachim O. Ronall

Prof. Eva Rosenfeld, Institut für Soziologie, New York University, New York City, New York, Vereinigte Staaten

Herbert Salzmann

Prof. Walter Sandelius, Institut für Politikwissenschaft, University of Kansas, Lawrence, Kansas, Vereinigte Staaten

Prof. F. B. Schick, Institut für Politikwissenschaft, University of Utah, Salt Lake City, Utah, Vereinigte Staaten

Prof. Charles P. Schleicher, Institut für Politikwissenschaft, University of Oregon, Eugene, Oregon, Vereinigte Staaten

Prof. Gerhard Schmidt, Institut für Wirtschaftswissenschaft, Fairleigh Dickinson University, Madison, New Jersey, Vereinigte Staaten

Frau James Schramm

Prof. Paul Seabury, Institut für Politikwissenschaft, University of California, Oakland, Kalifornien, Vereinigte Staaten

Ben Seligman

Dr. Gilbert Shapiro, Institut für Soziologie, Oberlin College, Oberlin, Ohio, Vereinigte Staaten

Dr. Irving Shendell

Dr. J. David Singer, Institut für Sozialbeziehungen, Harvard University, Cambridge, Massachusetts, Vereinigte Staaten

Prof. Phillip L. Sirotkin, Institut für Politikwissenschaft, Wellesley College, Wellesley, Massachusetts, Vereinigte Staaten

Prof. Anthony Stampolis, Institut für politische Ökonomie, Georgia State College of Business Administration, Atlanta, Georgia, Vereinigte Staaten

Julian J. Steen, Dekan der Chicago School for Adults, Chicago, Illinois, Vereinigte Staaten

Dr. Peter G. Stercho, Institut für Wirtschaftswissenschaft, Saint Vincent College, Latrobe, Pennsylvania, Vereinigte Staaten

Prof. John G. Stoessinger, Institut für Politikwissenschaft, Hunter College, New York City, New York, Vereinigte Staaten

Prof. A. L. Strand, Präsident des Oregon State College, Corvallis, Oregon, Vereinigte Staaten

Prof. William L. Strauss, Institut für Politikwissenschaft, Arizona State College, Tempe, Arizona, Vereinigte Staaten

Dr. Sidney C. Sufrin, Institut für Wirtschaftswissenschaft, Syracuse University, Syracuse, New York, Vereinigte Staaten

Prof. Edward Taborsky, Institut für Staatskunde, University of Texas, Austin, Texas, Vereinigte Staaten

Prof. Julian Towster, Institut für Politikwissenschaft, University of California, Oakland, Kalifornien, Vereinigte Staaten

Prof. Manfred C. Vernon, Institut für Politikwissenschaft, University of Alabama, Tuscaloosa, Alabama, Vereinigte Staaten

Prof. Harold M. Vinache, Institut für Politikwissenschaft, University of Cincinnati, Cincinnati, Ohio, Vereinigte Staaten

Prof. Douglas Waples, Institut für Sozialwissenschaft, University of Chicago, Chicago, Illinois, Vereinigte Staaten

Prof. M. Bradford Westerfield, Institut für Politikwissenschaft, Yale University, New Haven, Connecticut, Vereinigte Staaten

Prof. Vincent H. Whitney, Institut für Soziologie, Brown University, Providence, Rhode Island, Vereinigte Staaten

Prof. John B. Whitton, Institut für Völkerrecht, Princeton University, Princeton, New Jersey, Vereinigte Staaten

Prof. John R. Williams, Institut für Politikwissenschaft, West Virginia University, Morgantown, West Virginia, Vereinigte Staaten

Louis Yampolsky

Michel Yardney, Präsident der Yardney Engineering Corporation

Rabbi Edward Zerin, Des Moines, Iowa, Vereinigte Staaten

Thomas Meyer

Zu dieser Ausgabe

Kurzbiografien der Gremiumsmitglieder

Hannah Arendt
Siehe »Nachwort«

Lawrence L. (Lionel) Barrell (1922–2017)
Der an der New York University promovierte und später hochdekorierte Korea-Veteran war Präsident verschiedener Colleges, Mitglied von Entwicklungshilfekomitees der Vereinten Nationen sowie im Vorstand des American College in Jerusalem. Barrell war eng mit dem Institute for Mediterranean Affairs verbunden.

Werner J. (Jacob) Cahnman (1902–1980)
Der in München geborene promovierte Staats- und Wirtschaftswissenschaftler war in verschiedenen Institutionen engagiert, bevor er 1938 ins KZ Dachau verschleppt und kurz danach befreit wurde. Ein Jahr später gelangte Cahnman in die USA. Dort beschäftigte er sich in zahlreichen Publikationen mit der Soziologie des Judentums.

Boris G. Dressler (?–1978)
Über Dressler ist so gut wie nichts bekannt. Er unterrichtete bis 1956 26 Jahre lang als Ökonom am City College in New York und forschte dort unter anderem über die wirtschaftliche Lage der Sowjetunion. Krankheitsbedingt schied er 1956 aus dem Berufsleben aus.

Joseph Dunner (1908–1978)
Der als Josef Dünner in Fürth Geborene emigrierte 1933 über die Schweiz in die USA, wo der in Basel promovierte Politikwissenschaftler zuletzt an der New Yorker Yeshiva-University lehrte. Er gehörte zu den amerikanischen Offizieren, die die Gründung der *Süddeutschen Zeitung* entscheidend beförderten.

Nasrollah Fatemi (1909–1990)
Der Bruder des iranischen Außenministers Dr. Hossein Fatemi (1917–1954) – der nach einem von den USA und Großbritannien unterstützten Staatsstreich gegen die demokratisch gewählte Regierung Mohammad Mossadegh (1880/82?–1967) hingerichtet wurde – arbeitete nach seiner Übersiedlung in die USA 1946 mit den Vereinten Nationen und der UNESCO zusammen. Der angesehene Politikwissenschaftler unterrichtete an der New School in New York und an der Princeton University, später über viele Jahre an der Fairleigh Dickinson University (Teaneck, New Jersey). Insbesondere seine Studie *Oil Diplomacy: Powderkeg in Iran* (New York, 1954) fand internationale Beachtung. Sein auf Persisch verfasstes dreibändiges Memoirenwerk gilt zugleich als eines der wichtigsten Zeitdokumente des modernen Iran.

Ephraim Fischoff (1904–1999)
Der aus einer religiösen Familie stammende Fischoff war seit seiner Jugend in zahlreichen jüdischen Organisationen engagiert. 1942 wurde der spätere Mediziner an der New School in New York promoviert und unterrichtete danach an zahlreichen Colleges und Universitäten. 1982 wurde er Ehrendoktor am liberalen Rabbinerseminar in Cincinnati. Fischoff beschäftigte sich früh mit der Flüchtlingsproblematik.

Fowler Vincent Harper (1897–1965)
Der an der Yale Law School lehrende Harper war durch zahlreiche weitverbreitete juristische Lehrbücher und seinen vehementen Einsatz vor Gericht für demokratische Grundrechte,

insbesondere die Meinungsfreiheit, bekannt. Dabei unterstützte der gläubige Christ auch kommunistische Zeitungen. Von 1947 an war er Vizepräsident der American League for a Free Palestine, die sich zugleich für die Gründung des Staates Israel und die Lösung des Flüchtlingsproblems im Nahen Osten engagierte.

Oscar Kraines (1916–2004)
Kraines gehörte seit den 1930ern der linken Jugendbewegung Hashomer Hatzair (Junge Wächter) an und interviewte 1940 Zeev Jabotinsky – der am anderen Ende des politischen Spektrums stand. Von dieser Zeit an forschte der spätere Professor an der New York Law School über Israel, zu dem er mehrere Bücher verfasste, darunter *Israel: The Emergence of a New Nation* (Washington, 1954) oder *Government and Politics in Israel* (Boston, 1961).

Abba P. (Ptachya) Lerner (1903–1982)
Der in Bessarabien geborene Lerner kam mit neun Jahren nach London. Der späterhin berühmte Ökonom, mit dessen Namen mehrere Theoreme verbunden sind, wurde an der London School of Economics ausgebildet. Sein Hauptwerk *The Economics of Control* (New York, 1944) führte bis in die Achtzigerjahre zu heftigen Kontroversen. Der seit 1937 in den USA lebende Lerner war von 1953 bis 1956 Berater verschiedener israelischer Ministerien und auch der Bank of Israel. Dem Institute for Mediterranean Affairs war er von 1956 bis 1958 eng verbunden. Lerner war neben Samuel Merlin der Anreger und auch der Kopf der Studie (siehe »Nachwort«).

Raphael Malsin (1900–1996)
Malsins Familie gehörte die 1904 gegründete Damenbekleidungsfirma Lane Bryant, der er auch über Jahrzehnte vorstand. Mütterlicher- wie väterlicherseits gab es bedeutende Mäzenaten, die sich für jüdische Belange in den USA und in Israel engagierten. Bekannt wurde insbesondere Malsins Mutter, die Designerin Lena Himmelstein.

Samuel Merlin (1910–1994)
Siehe »Nachwort«

Don Peretz (1922–2017)
Der in Baltimore geborene Peretz war unter den Gremiumsmitgliedern der beste Kenner der politischen Situation in Palästina und Israel. Am Tag seiner Ankunft in Palästina, am 22. Juli 1946, sprengte die Gruppe Irgun das King David Hotel in die Luft, dabei kamen etwa 100 Menschen ums Leben. Sein unmittelbar vor der Studie veröffentlichtes Buch *Israel and the Palestine Arabs* (Washington, 1958) galt lange Zeit als Standardwerk zum palästinensischen Flüchtlingsproblem. Bis einschließlich 1990 publizierte er weitere Monografien und etwa 300 Artikel zu Israel und den palästinensischen Gebieten.

Joachim O. (Otto) Ronall
(eigentlich Joachim Otto Rosenthal) (1912–1979)
Der in Kassel geborene, seit seiner Jugend zionistisch engagierte, noch 1934 in Marburg promovierte Jurist Rosenthal emigrierte 1934 nach Palästina, wo er führende Ämter in Banken und im diplomatischen Dienst übernahm. Er arbeitete als Wirtschaftsattaché in verschiedenen Ländern, darunter Japan. Seine Forschungsinteressen galten dem Nahen Osten und vor allem dem dortigen Bankwesen.

Richard R. Salzmann (1920–1989)
Salzmann betreute die Publikationen des auf Steuerfragen spezialisierten Research Institute of America. Der Finanz- und Steuerfachmann war zudem der Direktor und zeitweilige Vizepräsident des International Rescue Committee, das 1933 auf Vorschlag von Albert Einstein gegründet wurde und sich zunächst vor allem für Flüchtlinge aus Deutschland einsetzte. Im Institute for Mediterranean Affairs war er für die Kontakte mit anderen amerikanisch-jüdischen Organisationen zuständig.

Harry Louis Selden (1908–2004)
Selden war zeitlebens bei den American Friends of a Jewish Palestine engagiert, einer Gruppe, die seit den 1940er-Jahren die Staatsgründung Israels vorantrieb. Zuvor arbeitete er unter anderem bei der Zeitschrift *Newsweek*. Er gehörte zu den Bergson Boys (siehe »Nachwort«) und sammelte Geld, um Jüdinnen und Juden aus Europa nach Palästina zu schmuggeln.

John G. (George) Stoessinger (1927–2017)
Der in Wien geborene Stoessinger konnte über Prag, die Sowjetunion und Japan schließlich nach Shanghai fliehen. In den USA lehrte der Politikwissenschaftler und Experte für Flüchtlingsfragen (*The Refugee and the World Community*, Minnesota, 1956) unter anderem an der Harvard University. Von 1967 bis 1974 war er Acting Director der Abteilung für Politische Angelegenheiten der Vereinten Nationen.

Dank

Mein erster Dank geht an Ayala Paz und Rebecca Kook, die an der Ben Gurion University of the Negev in Beer Sheva lehren. Ohne ihre 2021 publizierte Analyse von Hannah Arendts und Peter Bergsons Ansätzen zum palästinensischen Flüchtlingsproblem und zur Staatenlosigkeit gäbe es dieses Buch nicht.

Ich bin Ino Augsberg (Christian-Albrechts-Universität zu Kiel), Jacob Heisler (American Jewish Archives am Hebrew Union College, Cincinnati) und John McCormick (University of Chicago) für die Beschaffung der beiden hier abgedruckten Texte zu großem Dank verpflichtet.

Felicitas von Lovenberg, die Verlegerin des Piper Verlages in München, und Michael Gaeb (Literarische Agentur Gaeb & Eggers, Berlin) haben mich zunächst ermutigt und dann dabei unterstützt, den Band zu veröffentlichen.

Mike Hiegemann danke ich sehr für die genaue Übersetzung, die Kommentierung des Textes und nicht zuletzt für die Gespräche, die mir die Arbeit am Nachwort wesentlich erleichterten.

Ohne meine Lektorin Esther Feustel wäre auch dieses Buch nicht zustande gekommen.

Berlin, im Mai 2024
Thomas Meyer

Nachwort

I. Die Texte

Die beiden hier edierten Texte sind auf sehr unterschiedliche Weise mit Hannah Arendt verbunden. Die 1944 von ihr auf Deutsch verfasste Analyse der amerikanischen Palästina-Politik (I.) befand sich achtzig Jahre lang unbeachtet in einem Archiv und wird nun erstmals veröffentlicht. Ursprünglich sollte der Essay »Amerikanische Außenpolitik und Palästina« im *Contemporary Jewish Record*, der Zeitschrift des »American Jewish Committee«, erscheinen. Doch dazu kam es nicht.

Ganz anders verhält es sich mit dem zweiten Text: Arendt hat nie über ihre Mitarbeit an dem 1958 vom New Yorker Institute for Mediterranean Affairs initiierten und herausgegebenen Bericht »The Palestine Refugee Problem. A New Approach and a Plan for a Solution« ein Wort verloren. Lediglich an ihren engen Vertrauten Karl Jaspers sandte Arendt ein Exemplar – und nur einmal wurde »Das palästinensische Flüchtlingsproblem. Ein neuer Ansatz und ein Plan für eine Lösung« (II.), so der Titel unserer Übersetzung, in der zeitgenössischen Rezeption mit Arendt in Verbindung gebracht. Es war das in Tel Aviv auf Deutsch erscheinende *MB. Mitteilungsblatt*, das in einer redaktionellen Vorbemerkung auf die politische Theoretikerin verwies. Anlass war die präzise und ausführliche Wiedergabe der zentralen Ideen des 17-köpfigen Autorenkollektivs im *MB* durch Abba P. Lerner, den Vorsitzenden des Gremiums. Der hier ebenfalls abgedruckte Text kann als Einführung in den Bericht dienen.

Gestoßen bin ich auf all die im »Nachwort« ausgebreiteten Zusammenhänge erst im Rahmen einer Recherche, die meine zufällige Lektüre des 2021 publizierten Artikels »Yearning for a Home: Peter Bergson and Hannah Arendt on the Palestinian Refugee Problem« (»Sehnsucht nach einem Zuhause: Peter Bergson und Hannah Arendt über das palästinensische Flüchtlingsproblem«) von Ayala Paz und Rebecca Kook Mitte November 2023 auslöste.[1] Die beiden an der Ben Gurion University of the Negev in Beer Sheva lehrenden Politikwissenschaftlerinnen waren die Ersten, die nach dem *MB* den Bericht und Arendt in einem Atemzug nannten und deren Positionen in Beziehung setzten.

Dieser Band bietet also zwei Neuheiten, die nicht nur das Wissen über Arendts Verhältnis zu Israel, Palästina und der Flüchtlingsfrage wesentlich erweitern, sondern weit darüber hinaus Einblicke in Diskussionslagen bieten, die heute weder bei Historikern, die sich mit der israelischen Staatsgründung und den damit verbundenen Konflikten und Kriegen beschäftigen, noch bei Analytikern möglicher Friedensordnungen in Israel und Palästina Beachtung finden.[2]

Während der Essay Arendts intensive Beschäftigung mit der amerikanischen Politik und der Situation im Nahen Osten belegt und einmal mehr und in diesem Falle besonders eindrücklich zeigt, wie sehr ihre Analysen auf historische und politische Kategorien setzen, so darf der zweite Text – bei aller Skepsis gegenüber dem Begriff – als »Sensation« bezeichnet werden. Arendt wollte es 1958 offensichtlich nicht länger bei einer bloßen Analyse der Situation in Israel und den palästinensischen Gebieten und arabischen Ländern belassen, sondern tat sich, um einer Lösung willen, zum ersten und einzigen Mal mit anderen zusammen. Dabei ging sie sehr viel weiter als jemals zuvor und auch danach: Aus der Kritikerin der Verhältnisse wurde eine Denkerin eines stabilen Friedens. Nicht mit hochfliegenden Plänen, die keine juristischen, ökonomischen und politischen Grundlagen hatten, sondern im Verbund mit Experten sollte klargestellt werden: Eine Lösung des zentralen Problems des Nahen Ostens und weit darüber hinaus ist erreichbar.

II. »Amerikanische Außenpolitik und Palästina«

Spätestens nach ihrer ersten Reise nach Haifa und Jerusalem sowie dem Besuch verschiedener Kibbuzim im Frühsommer 1935 im Rahmen ihrer Tätigkeit bei der Kinder- und Jugend-Alijah beschäftigte sich Hannah Arendt mit der Situation von Juden und Arabern in Palästina. Die 1906 in Linden bei Hannover geborene Arendt lebte seit 1933 im Pariser Exil gemeinsam mit ihrem Mann, dem Philosophen Günther Stern. Von 1936 an war sie mit Heinrich Blücher zusammen, den sie 1940 noch in der französischen Hauptstadt heiratete.[3]

Nach der Flucht aus Frankreich nach Lissabon und ihrer Ankunft in New York im Mai 1941 waren die beginnende systematische Vernichtung des europäischen Judentums in Europa und die gleichzeitig immer intensiver werdenden Diskussionen um eine jüdische »nationale Heimstätte« in Palästina die zentralen Themen von Arendts publizistischer Tätigkeit. Insbesondere Arendts Artikel in der von aus Deutschland stammenden jüdischen Emigranten gegründeten Zeitung *Der Aufbau* dokumentieren die Bedeutung der beiden Themen, während sie in ihren wissenschaftlichen Texten den Weg hin zu diesen Ereignissen zu verstehen suchte.[4]

Am 24. Oktober 1941 erschien Arendts erster Text in den USA: ein Artikel im *Aufbau*.[5] Im Jahr darauf erschienen zwei Texte auf Englisch: eine kurze Besprechung in der *Review of Politics*, die ein Freund, der an der katholischen University of Notre Dame lehrende Politikwissenschaftler Waldemar Gurian, gegründet hatte. Zudem der über 45 Seiten lange Aufsatz »From the Dreyfus Affair to France Today«, der von Arendt noch auf Deutsch geschrieben wurde. Es war dieser Text, der sie in den intellektuellen Kreisen New Yorks bekannt machte und ihren weiteren Weg entscheidend zu ebnen half. Die in den *Jewish Social Studies* publizierte Analyse machte die Runde und rief nicht wenige Zeitschriften und jüdische Organisationen auf den Plan, sich Arendts Mitarbeit zu versichern. Ab 1943 war

Arendt dann, wie es im Amerikanischen gerne heißt, vor allem eines: »busy«.

All dies kann nirgendwo so genau verfolgt werden wie in der Korrespondenz mit Gurian. Nahezu jeder Brief Arendts ist voller Ideen, Pläne, Thesen und klarer Urteile. Und so enthält der Brief vom 29. März 1944 an Gurian auf den ersten Blick denn auch keine Besonderheiten:

> *Habe in den letzten Wochen mehrere Artikel – kleinere – geschrieben, für englische und jiddische Zeitschriften.*[6] *(Über deutsche Emigration, über jüdische Untergrundbewegung etc.)*[7] *Hatte immer gehofft, ich würde doch noch Zeit finden. Inzwischen aber geht dies Palästina-business los, und ich schreibe wieder einmal Memoranden für das American Jewish Committee und Artikel für den* Contemporary Jewish Record.[8] *Dies nebst den dazugehörigen Besprechungen, nebst Haushalt usw. – ich weiß wirklich nicht, wann.*

Was die Zusammenarbeit mit dem American Jewish Committee, einer aufgrund der Pogrome in Russland im November 1906 gegründeten Organisation, betrifft, so steht hier Adolph S. Oko im Mittelpunkt.

Mit Oko, einem Archivar, Bibliothekar, Spinoza-Kenner und nicht zuletzt einem an häretischen Positionen interessierten Redakteur verschiedener Journale, verband Arendt eine kurze, vertrauensvolle Zusammenarbeit. Als er die Leitung der Zeitschrift *Contemporary Jewish Record* 1942 übernahm, kontaktierte er Arendt. Er hatte ihre Laufbahn verfolgt, gelesen, was sie im *Aufbau*, aber auch in *Menorah* schrieb. Ihre klaren Positionsbestimmungen, die Furchtlosigkeit, mit der sie Entscheidungen der amerikanischen Regierung, prominente Mitglieder aus Senat und Repräsentantenhaus oder zionistische Funktionäre kritisierte und in der Regel auch mit Gegenvorschlägen aufwartete, beeindruckten ihn offensichtlich.

So war es nicht völlig überraschend, dass sich Oko an Arendt wandte, nachdem bekannt geworden war, dass die am 1. Februar 1944 eingebrachte Resolution 247 »National Home for Jewish People in Palestine« (»Nationale Heimstätte für die Juden in Palästina«) der beiden einflussreichen Senatoren Robert A. Taft und Richard F. Wagner nicht weiterverfolgt wurde.[9] Im Frühjahr war dann endgültig klar, dass die Resolution keine Chance auf Umsetzung hatte, die militärischen Bedenken, dazu heftige Proteste arabischer Länder und Organisationen führten zu einer Überweisung in Fachausschüsse, wo sie »kaltgestellt« wurde und schließlich verpuffte. Dass der amerikanische Präsident Franklin D. Roosevelt wie auch einflussreiche Außenpolitiker beider Parteien massive Bedenken hegten, kam in diversen Aussprachen ans Licht. Der entscheidende Schlussabschnitt der Resolution hatte folgenden Wortlaut:

> *Dass die Vereinigten Staaten ihre guten Dienste in Anspruch nehmen und geeignete Maßnahmen ergreifen, damit die Tore Palästinas für die freie Einreise von Juden in dieses Land geöffnet werden und die Möglichkeit zur Kolonisierung besteht, sodass das jüdische Volk schließlich Palästina als freies und demokratisches jüdisches Gemeinwesen bilden kann.*[10]

Oko wollte diese so wichtigen Geschehnisse beleuchten lassen. Da er seine Zeitschrift als Diskussionsorgan verstand, entschied er sich für zwei Stellungnahmen. Neben Arendt war der führende amerikanische Zionist Emanuel Neumann angefragt worden. Im heute lettischen Libau geboren, seit der frühen Kindheit in den USA lebend, arbeitete er seit den 1910er-Jahren in zahlreichen zionistischen Organisationen, von denen er nicht wenige mitbegründet hatte, in Führungspositionen. Zweimal wurde er zum Präsidenten der Zionist Organization of America (ZOA) gewählt. 1943 hatte Neumann ein etwa 200 Millionen US-Dollar umfassendes Investitionsprogramm für Bewässerungsanlagen im Jordantal ausgearbeitet.

Sein Text in *Menorah* ging ganz mit der diplomatischen Haltung des American Jewish Committee konform, das dem einflussreichen Ausschuss für Außenpolitik ein Memorandum übersandte. Darin hieß es an entscheidender Stelle:

> *Aufgrund der Kriegsbedingungen und der unterschiedlichen Auffassungen über die endgültige politische Struktur Palästinas wurde die Bestimmung der Resolution, in der die Errichtung eines jüdischen Commonwealth gefordert wurde, durch die Forderung nach einer internationalen Treuhandschaft ersetzt, die den Vereinten Nationen untersteht.*[11]

Am 5. Mai 1944 reichten Arendt und Neumann ihre Texte ein. Arendts Artikel enthielt Sprengstoff. Schon der erste Satz verstieß gegen die Linie der jüdischen Organisationen. Sie sprach von einem »schweren Schlag« für das »jüdische Volk«, der sich auch gegen alle »amerikanischen Bürger, denen die Sache der Freiheit und Sicherheit der kleinen Nationen am Herzen liegt«, richte. Der Artikel, von ihr auf Deutsch verfasst, von ihr selbst ins Englische übertragen, so eine handschriftliche Anmerkung von Oko, dann zweimal gründlich überarbeitet, belegt, wie intensiv sich Arendt mit dem Problem der Nationenbildung auf jüdischer Seite beschäftigte.

Arendt zielte in diesem Text auf Grundsätzliches. Zwar sei es die Aufgabe der amerikanischen Regierung, mit ihren Entscheidungen nicht die Ölversorgung durch Saudi-Arabien zu gefährden, nicht minder aber sei es ihre Aufgabe, Solidarität mit den über fünf Millionen Menschen »jüdischer Abstammung« in den USA zu üben, denen das Leben der europäischen Juden am Herzen liege. Arendt fürchtete, dass in den USA der Wahnsinn einer vermeintlich »realistischen« Expertokratie einziehe, der in Europa seit Jahrhunderten den Willen der Völker mit dem Hinweis auf deren Ahnungslosigkeit ersticke.

Die Resolution, so Arendt, bewege sich tatsächlich in der besten amerikanischen Tradition, wonach Einfluss auf andere Länder ausgeübt worden sei, wenn es dort um die Gefährdung von Freiheit und Gleichheit ging. Denn während das Öl entweder durch einen Aufstand trotz »aller Konzessionen« doch nicht geliefert werde oder aber durch »synthetische« Verfahren ersetzt werden könne, ereigne sich mit der Entscheidung, eine Pipeline zu bauen, eine nicht mehr rückgängig zu machende Katastrophe. Sie mache manifeste Machtansprüche in der Region deutlich.

Erstaunlich ist, wie sehr sich Arendt für ihre Argumentation auf die amerikanische Geschichte beruft und daraus Prinzipien für die Politik ableitet. Eine Einwanderergesellschaft, in der »Welle nach Welle« Menschen aus allen Teilen der Welt zusammengekommen seien, müsse diese Vielfältigkeit nach außen tragen. Außenpolitik müsse die innere Verfasstheit des Landes spiegeln. Das Außenministerium wiederum bewerte inzwischen jedes Partikularinteresse der Einwanderergemeinschaften als Störung der amerikanischen Interessen und agiere immer monolithischer mit dem Anspruch, die gesamten USA zu vertreten. Doch sei das Ausspielen von Partikularem gegenüber den allgemeinen Interessen der USA im konkreten Falle gar nicht gegeben, denn in die Urteilsfindung werde der militärische Aufwand, um die Öllieferungen zu schützen und gegebenenfalls durchzusetzen, nicht einbezogen, der militärische Konflikt bei der Gründung eines jüdischen Commonwealth jedoch schon.

Damit werde eine Politik exekutiert, deren Vorbild Arendt in Großbritannien verortete. Danach waren für die Briten sowohl Araber wie Juden lediglich »Kolonialvölker«, die wie solche behandelt werden müssten. Das hieße letztlich, dass nicht politische, sondern wirtschaftliche Interessen die Priorität besäßen, in diesem Falle würden sie zu einem Wort einschmelzen: »Öl«. Eine Tatsache, die sich die Araber zunutze machten. England, das in der Region eine koloniale Tradition besitze und dieser schlicht folge, könnte die Vereinigten Staaten eines Besseren belehren. Der Newcomer USA könnte Vertrauen in der Bevölkerung aufbauen und sich damit als wirklicher Partner einbringen. Dass die Pro-Öl-Politik Vorrang hatte, wurde auch mit dem Bau einer Pipeline begründet, deren Erfolg nicht gefährdet werden dürfe. »Wenige Wochen nachdem man die Resolution gegen das White Paper den Interessen einer zukünftigen Pipeline geopfert hatte, war der Bau der Pipeline bereits ganz und gar fragwürdig geworden.«

Damit war für Arendt klar, dass die Interessen der USA »partikular« und »ephemer« waren und nicht der »Nation« als ganzer dienten. Arendt geht hier noch einen entscheidenden Schritt weiter: Die moderne Form des klassischen Divide-et-impera-Prinzips ist nicht festgeschrieben; wer die Macht hat, der teilt. Würden heute die Araber bevorzugt, könnten es morgen die Juden in Palästina sein. Die Region würde ganz in die Machtsphären und -spiele der Großmächte geraten, wodurch die Völker zu Stellvertretern für die Interessen anderer würden und die Durchsetzung der Eigeninteressen vom Wohl anderer abhinge oder ein bestimmter Preis dafür zu zahlen wäre. Damit würde sich aber der Konflikt ausweiten, da international immer Ansprüche angemeldet würden, dass die jeweiligen Garantiemächte »ihre« Partei unterstützten. Der jüdisch-arabische Konflikt, wie er sich derzeit zeige, sei nichts im Vergleich zu dem, was man in diesem Fall zu gewärtigen hätte. Statt der Einmischung durch andere Mächte empfahl Arendt eine »Kooperation« der Mittelmeermächte.

Der Text enthält in nuce Arendts spätere Argumentationen. Sie war zu keinem Zeitpunkt grundsätzlich gegen die Gründung des Staates Israel, wie ihre Anhänger und Feinde gleichermaßen falsch behaupten, sie war gegen eine Gründung des Staates Israel, die in der konkreten historischen Situation notwendigerweise nur unter den Bedingungen der Abhängigkeit von einer Garantiemacht stattfinden könnte, von deren fortwährendem Interesse und fortwährender Solidarität alles Künftige abhinge.

Doch es kam nicht zur Veröffentlichung des Artikels. Das lag nicht nur an der Eindeutigkeit, mit der Arendt ihre Sicht darlegte. Die Entwicklung des Krieges in Europa, die immer neuen Informationen über die Konzentrations- und Vernichtungslager, nicht zuletzt die Zahl der dort Ermordeten, hieß den Ereignissen immer hinterherzuschreiben. Am 24. August 1944 schrieb Arendt an ihren Freund Waldemar Gurian:

> *Lieber Gurian –*
>
> *Anbei schicke ich Ihnen ein Manuskript, das allerlei hinter sich hat. […] Als er gesetzt, gedruckt und in Pageprint fertig war, beschloss das Committee, dass die ganze Sache besser überhaupt nicht in seiner Zeitschrift behandelt wurde – und der* Contemporary Record *erschien mit zweimonatiger Verspätung, ohne meinen und einen zweiten Artikel zum gleichen Thema.*
>
> *[…]*
>
> *Werde auch nicht sehr viel Zeit mehr haben, da ich alle möglichen Artikel für Oktober versprochen habe, von denen mir aber nur einer, eine Generalanalyse zionistischer Politik der letzten 25 Jahre für* Menorah, *am Herzen liegt.*

Der Artikel für *Menorah*, von dem Arendt spricht, ist »Zionism Reconsidered«, der Text, von dem man bis zum heutigen Tag glauben will, er dokumentiere ihre Haltung zum Zionismus bis zum Ende ihres Lebens.

Dass es nicht so war, dass Arendt nicht mit einer Fundamentalkritik das Kapitel »Zionismus« für sich abschloss, wird der zweite Text zeigen. Was immer sie im Einzelnen zu den Entwicklungen des Staates Israel und seiner Politik dachte – knapp zehn Jahre lang trat sie damit nicht an die Öffentlichkeit. Und selbst als sie es 1958 tat, war nicht ihr Name wichtig, sondern die Sache, um die es ging.

III. »Das palästinensische Flüchtlingsproblem«

> *1956 war ein Jahr großer Gefahr für den Weltfrieden und damit eine harte Bewährungsprobe für die Vereinten Nationen – insbesondere aufgrund der Krisen in Ägypten und in Ungarn. […]*
>
> *Die humanitären Aktivitäten des Hilfswerks der Vereinten Nationen für Palästina-Flüchtlinge zur Bereitstellung eines Minimums an Lebensunterhalt und Wohnraum für über 900000 Flüchtlinge im Nahen Osten wurden von der Generalversammlung mit Unterstützung der Vereinigten Staaten fortgesetzt. Obwohl das Hilfswerk unter schwierigen Umständen eine hervorragende Arbeit leistet, müssen wir eine dauerhafte Lösung für das palästinensische Flüchtlingsproblem finden.*

Die Zeilen finden sich in der Einleitung zum »11. Jahresbericht über die Mitwirkung der Vereinigten Staaten an den Vereinten Nationen«, den Dwight D. Eisenhower am 14. Januar 1958 an den Kongress übermittelte.[12] Die Kommentatoren fragten sich in den folgenden Wochen, warum der 34. Präsident der USA in seinem Bericht keine konkreten Vorschläge zur Verbesserung der Flüchtlingslage gemacht habe. So entstand der Eindruck, dass zwar das Problem erkannt wurde, aber eine Lösung weiterhin auf sich warten ließ.

Es mögen Stellungnahmen wie diese von Eisenhower gewesen sein, die das im November 1957 in New York gegründete Institute for Mediterranean Affairs veranlasst haben, einen Bericht über das »Palestine Refugee Problem« zu verfassen.

Es war nicht das einzige der in der Regel von privaten Spendern finanzierten Institute, das sich mit der Lage im Nahen Osten beschäftigte. Auch erfahrene Kenner der Region und der politischen Verhältnisse schlossen Anfang 1958 ihre Analysen ab. Balfour Brickner schrieb *As Driven Sand: The Arab Refugees.*[13] Der amerikanische Nahost-Experte William R. Polk, der britische Zionist David M. Stamler und der arabische Ökonom Edmund Asfour legten mit *Backdrop to Tragedy* ein Buch vor, das insbesondere historische, politische und wirtschaftliche Daten bot, um zu einer Einigung zu kommen.[14] Die Juristin Deborah Kaplan erarbeitete auf Hebräisch eine Studie, die das Flüchtlingsproblem aus rechtlicher Perspektive betrachtete.[15] Vier Jahre später wurde das Buch als einziges der gesamten Literatur zum Thema sogar ins Deutsche übersetzt. Unter dem Titel *Das arabische Flüchtlingsproblem und die Vereinten Nationen* wurde es 1962 in dem kleinen Frankfurter Verlag Ner-Tamid (»Immerwährendes Licht«) veröffentlicht, den der Historiker und Publizist Hans Lamm betrieb.[16] Überhaupt gab es in dieser Zeit zahlreiche, meist genauer ausgearbeitete Lösungsvorschläge, die aus Israel selbst stammten. Vor allem in der in Jerusalem erscheinenden Monatszeitschrift *New Outlook* der Jüdisch-Arabischen Gesellschaft wurden Pläne veröffentlicht.

In erster Linie aber war es Don Peretz, eine in beiden Lagern anerkannte Autorität in Fragen zu Israel und Palästina, der mit seiner detaillierten Untersuchung *Israel and the Palestine Arabs*[17] von 1958 die weiteren Diskussionen bestimmte. Peretz, der nicht nur in den einschlägigen Fachzeitschriften, sondern auch bei den Vereinten Nationen und ihren zahlreichen in der Region engagierten Organisationen ein häufig eingeladener Gastredner und Berater war, galt in der Wissenschaftsszene als unbedingte Koryphäe. Dass das »Institute« Peretz zur Mitarbeit verpflichten konnte, mag neben der Teilnahme des seinerzeit bereits berühmten und vor allem in Israel einflussreichen Wirtschaftswissenschaftlers Abba P. Lerner andere motiviert haben, an dem Bericht mitzuarbeiten.

Wie auch immer, 1958 jedenfalls war ein Jahr, in dem politisch und wissenschaftlich die Forderung nach einer dauerhaften Lösung des palästinensischen Flüchtlingsproblems erstarkte. Politisch nicht nur wegen der instabilen Lage, die sich seit der Sueskrise 1956 zusehends in eine Vorkriegsszenerie wandelte, in der sich ein weiterer sogenannter Stellvertreterkrieg ereignen konnte. Zudem sollte die Finanzierung der durch die UNRWA garantierten Versorgung der Flüchtlinge durch die Vereinten Nationen zu Beginn des Jahres 1960 auslaufen.

Da Krisen auch Chancen bergen, besann sich ein gewisser Samuel Merlin auf seine Fachkompetenzen und Kontakte. Der 1910 im russischen Kischinjow/Kischinau[18] Geborene und 1994 in New York Verstorbene war, vorsichtig ausgedrückt, eine schillernde Figur. Studium an der Sorbonne, Assistent von Zeev Jabotinski, lebte als Funktionär 1933 bis 1938 in Polen, gründete dort eine Untergrundzeitung, floh 1939 nach Frankreich und entkam dort wiederum ein Jahr später den Nationalsozialisten. Nunmehr in den USA lebend schloss er sich noch 1940 einer Gruppe um Peter Bergson an, wie sich Hillel Kook in den USA nannte.[19]

Hillel Kook wurde 1915 im heute litauischen Kriukai geboren und starb 2001 nahe Tel Aviv in Kfar Shmaryahu. Aus einer berühmten Rabbiner-Familie stammend erhielt er in Palästina eine religiöse Ausbildung und studierte zugleich an der Hebräischen Universität. Er war seit 1930 in zahllose militärische und politische Kämpfe verstrickt, ging dabei keinem Konflikt aus dem Weg. Als Peter Bergson organisierte er in den USA zahllose Initiativen zur Rettung der europäischen Juden.

Er gehörte, wie Samuel Merlin, für die »Cherut« (»Freiheit«)-Partei der ersten Knesset an. Beide beendeten frustriert ihre parteipolitische Laufbahn nach der ersten Legislaturperiode und kehrten in die USA zurück. Das Institute for Mediterranean Affairs gehörte zu den zentralen Werkzeugen, um eine revisionistische, letztlich post-zionistische Position in den USA intellektuell zu begründen und populär zu machen. Dabei beriefen sich Bergson und seine Freunde auf die Ideen

Zeev Jabotinskys (1880–1940) und arbeiteten eng mit dessen Sohn, Eri Jabotinsky (1910–1969), zusammen.[20]

1968 kehrte Bergson nach Israel zurück, blieb politisch aktiv und war bis zu seinem Tod ein gefragter Gesprächspartner. Der bedingungslose Einsatz der »Bergson-Boys« für eine jüdische Armee und ihre aktive Unterstützung der Irgun-Gruppe in Palästina, die auch vor Terroranschlägen nicht zurückschreckte und damit die diversen zionistischen und jüdisch-amerikanischen Organisationen zunächst nur »nervte«. Doch Mitte der Vierziger wurden die »Boys« zum Gegenstand heftiger Attacken – so gaben sie angeblich oder tatsächlich für die Rettung von Juden in Europa gesammelte Gelder nicht weiter –, die ihren Ruf in den USA für immer beschädigten.[21]

Die Rückkehr 1948 nach Palästina führte über Paris, wo sich Merlin mit anderen Mitgliedern der Gruppe traf. Wie so häufig in seinem Leben war er vor Ort, als sich Wichtiges ereignete. Er war in die Kämpfe um das Schiff *Altalena* (Jabotinskys Kampfname) verwickelt, das am 22. Juni 1948 vor Tel Aviv sank,[22] und war, wie zuvor schon in den USA, der ideologische Kopf der »Bergson Boys«. Nach der Rückkehr kämpfte Merlin für einen Staat, in dem Juden und Araber zusammenleben können, und kam immer wieder auf den für ihn entscheidenden Punkt zu sprechen: die Rückkehr der etwa 700 000 palästinensischen Flüchtlinge, die seit 1948 ihre Heimat verlassen mussten. Ein Aspekt, den zionistische Politiker bereits mitten im 1948er-Krieg intensiv diskutierten und als mögliche Forderung nach einem Sieg oder Waffenstillstand in zahlreichen Artikeln, Memoranden und Reden thematisierten. Für die große Mehrheit in der israelischen Regierung stand fest, dass sie jedwede Repatriierung zurückweisen müsse, wenn der neue Staat sich stabil entwickeln solle. Wobei diesbezüglich sowohl ökonomische und bevölkerungspolitische als auch militärische Gründe angeführt wurden. Merlin war dabei bewusst, dass es nahezu zeitgleich in arabischen Staaten zu einer massenhaften Vertreibung von Jüdinnen und Juden kam.

Unmittelbar nach der Staatsgründung Israels erschienen dann auch Berichte, die die Rückkehr der Vertriebenen zum maßgeblichen Kriterium für einen Frieden erklärten. Doch bis einschließlich 1956 gelang es in den vielen Konferenzen den unzähligen damit beschäftigten Kommissionen nicht, mehr zu erreichen als eine größere Anzahl Bankkonten von Vertriebenen freizugeben, auf denen insgesamt etwa 87 Prozent der gesperrten Gelder lagerten. Zudem kam es zu einer geringen Anzahl von Familienzusammenführungen. Von Ende 1949 bis 1956 wurden 5200 Anträge auf Familienzusammenführung genehmigt. Letztlich kehrten lediglich circa 4200 Geflüchtete zurück. Angesichts der von amerikanischen Politikern geforderten 200000 bis 250000 Menschen, denen die Rückkehr erlaubt werden müsse, war das eine verschwindend geringe Anzahl. Ein letzter kleiner Erfolg in den acht Jahren bezog sich auf die sogenannten »Flüchtlinge im Land«. Geschätzt 156000 Araber lebten nach dem Ende des 1948er-Krieges in dem neuen Staat Israel, der wiederum 28000 als »internal refugees« anerkannte, also solche Flüchtlinge, die von ihren ursprünglichen Wohnorten vertrieben worden, aber in Israel verblieben waren. Zusammen mit internationalen Organisationen übernahm die UNRWA mit ihrer Gründung am 1. Mai 1950 die Versorgung dieser 28000 Menschen.[23]

Diese Situation also fanden Bergson und Merlin vor, als sie Pläne schmiedeten, ihre Ideen nicht länger nur praktisch, sondern politisch durchzusetzen. So taten sie sich mit Freunden und Bekannten, Wissenschaftlern und Mäzenen zusammen, gründeten 1957 das Institute for Mediterranean Affairs und ließen im November desselben Jahres über die Statuten und Ziele der Einrichtung abstimmen, damit sie entsprechend als Non-Profit-Organisation eingetragen werden konnte.

Wie gerät Hannah Arendt in diese Konstellation?

Sie kannte Merlin Ende 1957, Anfang 1958 schon recht lange. Der hatte nämlich bereits am 6. Februar 1946 in den Diskussionen um ihren 1945 veröffentlichten Aufsatz »Zionism Reconsidered« Kontakt zu ihr aufgenommen.[24] Damals war Merlin für das Hebrew Committee for Liberation aktiv, eine der zahlreichen Organisationen, die die »Bergson Boys« gegründet hatten, um ihre Initiativen zu lancieren und Persönlichkeiten für ihre Ziele zu gewinnen. Die nicht selten, wie in diesem Falle auch, pompösen Bezeichnungen waren bei der Gewinnung von Anhängern sehr hilfreich, was die bereits geschilderte (berechtigte?) Skepsis der etablierten zionistischen Institutionen und Interessengruppen nur steigerte.

Merlin jedenfalls dürfte in den folgenden Jahren Arendts gelegentliche Interventionen in Sachen Israel und Palästina gelesen und mit Wohlwollen zur Kenntnis genommen haben. Dass Arendt darin immer wieder auf die entstehenden Gefahren für die jüdische Bevölkerung in Palästina im Falle der Gründung eines Nationalstaates hinwies, spielte Merlin in die Karten, war er doch überzeugt, dass nur eine Ein-Staat-Lösung Frieden in der Region ermögliche. 1950 legte Arendt letztmals eine umfangreiche Analyse der Situation in Israel und Palästina und der dortigen politischen Entwicklung vor. Der unter dem Titel »Peace or Armistice in the Near East?« zwei Jahre zuvor abgeschlossene Aufsatz nahm Überlegungen auf, die in der Gruppe um den Rabbiner, zeitweiligen Präsidenten der Hebräischen Universität in Jerusalem und Friedensaktivisten Judah L. Magnes diskutiert worden waren.[25] Arendt arbeitete intensiv an den Papieren der Gruppe mit und schrieb auch ganze Memoranden in alleiniger Verantwortung. Der Aufsatz war dem im Oktober 1948 verstorbenen Magnes gewidmet. Eine zentrale Rolle in dem Text spielte die Vertreibung der Palästinenser 1948. Diese neue Gruppe der Staatenlosen, so fürchtete Arendt, bestärkte lediglich den Eindruck der arabischen Staaten, dass es dem neuen Staat Israel um gewaltsame Expansion ging. Die Flüchtlinge würden die Gewaltspirale von beiden Seiten weiterdrehen, was einen »Frieden oder einen Waffenstillstand im Nahen Osten« unmöglich mache. Das Fragezeichen im Aufsatztitel war der Rest Hoffnung, den Arendt zu diesem Zeitpunkt noch hatte.

All das dürfte Merlin gewusst haben, als er Hannah Arendt am 19. Februar 1958 anschrieb. In dem Brief ging es um einen geplanten Bericht über die palästinensische Flüchtlingsproblematik und deren mögliche Lösung, von dem Arendt offensichtlich schon wusste und an der teilzunehmen sie wohl zugesagt hatte. Merlin nennt in dem Brief einige der Namen, die später auch tatsächlich an dem Dokument mitgearbeitet haben. Vor allem aber verweist er auf ein »working paper«, das die Grundlage für die weiteren Diskussionen innerhalb der Gruppe bilden soll.[26]

Doch Merlin ist unzufrieden damit: zu lang, »überdokumentiert« die einen Punkte, zu wenig »elaboriert« die anderen. Zudem berücksichtige es nicht die jüngsten »radikalen Veränderungen in der arabischen Welt«. Konkretes ist nicht zu erfahren, sieht man davon ab, dass er sehr auf Arendts Reaktion gespannt ist. Die Gruppe wolle sich am 2. März 1958 in den New Yorker Räumen des Institutes treffen, verbunden mit der Hoffnung, dass Arendt dabei sein könne. Damit Arendt das Arbeitspapier einordnen kann, kündigte Merlin zusätzliches »dokumentarisches Material« an.

Und damit endet die mehr oder weniger schlüssige Geschichte, wie Hannah Arendt zur Mitautorin des Berichts »Das palästinensische Flüchtlingsproblem. Ein neuer Ansatz und ein Plan für eine Lösung« wurde. Das Nächste, was mit Sicherheit gesagt werden kann, ist, dass sie neben den 16 anderen Autoren als Mitwirkende in dem Buch genannt wird.

Blicken wir also auf das Jahr 1958 und Hannah Arendt. Was hat es nun mit der Sensation auf sich, die Arendts Mitwirken an dem Bericht »Das palästinensische Flüchtlingsproblem« bedeutet?

Das Jahr 1958 ist das Jahr, in dem Arendt gleich mehrere Bücher publizierte, die ihre führende Rolle in der politischen Theorie und Philosophie zu dieser Zeit vollends deutlich werden ließen und deretwegen sie fortan im gleichen Atemzug mit Berühmtheiten wie Carl Joachim Friedrich, Leo Strauss und Eric Voegelin erwähnt werden würde.

So wurden in den USA ihre »Walgreen Lectures« an der University of Chicago unter dem Titel *The Human Condition*[27] publiziert. In London erschien *Rahel Varnhagen. The Life of a Jewess*, die englische Übersetzung eines auf Deutsch verfassten, Ende der Dreißigerjahre fertiggestellten und für die

Publikation umgearbeiteten Manuskripts. Im Jahr darauf erschien die von Arendt geschriebene Biografie Rahel Varnhagens in der Originalsprache im Münchner Piper Verlag.[28] Zudem brachte Arendt 1958 die zweite und veränderte Auflage ihres Hauptwerkes *Elemente und Ursprünge totaler Herrschaft*[29] heraus, also das Werk, mit dem sie nicht nur den internationalen Durchbruch schaffte, sondern ein völlig neues Niveau der Totalitarismus-Theorie hervorbrachte. Und weit wichtiger noch: Mit diesem Werk war die erste Gewaltgeschichte der Moderne geschrieben worden, deren Kulminationspunkt – Nationalsozialismus und Kommunismus/Bolschewismus – sich nicht aus den Vorgeschichten erklären ließ, sondern wegen der Vernichtungsakte etwas gänzlich Neues war. Schließlich legte Arendt einen buchlangen Essay über die Ungarische Revolution[30] vor, in dem sie die Ereignisse bei der Niederschlagung des Aufstandes zum Testfall für ihre Theorien von Imperialismus und Totalitarismus machte.

Das war das eine, aber das Entscheidende für unsere Zusammenhänge fehlt noch. Im Sommer 1958 hatten sich Hannah Arendt und Karl Jaspers wieder einmal in Basel getroffen und intensiv ausgetauscht. Am 28. September dann erhielt der Philosoph den Friedenspreis des Deutschen Buchhandels in der Frankfurter Paulskirche, Arendt, die frühere Schülerin und seit Jahren enge Freundin des Ehepaars Jaspers, hielt die Laudatio.

Wie immer klangen die Begegnungen und Gespräche nach, so auch dieses Mal. Auf einem in New York wiederentdeckten Notizzettel hatte Arendt festgehalten, dass Jaspers mehr über die gegenwärtige Entwicklung in Israel wissen wollte. Ihrem Brief vom 16. November 1958 fügte sie einen kurzen Text des israelischen Rabbinats über Mischehen bei.[31]

Doch dabei beließ es Arendt nicht. Irgendwann zwischen Mitte November und Mitte Dezember 1958 sandte Hannah Arendt nämlich Karl Jaspers ein Exemplar von »The Palestine Refugee Problem« zu. Wie an Jaspers' Reaktion abzulesen ist, hatte sie wohl keine erläuternden Angaben hinzugefügt. Überblickt man Arendts Umgang mit dieser Publikation, dann wirkt es so, als sei die Zusendung eine Art Test gewesen. Sie wollte womöglich wissen, wie jemand, der ähnlich wie sie das »Gegenwärtigsein« als Ideal betrachtete, der ähnlich wie sie bei wesentlichen Fragen oder Entscheidungen öffentlich intervenierte und mit dem sie jedes persönliche und sachliche Thema diskutierte, auf das Buch reagieren würde. Dabei ging es nicht nur um Karl Jaspers. In ihrer Korrespondenz mit der Jüdin Gertrud Jaspers waren Israel und Palästina stets Thema. Immer wieder artikulierte Gertrud Jaspers ihre Sorge um den jüdischen Staat, sah ihn von außen bedroht und wünschte sich etwa 1956, Israel würde sich entschließen können, einem Staatenbund beizutreten, um so Sicherheitsgarantien zu haben.

Dass die Untersuchung in vielfacher Hinsicht einen zentralen Punkt in Arendts Leben und Werk zum Gegenstand hatte, dürfte unter ihren christlichen Freundinnen und Freunden niemand so gut verstanden haben wie eben Karl Jaspers: den jüdischen Staat Israel, für den sie sich eine andere politische Gestalt gewünscht hatte. Und der nun, ob sie es wollte oder nicht, nach der Vernichtung des europäischen Judentums Teil der jüdischen Lebenswelt war und schon durch seine bloße Existenz die Frage nach Exil und möglicher neuer Heimat veränderte.

Wie bei vielen anderen Kritikern der politischen Verhältnisse in Israel und von dessen Lage angesichts der arabischen Staaten – die nicht nur keine Demokratien waren, sondern mit der Vernichtung Israels drohten, wie es besonders aggressiv und mit Unterstützung der Sowjetunion der ägyptische Staatschef Gamal Abdul Nasser seit der Suezkrise 1956 tat – schwang immer die Überzeugung mit, dass die Nation der Geretteten und Überlebenden von innen wie von außen besonders gefährdet war.[32] Die Sorge um die Sicherheit Israels hielt Arendt jedoch nicht davon ab, ihre Kritik an der Politik der Regierenden deutlich zu formulieren.

In einem auf den 31. Dezember 1958 datierten Brief kam Karl Jaspers ausführlich auf das zugesandte Buch zu sprechen. Er hatte es offenbar genau gelesen, wie die folgenden Zeilen belegen:

Dank für das Buch über die Palästinaflüchtlinge. Sie haben offenbar auf irgendeine Weise mitgearbeitet und die Sache durch Ihren Namen autorisiert. Darstellung und Diktion befriedigen mich sehr. Die vorgeschlagene Lösung leuchtet ein mitsamt den Bedingungen: Ein Punkt läßt sich von dem andern nicht trennen, das Ganze ist eine Einheit. Mir scheint diese komplexe und doch einfache, konzentrierte, klare Darstellung eine Vorarbeit für den Augenblick, an dem die Araber mit Israel Frieden schließen wollen. Vorher ist sie vielleicht ein Faktor, der vernünftige Araber zum Frieden williger, die Unvernünftigen unter den Juden zur Nachgiebigkeit bereiter zu machen [sic!]. *Der Geist dieser Lösung ist, wie es bei guten politischen Denkern der Fall sein soll, ein Durchdenken der konkreten Lage aus reiner Vernunft und Menschlichkeit. Daß der Augenblick kommt, an dem das Durchdachte wirklich werden kann und zu dessen Eintritt dieses Durchdenken selber beiträgt, ist unsere Hoffnung. Es ist ein schönes, anständiges und großes Dokument. Zunächst wird es vermutlich mehr Juden als Araber überzeugen. Denn der springende Punkt, ohne den die entscheidenden Sätze der Lösung ihren Sinn verlieren, ist der Friedensschluß.*[33]

So weit Jaspers, der den Inhalt des Lösungsvorschlages präzise wiedergibt und die Intention des Berichts verstanden hat. Auch das politische Problem hat er mit Hinweis auf die arabische Seite und die innenpolitischen Widerstände in Israel gegenüber Forderungen der Souveränitätsteilung präzise erfasst. Don Peretz und andere zeitgenössische Analytiker hoben immer wieder diesen Gegensatz hervor, der häufig, wie bei Jaspers angedeutet, mit »Vernunft gegen Emotion« bezeichnet wurde.

Arendt hätte in jedem Fall mit Jaspers' Antwort zufrieden sein können. Oder aber ihre eigene Sichtweise akzentuieren, wo sie dann doch von dem abweicht, was sie mitverantwortet hat, oder ihren erprobten Widerspruchsgeist in Szene setzen können.

Oder, oder, oder … Was bleibt: Arendt wird nie auf diese Zeilen schriftlich eingehen, weder gegenüber Jaspers noch gegenüber jemand anderem. Sie schweigt. Kein Dank, einfach nichts. Der Band existiert einfach nicht.

Soweit bekannt, war Jaspers in ihrem Umfeld der Einzige, dem sie den Bericht zukommen ließ. Sieht man sich die vielen umfangreichen Adressatenlisten an, die Arendt bei der Publikation von Büchern oder Aufsätzen an Verlage oder Zeitschriften weiterreichte, dann erstaunt ihre »Öffentlichkeitsarbeit« doch sehr.

Auch in ihren Texten, ob publiziert oder nicht, finden sich keinerlei Hinweise auf eine Beschäftigung mit dem Problem der palästinensischen Flüchtlinge und der Mitarbeit an einem Lösungsplan, geschweige denn an einer schriftlichen Fixierung eines solchen. In den Briefwechseln mit den in Israel lebenden, sehr engen Freunden Kurt Blumenfeld und Gershom Scholem gibt es ebenfalls keine einzige Erwähnung des Berichts. Beide Freunde verfolgten akribisch jede öffentliche Erwähnung Arendts, zudem verfügten sie über große Netzwerke in Israel, Europa und den USA. Umso erstaunlicher ist, dass weder Blumenfeld noch Scholem, noch sonst irgendjemand reagierte, als das von vielen in Arendts Umfeld gelesene *Mitteilungsblatt* Lerners Zusammenfassung publizierte.[34]

»Erstaunlich« ist noch untertrieben, es ist völlig rätselhaft, dass es keine Rückmeldungen an Arendt gab. Denn nicht nur Blumenfeld und Scholem, auch viele andere alte zionistische Freundinnen und Freunde hatten Arendt ihre Kritik in »Zionism Reconsidered« an den Bewegungen nicht verziehen, die die Staatsgründung Israels vorantrieben und dann 1948 auch umsetzten. Die sonst so sensiblen und genauen Seismografen schlugen allesamt nicht aus. Das gilt nicht nur für den Publikationszeitpunkt und die folgende Rezeption. Niemand brachte Arendt je in einen Zusammenhang mit »Das palästinensische Flüchtlingsproblem«. Mit einer Ausnahme: Das Institute for Mediterranean Affairs lud Arendt gleich 1959 zu einer Konferenz ein, an der sie auch teilnahm. Seitdem gehörte ihr Name zum festen Bestandteil der Werbung. Obwohl sie bis in die frühen Siebzigerjahre mit dem Institut in Kontakt stand, lassen sich keine weiteren Aktivitäten Arendts dafür feststellen.

Samuel Merlin spielte allerdings nochmals eine bedeutsame Rolle in ihrem Leben. Er war es nämlich, der eine hebräische Übersetzung ihres Buches »Eichmann in Jerusalem« einfädelte. Dessen Argumentation überzeugte ihn völlig. Insbesondere der Kritik, die Arendt an zionistischen Funktionären und den von den Nationalsozialisten eingesetzten Judenräten übte, konnte er folgen. Merlin verschaffte Arendt den Kontakt zu einem israelischen Verlag und einem Übersetzer. Die hebräische Fassung wurde erstellt, die Publikation kam jedoch nicht zustande. Erstmals im Jahr 2000 erschien eine hebräische Übersetzung.

Am 10. September 1958 wurde die Untersuchung im Institut der Presse vorgestellt. Agenturen brachten am nächsten Tag ausführliche Berichte, die *New York Times* fasste den Inhalt des Buches zusammen und veröffentlichte zudem einen längeren Kommentar zu den Vorschlägen.[35] Danach bildeten die eine Million über den gesamten Nahen Osten verteilt lebenden Flüchtlinge das größte »Hindernis« für Frieden in der Region, ja, in der Welt. Sosehr der anonyme Kommentator die »rationalen« Vorschläge für den tatsächlichen Schlüssel zu einer Lösung anerkannte, so sehr verwies er auf die »emotionalen« Hintergründe des Konflikts. Das große Hemmnis, das über allen gut begründeten Ideen schwebe – also letztlich über der Anerkennung der Notwendigkeit einer Einigung statt des gegenseitigen Vorwerfens, wer länger auf dem Gebiet lebe, wer welche Gräuel an der jeweiligen anderen Seite verübt und wer frühere Vorschläge abgelehnt habe –, bleibe nicht zuletzt durch die imperialen Bestrebungen des ägyptischen Präsidenten Nasser bestehen. Gleichwohl gebe es keine Alternative zu einer Einigung, wie sie im Bericht ausgearbeitet worden sei. Denn alles andere, so die *New York Times*, führe zum Krieg.

Im Anschluss an den Bericht und den Kommentar entspann sich eine kleine Kontroverse, in der ein Mitautor, der bekannte Soziologe Werner J. Cahnman, weitergehende Rechte für Israel einforderte, während der christliche Palästinenser Sami Hadawi, der 1948 aus seinem Haus im Jerusalemer Stadtteil Katamon vertrieben wurde und als bester Kenner der Eigentumsverhältnisse in den nunmehr von Israel besetzten Gebieten galt, die Vorschläge nicht für weitreichend genug hielt.

Auf beide Einwände ging Abba P. Lerner in einem Brief ein, den die *New York Times* am 8. Oktober 1958 veröffentlichte. Dem Institute for Mediterranean Affairs verschaffte all das eine größere Aufmerksamkeit und etablierte es rasch auf dem umkämpften Markt privat finanzierter Expertise.[36]

Gelesen haben den Bericht, sieht man von der zeitgenössischen Rezeption und der sehr gelegentlichen Erwähnung in der überschaubaren Fachliteratur ab,[37] einzig die beiden bereits genannten Politikwissenschaftlerinnen Ayala Paz und Rebecca Kook. Sie nahmen völlig zu Recht an, dass Bergson der geistige Vater des Institutes sei und der Bericht seine Position in weiten Teilen wiedergebe. Zudem gingen sie wohl davon aus, dass der Forschung das Buch bekannt sei, denn sie richten ihre Aufmerksamkeit vollständig auf systematische Überlegungen, die sich aus dem vorgenommenen Vergleich ergeben.

Ob Arendt überhaupt die Positionen von Bergson kannte? Sie erinnerte sich sehr gut an ihn und seine Gruppe, die sie am 16. Juni 1944 in der Zeitung *Der Aufbau* als »Sprengstoff-Spießer« charakterisiert hatte.[38] Eine Gruppe, die zusammen mit anderen bekannt dafür war, Anschläge zu begehen, und deren Methoden und Ziele Arendt äußerst scharf angriff. Hatte sich hier ihre Meinung geändert? Wie Merlin 1967 in einem Brief erwähnte, habe Arendt Bergson »vor einiger Zeit« (»some time ago«) einmal getroffen. Er hat wohl keinen sonderlichen Eindruck hinterlassen, sonst hätte Arendt diese Begegnung mit Sicherheit in einem Brief an Freundinnen oder Freunde erwähnt. Und wenn Bergson gelegentlich einmal von anderen erwähnt wurde, dann kommentierte das Arendt nicht. Für sie war und blieb er – ganz anders offensichtlich für Samuel Merlin – »unreliable«, wie sie gelegentlich notierte.

Die hier erstmals ins Deutsche übertragene Studie zum palästinensischen Flüchtlingsproblem von 1958 bietet beeindruckend kohärente und klare Analysen sowie Lösungsvorschläge des israelisch-arabischen Konflikts im 20. Jahrhundert. Merlin und Lerner gelang es offensichtlich, ein Gremium zusammenzustellen, dessen Mitglieder ihre eigenen Ansichten zurückstellten, um eine möglichst gut begründete und klare Analyse der Lage mit einem ausgearbeiteten Plan für die Beendigung der Auseinandersetzungen und vor allem der Vertreibungssituation zu verbinden. Dass die unterschiedlichen Ansätze und die Spannungen innerhalb der Forschung, aber auch zwischen Vertretern der Palästinenser und Israels in die Studie miteinbezogen wurden, weist auf die Transparenz hin, die die Untersuchung insgesamt auszeichnet. Die zahlreichen Anhänge geben zudem einen Einblick in unterschiedlichen Analysemethoden, Begriffsbildungen und Wahrnehmungen. Zugleich ist – naturgemäß – die Zeitgebundenheit von Einschätzungen und Positionen deutlich, wenn Formulierungen verwendet werden, die mindestens problematisch, wenn nicht rassistisch sind. Der Verweis auf das Jahr 1958 erklärt hier bei weitem nicht alles. Gleichwohl sind das seltene Ausnahmen, die keinerlei Auswirkungen auf die Aussagen der Studien haben – und zudem immer namentlich zugeordnet werden können.

Dabei ist der Bericht nicht nur für die Arendt-Forschung von herausragender Bedeutung, sondern könnte bereits durch die Ausführlichkeit und Detailversessenheit ein Interesse für die Wichtigkeit von interdisziplinären und internationalen Kooperationen für Lösungsansätze bilden, die jenseits der »Ein-« oder »Zwei-Staaten-Lösung« liegen. Auch wenn nach dem Überfall der Hamas und anderer Terror-Gruppen am 7. Oktober 2023 und deren systematisches Töten von über 1200 jüdischen Israelis und anderen Personen es nahezu unmöglich scheint, einen Optimismus oder wenigstens Realismus zu bewahren, der Lösungen möglich erscheinen lässt.

Würde sich aber eine Diskussion um den besten Ansatz nicht doch lohnen, statt des schematischen Wiederholens altbekannter Ansichten? Es kann hier um keine billige, denn das wäre es, Aktualisierung der Studie von 1958 gehen, vielmehr sollte die Bedeutung des darin Gesagten für die Zeit beachtet werden.

Doch auch wenn die Publikation vor über 65 Jahren erfolgte, lohnen die Lektüre und die Reflexion über die Ausführungen unbedingt. Es war noch nie klug, das Wissen und die Hoffnungen früherer Generationen zu ignorieren.

Anmerkungen zum Nachwort

1 Paz, Ayala/Kook, Rebecca, Yearning for a Home: Peter Bergson and Hannah Arendt on the Palestinian Refugee Problem, in: *Ethnopolitics* 20 (2021/2), S. 244–268.

2 Es gibt zahllose Bücher zur Staatsgründung Israels und zum palästinensischen Flüchtlingsproblem. Exemplarisch seien genannt: Morris, Benny, *The Birth of the Palestinian Refugee Problem, 1947–1949* (1988), Cambridge [2]2004, sowie Penkower, Monty Noam, *Palestine to Israel: Mandate to State, 1945–1948*, Two Vols., Brookline 2019. Wie sehr die Analysen der Staatsgründungsgeschichte und des Krieges zwischen jüdischen und arabischen Einheiten in Israel und Palästina 1947/48 noch immer von gegenwärtigen politischen Kategorien mitbestimmt werden, belegt: Morris, Benny, *1948: A History of the First Arab-Israeli War*, New Haven/London 2008. Siehe dazu Heller, Joseph, »Review: Benny Morris, 1948«, in: *Middle Eastern Studies* 45 (2009/3), S. 526–529. Eine andere Deutung als Morris bietet: Tal, David, *The War in Palestine 1948. Strategy and Diplomacy*, London 2004.

3 Siehe dazu ausführlich: Meyer, Thomas, *Hannah Arendt. Die Biografie*, München [4]2024, S. 35–208.

4 Ebenda, S. 209–284. Die hier gemachten Bemerkungen beruhen auf Recherchen, die erstmals in der Biografie veröffentlicht wurden.

5 Die Texte im *Aufbau* liegen nun vor in: Arendt, Hannah, *Vorträge und Aufsätze 1941–1950*, herausgegeben von Thomas Meyer und mit einem Nachwort von Natan Sznaider, München 2024, S. 33–228.

6 Die in amerikanischen Zeitungen und Zeitschriften auf Jiddisch publizierten Texte werden von Na'ama Rokem (University of Chicago) im Rahmen der kritischen Gesamtausgabe von Arendts Schriften herausgegeben.

7 Entsprechende Texte lassen sich im *Aufbau* und anderen Zeitschriften nachweisen. In englischen Zeitschriften sind zu dieser Zeit, soweit sich das feststellen lässt, keine Artikel erschienen. Siehe dazu die Bibliografie von Ursula Ludz: *Hannah Arendt, Ich will verstehen. Selbstauskünfte zu Leben und Werk*, Hrsg. v. Ludz, Ursula, München 2013, S. 257–341.

8 Arendt, Hannah, »Concerning Minorities«, in: *Contemporary Jewish Record* 7 (1944), S. 353–368. Der Aufsatz ging später in veränderter Form in das 1951 erschienene Buch *The Origins of Totalitarianism* ein.

9 Bereits am 27. Januar hatten der Demokrat James A. Wright und der Republikaner Ranulf Compton eine nahezu identische Resolution im Repräsentantenhaus eingebracht. Siehe Dinin, Samuel, »Zionist and Pro-Palestine Activities«, in: *The American Jewish Year Book*, Vol. 46 (1945/5705), S. 169–186, hier: S. 172 f.

10 Congressional Record – Senate 1944, Washington 1944, S. 963.

11 *Toward Peace and Equity. Recommendations of the American Jewish Committee*, New York 1946, S. 8 u. ö.

12 Siehe https://www.presidency.ucsb.edu/documents/message-the-congress-transmitting-the-11th-annual-report-united-states-participation-the (letzter Abruf am 12. März 2024).

13 Brickner, Balfour, *As Driven Sand: The Arab Refugees*, New York 1958.

14 Polk, William R.; Stamler, David M. und Asfour, Edmund, *Backdrop to Tragedy*, Cambridge (Mass.) 1958.

15 Ein Jahr später erschien eine englischsprachige Ausgabe: Kaplan, Deborah, *The Arab Refugees. An abnormal Problem*, Jerusalem 1959.

16 Siehe Sinn, Andrea, *»Und ich lebe wieder an der Isar.« Exil und Rückkehr des Münchner Juden Hans Lamm*, München 2008.

17 Peretz, Don, *Israel and the Palestine Arabs*, Washington 1958. Elf Jahre später ergänzte Peretz diese Studie durch einen Aufsatz, der sich nicht nur im Titel an den hier abgedruckten Lösungsvorschlag anlehnte: Peretz, Don, »The Palestine Arab Refugee Problem«, New York 1969, den er im Auftrag der konservativen Rand Corporation geschrieben hatte. Obwohl er zu den Autoren des »Flüchtlingsproblems« 1958 gehörte, distanzierte er sich leicht von der Idee, dass eine neu zu gründende Organisation den Wunsch der Palästinenser nach einer Rückkehr feststellen und dann bewerten solle. Zugleich erhoffte er sich davon, dass gutwilligen arabischen und israelischen Politikern damit die Notwendigkeit einer Lösung deutlich vor Augen geführt werde. Siehe auch Peretz, Don, »The Palestine Arab Refugee Problem«, in: *Jewish Social Studies* 21 (1959/4), S. 219–227, hier: S. 226 f. Ein Vortrag dazu wurde bei der jährlichen Tagung der Zeitschrift *Jewish Social Studies* gehalten. Arendt war dabei anwesend.

18 Ostern 1903 fand dort eines der weltweit am stärksten beachteten Pogrome statt, bei dem 49 Juden ermordet wurden.

19 Siehe Baumel, Judith Tydor, *The »Bergson Boys« and the Origins of Contemporary Zionist Militancy*, Syracuse 2005. Für die Frühphase der Bergson Boys in den USA sowie in Israel und Palästina ist hilfreich: Medoff, Rafael, *Militant Zionism in America. The Rise and the Impact of the Jabotinsky Movement in the United States, 1926–1948*, Tuscaloosa/London 2006. Noch immer wichtig: Penkower, Monty Noam,

»In Dramatic Dissent – The Bergson Boys«, in: *American Jewish History* 70 (1981), S. 281–309. Es gibt zahlreiche populäre Darstellungen der Bergson Boys, auch einige Memoiren, darunter die von Merlin selbst. Besonders interessant sind die Reflexionen des Philosophen Joseph Agassi, *National Liberalism for Israel. Towards an Israeli National Identity*, Jerusalem/New York 1999, der ausführlich auf die Ideen Hillel Kooks und der Bergson Boys eingeht.

20 Zu all diesen Zusammenhängen siehe das Standardwerk von Wyman, David S./Medoff, Rafael, *A Race Against Death: Peter Bergson, America, and the Holocaust*, New York 2004.

21 Siehe dazu den bereits erwähnten Aufsatz von Dinin, S. 177–179. Noch in den Achtzigerjahren weigerten sich so bedeutende Holocaust-Forscher wie Lucy S. Dawidowicz und Yehuda Bauer, an Konferenzen oder Projekten teilzunehmen, an denen Samuel Merlin oder sein Umfeld beteiligt waren. Dawidowicz veröffentlichte im Juni 1983 in der Zeitschrift *Commentary* einen überaus scharfen Text gegen Merlin, der zahlreiche Reaktionen und Richtigstellungen, darunter von Merlin selbst, nach sich zog. Man muss hier kurz daran erinnern, dass in den Siebziger- und Achtzigerjahren in Israel und den USA eine Vielzahl von Studien erschien, die sich mit der Frage nach der Verantwortung der zionistischen Führungsschichten während des Zweiten Weltkrieges gegenüber den Juden in Europa auseinandersetzten. Hier muss der Hinweis auf die Diskussion der Literatur in Segev, Tom, *Die siebte Million. Der Holocaust und Israels Politik der Erinnerung*, Reinbek 1995, genügen.

22 https://de.wikipedia.org/wiki/Altalena (letzter Abruf am 07. April 2024).

23 Alle Angaben beruhen auf der archivbasierten Studie von Tovy, Jacob, *Israel and the Palestinian refugee issue. The formulation of a policy, 1948–1956*, London/New York 2014.

24 Die Briefe sind im Nachlass Arendts unter »Institute for Mediterranean Affairs« abgelegt und online frei verfügbar.

25 Arendt, Hannah, »Peace or Armistice in the Near East?«, in: *Review of Politics* 12 (1950/1), S. 56–82.

26 Eingegangen sind die ersten Überlegungen in eine 1958 vorgelegte, 16-seitige kostenlose Broschüre, die unter dem Titel »Toward Arab-Israeli Conciliation« (»Auf dem Weg zur arabisch-israelischen Versöhnung«) versandt wurde.

27 Arendt, Hannah, *The Human Condition*, Chicago 1958.

28 Arendt, Hannah, *Rahel Varnhagen. Lebensgeschichte einer deutschen Jüdin aus der Romantik*, mit einem Nachwort von Liliane Weissberg, München ^{2}2023.

29 Arendt, Hannah, *Elemente und Ursprünge totaler Herrschaft. Antisemitismus – Imperialismus – Totalitarismus*, mit einem Nachwort von Jens Hacke, München 2023.

30 Arendt, Hannah, *Die Ungarische Revolution und der totalitäre Imperialismus,* München 1958. Siehe dazu jetzt den Wiederabdruck in: ders., *Vorträge und Aufsätze 1951–1960*, herausgegeben von Thomas Meyer und mit einem Nachwort von Florian Grosser, München 2025, S. 420–491.

31 Arendt, Hannah; Jaspers, Karl, *Briefwechsel. 1926–1969*, Hrsg. v. Köhler, Lotte und Saner, Hans, München 1985, S. 394 (S. 309 E-Book-Ausgabe).

32 Zur Programmatik des ägyptischen Präsidenten siehe: Nasser, Gamal Abdul, *Egypt's Liberation: The Philosophy of the Revolution*, Washington, D. C., 1955.

33 Arendt, Hannah; Jaspers, Karl, *Briefwechsel. 1926–1969*, S. 396 f. (S. 311 f. E-Book-Ausgabe).

34 Auch in den USA veröffentlichte Lerner solche Zusammenfassungen, allerdings wurde hier Arendt nicht erwähnt.

35 Wie damals üblich, so wurden ausgewählte Berichte und Kommentare der *New York Times* in zahlreichen Regionalblättern nachgedruckt. Das war auch hier der Fall.

36 Eine ausführlichere Würdigung des »Institute«, seiner Geschichte, Struktur, seiner Ziele und Studien bereitet der Herausgeber vor. Der äußerst disparate Nachlass befindet sich in der Beinecke Library, Yale University. Allerdings finden sich zahlreiche, für eine künftige Analyse wichtige Korrespondenzen in den Splitternachlässen verschiedener Personen.

37 Hervorzuheben ist hier das Standardwerk von Albanese, Francesca P. und Takkenberg, Lex, *Palestinian Refugees in International Law*, Oxford ^{2}2020.

38 Arendt, *Vorträge und Aufsätze 1941–1950* (siehe Endnote 5), »Sprengstoff-Spießer« vom 16. Juni 1944, S. 181–184.

Von Hannah Arendt liegen im Piper Verlag vor:

Vorträge und Aufsätze 1961–1976
Vorträge und Aufsätze 1951–1960
Vorträge und Aufsätze 1941–1950
Über Palästina
Vorträge und Aufsätze 1930–1938
Macht und Gewalt
Elemente und Ursprünge totaler Herrschaft
Eichmann in Jerusalem
Fragwürdige Traditionsbestände im politischen
Denken der Gegenwart
Der Liebesbegriff bei Augustin
Rahel Varnhagen
Vita activa oder Vom tätigen Leben
Über die Revolution
Im Vertrauen
Wir Juden
Vor Antisemitismus ist man nur noch auf dem
Monde sicher
Was heißt persönliche Verantwortung in einer Diktatur?
Schreib doch mal ›hard facts‹ über dich
Wie ich einmal ohne dich leben soll, mag ich mir nicht vorstellen
Denktagebuch
Ich selbst, auch ich tanze
Wahrheit gibt es nur zu zweien
Briefe 1936–1968 (mit Heinrich Blücher)
Briefwechsel 1926–1969 (mit Karl Jaspers)
Eichmann war von empörender Dummheit
Wahrheit und Lüge in der Politik
In der Gegenwart
Zwischen Vergangenheit und Zukunft
Das Urteilen
Menschen in finsteren Zeiten
Über das Böse
Denken ohne Geländer
Ich will verstehen
Was ist Politik?
Vom Leben des Geistes

Die Anfänge einer großen Denkerin

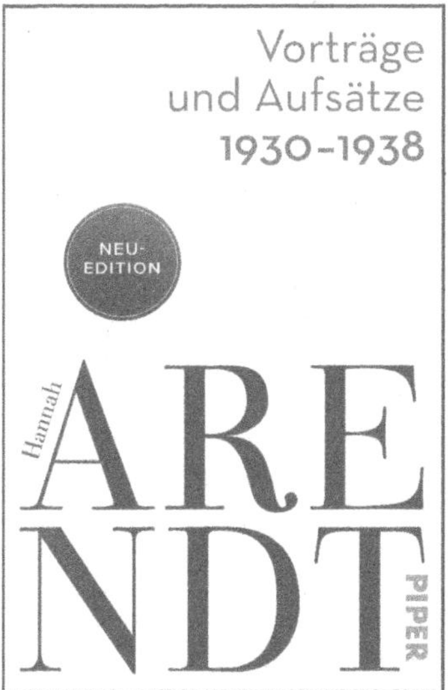

Hannah Arendt

Vorträge und Aufsätze 1930–1938

Piper Taschenbuch, 368 Seiten
ISBN 978-3-492-31839-6

Erstmals werden sämtliche Aufsätze, Zeitungsartikel und sonstige auf Deutsch verfasste oder zu ihren Lebzeiten ins Deutsche übertragene Schriften Hannah Arendts chronologisch und vollständig veröffentlicht. Dieser erste Band umfasst alle Einzelschriften von 1930 bis 1938. Die vorliegenden Rezensionen, Artikel, Aufsätze und Skripte spiegeln den frühen Lebens- und Denkweg Arendts wider – von ihren publizistischen Anfängen in Deutschland bis zu ihrem Pariser Exil.

Leseproben, E-Books und mehr unter www.piper.de

Macht und Gewalt sind Gegensätze

Coverabbildungen vorbehalten

Hannah Arendt

Macht und Gewalt

Aus dem Englischen von Gisela Uellenberg

Piper Taschenbuch, 208 Seiten
ISBN 978-3-492-30729-1

Hannah Arendt untersucht die politischen Schlüsselbegriffe »Macht« und »Gewalt«, die sich bereits von den ersten Schriften bis hin zum vorliegenden Band durch ihr Werk ziehen. Arendt beleuchtet die Manifestationen von Gewalt, deren Zeugin sie im letzten Jahrzehnt ihres Lebens geworden ist, darunter die Studentenproteste von 1968, den Krieg in Vietnam und die »Rassenkonflikte« in den USA. Aus der Analyse gewinnt sie ein neues Verständnis von »Macht« und »Gewalt«, das heute wieder aktuell ist.